性别与教育再生产

——农村女性社会流动的教育因素研究

蒋文宁 著

湘潭大学出版社
XIANGTAN UNIVERSITY PRESS

导言

李银河曾说：中国在法律上保障妇女权益，在全球走得比较靠前。然而难改的是习俗，社会学上有个“文化滞后”理论，文化和价值观的发展要比政治经济都慢一步。

最难改的习俗之一便是“社会性别”。“社会性别”是英文单词 gender 的中文译名，最初指词的阴阳性，20 世纪 60 年代后成为西方女性主义理论的关键词。人们一般将“社会性别”理解为：“由社会文化形成的对男女差异的理解，以及在社会文化中形成的属于女性或男性的群体特征和行为方式。”《英汉妇女与法律词汇释义》中生理性别（sex）指的是解剖学意义上的男女特征，而社会性别（gender）则是以社会文化为基础对男人或女人的角色、地位与行为进行规范。“社会性别”在传统的观念中，认为自然生理性别决定了女性的社会角色与社会地位，即贤妻良母是正常女性的唯一生存方式。“社会性别”不是按生理结构划分成男人和女人两个不同的种类，而是因为社会文化的约定俗成给男性和女性赋予了截然不同的性别角色、社会地位和相互关系。“社会性别”从社会学的角度对男女不同的身份角色、社会地位、相互关系、权利义务以及行为规范等进行区分。长期以来，人们对男女两性都有一个固定的期望和标准，希望男人要有阳刚之气，希望女人要温柔贤淑。在传统的社会性别中，一切以男人为中心，认为男主外，女主内，男强女弱是最经典的男女关系。

对妇女的歧视是一个历史悠久的普遍性问题。妇女受压迫是最深刻、最难于铲除的压迫形式。妇女受压迫对受害者造成了最大的痛苦，但这种痛苦常常没有被认识到。在封建社会中，女性没有基本的权利和地位，只有无尽的义务和剥夺，她们没有独立人格，只作为男人的附属品而存在。而自新中国成立以来，中国妇女的地位有了翻天覆地的变化。但是，中国女性地位的提高仍然跟不上中国经济发展的速度。

如果按照陆学艺主编的《当代中国社会阶层研究报告》，当代中国社会分为十大阶层，其中排在第 9 位的是农业劳动者阶层（拥有很少量的组织资源、经济资源和文化资源），农民处于社会的较低层，其中深受性别歧视的农村女性则处于更低层，是名副其实的“弱势群体中的弱势群体”。不但如此，研究发现，农村妇女除了承受沉重的生存压力与亘古不变的性别剥夺外，她们的阶层仿佛被固化了，她们向上的社会流动之路异常艰难。

社会流动，指人们获得一定的社会地位或从一种社会地位转移到另一种相同或不同的社会地位。社会流动解释框架，由四类基本的、独立的变量及一类综合性变量组成：先赋性变量、后致性变量、经济－社会结构变量、制度－政策安排、具有综合性的“社会资本”（或关系网络）。后致性变量包括个人的受教育水平、生存和发展能力、努力、实际工作成绩和劳动绩效以及政治表现等因素。[1]在社会学中，社会流动的一般规则有先赋性规则与后致性规则两种基本类型。农村女性处于最低的社会阶层——农业劳动者阶层，基本不具备先赋性变量的资本，只有后致性变量相对而言更有操作性，而教育正是一种十分重要的后致性变量，这一变量已成为影响农村女性社会流动的重要因素。也就是说，教育资本是农村女性实现社会流动的重要因素，不同学历层次的农村女性在升迁性流动水平、就业结构与就业层次、职业流动速度、报酬待遇等方面迥然不同。但是，恰恰成为决定农村女性实现社会流动的救命稻草——教育资本，又因为受教育城乡发展差异以及教育性别差异的双重影响而显得微不足道。事实上，农村女性的教育资本一直处于非常劣势的状况，限制着她们升迁性流动的空间，使她们长期匍匐于社会阶层金字塔的底层并形成代际的阶层固化。周而复始，农村女性这种阶层固化使她们获得更少的教育资本，而更少的教育资本使得她们向上流动愈加步履维艰……如此陷入恶性循环。因此，要打破农村女性升迁性流动举步维艰的魔咒，便要改变农村女性长期以来积贫积弱的教育资本。造成农村女性教育资本贫瘠的两大主要因素，一是教育的城乡差异，二是教育的性别差异。如果说教育的城乡差异是显性的，涉及国家教育制度、政策与教育财政等配套性的改革，那么，教育的性别差异就涉及传统文化和社会性别观念的更替。消除教育的性别差异必须要打破传统社会性别结构对教育产生的影响。众所周知，在父权制社会中男尊女卑、男强女弱的思想根深蒂固，仿佛成为融入所有男人和女人血液中的一种毒素难以清除，要向根深蒂固的社会性别观念挑战势必困难重重，但是作为一向大胆叛逆的“女性主义者”并不会因此而退缩。只有彻底打破社会性别观念对农村女性教育的限制，才能真正实现教育的性别平等并提高农村女性的教育资本，从而促进农村女性的升迁性社会流动。

新中国成立以来，中国政府为促进性别平等颁布了系列政策法规：在新中国成立后，国家颁布的第一部法律是 1950 年的《婚姻法》，这部法律确立了男女平等、婚姻自由、一夫一妻等婚姻家庭制度；在 1951 年颁布的《劳动保护条例》规定了女性工人享有同男性一样的劳动保护，且规定女性在怀孕分娩前和分娩后应给予特殊保护；1953 年颁布的《中华人民共和国选举法》明确规定“公民不论性别男女，享有同等的选举权和被选举权”；1954 年第一部《中华人民共和国宪法》也明确规定“妇女在政治的、经济的、文化的、社会的和家庭的生活方面享有同男子平等的权利”，男女平等作为一项立法基本原则被确定下来。可见，我国对妇女解放实践是非常重视的，其投入的精力和资源之多在世界其他国家中是极为罕见的。法律法规的出台使得“男女平等”思想在国家法律中得到了体现，女性在婚姻家庭、劳动保护、政治参与等方面的基本权益得到了法律制度的保障。改革开放以来，我国在推进民主和法制建设的同时，也在立法层面注意保障女性权益，我国政府曾连续颁布实施三个《中国妇女发展纲要》以进一步保障了女性的基本权益。中国步入新时代之后，习近平总书记在发表讲话时

[1] 陆学艺. 当代中国社会流动 [M]. 北京：社会科学文献出版社，2004.

指出“发展离不开妇女，发展要惠及包括妇女在内的全体人民。我们要制定更加科学合理的发展战略，既要考虑各国国情、性别差异、妇女特殊需求，确保妇女平等分享发展成果，又要创新政策手段，激发妇女潜力，推动广大妇女参与经济社会发展”[2]，2014 年 5 月，国家卫生和计划生育委员会下发《关于做好新形势下妇幼健康服务工作的指导意见》，提出要“建立高危孕产妇救治、转诊机制，加大妇产科、儿科建设力度，提高妇产科、儿科服务能力”。2015 年中共中央、国务院下发《关于实施全面两孩政策改革完善计划生育服务管理的决定》提出到 2020 年实现“覆盖城乡、布局合理、功能完备、便捷高效的妇幼保健计划生育服务体系更加完善，基本实现人人享有计划生育优质服务”的目标，同年，中共中央组织部、人力资源和社会保障部联合下发《关于机关事业单位县处级女干部和具有高级职称的女性专业技术人员退休年龄问题的通知》，明确要求“党政机关、人民团体中的正、副县处级及相应职务层次的女干部，事业单位中担任党务、行政管理工作的相当于正、副处级的女干部和具有高级职称的女性专业技术人员，年满六十周岁退休”，上述人员经本人申请，可以在年满 55 周岁时自愿退休；年满 60 周岁，但因工作需要延长退休年龄的，仍按国家有关规定执行。这一政策实际上是一种弹性退休制度，赋予女性选择退休年龄的空间，符合“以人为本”的理念，保障处级女干部和具有高级职称女性专业技术人员与男性享有平等的劳动就业权。2016 年我国正式实施《中华人民共和国反家庭暴力法》和《中国反对拐卖人口行动计划（2013—2020 年）》，来保护妇女和女童人身权益，深圳、甘肃等地也相继出台促进性别平等的地方性专门法规。这些举措创建了有助于促进性别平等教育的外部环境，但中国国内目前仍缺乏一套专门针对性别平等教育的完整法律体系。

受经济条件和社会性别观念的影响，我国农村女性在入学率、教育过程的公平性、受教育程度等方面都与同地区的男性普遍存在显著差异，体现出比较明显的教育性别差异。40 多年来，中国政府为促进教育公平和教育性别平等颁布了系列政策法规，且进行了努力的探索，并取得了卓有成效的成绩，但是农村基础教育中性别公平问题仍然面临着严峻挑战。

在我国农村地区，父母对女童的期望普遍较低；受落后的思想观念与传统习俗影响，存在对女性不公正的角色定位与角色期待，导致教育行为出现偏差，学龄女童主体意识不强，出现自卑心理，女童普遍对自身性别缺乏自豪感；女童普遍感觉理科学习困难。此外，由于留守女童青春期性安全教育严重缺失，留守女童的性侵事件时有发生，对农村女童的身心健康造成严重的困扰与伤害。

在新中国成立以前，农村中年妇女的受教育水平普遍较低，只有极少数的受过中学教育，许多妇女在小学未毕业就辍学，帮助家里干农活。近年来，农村适龄女童受教育情况与男性基本一样，农村基础教育的性别差异有了较大减少。随着城乡发展差距的不断扩大，高校农村大学生的比例在逐年下降，越是重点大学、名牌大学这一比例越低。就算顺利进入大学，

[2] 人民网 . 促进妇女全面发展 共建共享美好世界 [EB/OL].http://politics.people.com.cn/n/2015/0928/c1024-27639863.html

农村女大学生也无法从原有的亲属和同乡等社会关系获得更多的帮助，其社会支持网络因为环境的改变需要重新建立；此外，城乡文化差异和地缘文化的被迫中断，使得农村女大学生需要努力适应城市环境，学习必要的城市文化知识、交往技能和所在社会的生活方式与规范，只有这样才能获得城市社会生活的资格，转变自己在城市生活的弱势地位，而这对于农村女大学生而言无疑也是一种巨大的挑战，稍有不慎便有可能造成自我认知的失调。

农村女性受教育程度与谋职能力成正比。农村女性受教育程度越低，所从事的职业及所处社会地位就越低。调查显示，学历层次低的农村女性只能在社会层次低的职业中艰难谋生，很难再向更高层次的职业晋升。学历为大专以上的农村女性，才有可能具备较强的择业主动权，找到一份收入可观而相对稳定的职业。

缺乏教育所形成的人力资源劣势，不但使农村女性在职场上面临着机会、待遇、权利等方面的不平等，向上流动的机会渺茫，而且还对她们的婚姻质量产生消极的影响，婚姻这种社会流动的渠道同样也会受阻。教育程度越高的农村女性，其配偶为城镇户口的比例越高，而教育程度越低的农村女性，其配偶为农村户口的比例也相应越高。教育程度低的农村女性的配偶收入水平普遍比较低，而教育程度高的农村女性的配偶收入水平普遍较高。文化层次低的农村女性在家中处于较低地位的情况更为普遍，而文化层次高的农村女性在家中更有可能享有话语权与较高的地位。

教育的性别差异给女性带来负面影响的另一个典型现象是妇女贫困问题。妇女贫困是一个全球面临的共同问题。由于长期存在的“社会性别差距”导致女性比男性具有更少的资源，即使在和平年代，世界各国妇女贫困现象也是一种比较明显的普遍现象，一旦遭受自然灾害、流行疾病、金融危机等严峻挑战，妇女应对生存环境变化的能力普遍比较弱，因此更容易受到贫困的威胁。

习近平精准扶贫思想充分体现出我国的政治优势和制度优势，是精准扶贫顶层设计和具体实践的根本遵循，是扶贫理论创新指导思想和脱贫攻坚实践创新的行动指南，是全球贫困治理的中国智慧。目前，我国脱贫攻坚战已取得巨大成效。据报道，截至 2019 年底，95% 以上的贫困人口可以脱贫，90% 以上的贫困县可以摘帽。即使 2020 年我国人口全部进入小康社会，消除绝对贫困，但相对贫困问题逐渐凸显并长期存在，成为我国面临贫困问题的主要特点。

相对贫困妇女群体是最为突出的相对贫困群体。相对贫困是与其他群体相比较，收入和社会地位较低的群体。作为一种结构性的问题，相对贫困比绝对贫困更难以消除。因为产生结构性差异的社会原因是非常复杂的，而消除相对贫困需要涉及传统文化、政治体制、社会结构和经济结构等系统工程。对大多数相对贫困而言，主要是由于区域经济或城乡经济发展不平衡而导致的，或者是部分人群由于经济结构的转换而陷入贫困。“贫困女性化”产生的根源是社会性别结构的差异，这种差异使妇女在资源财力上处于比男性更劣势地位，从而比男性更容易陷入贫困。据国家贫困监测抽样调查，2010 年国家扶贫开发工作重点县女性人口贫困发生率为9.8%，比男性高0.4个百分点；由于中国是妇女人数最多的国家，贫困妇女的总体人数也相对较多。因此，在消除绝对贫困之后，妇女相对贫困将成为中国政府未来扶贫工作中继续挑战相对贫困问题的重中之重。

由此可见，由于传统社会性别结构的限制，农村女性长期承受教育性别的不公平待遇，使她们无论教育机会还是教育程度都处于明显的劣势地位。而农村女性因为教育性别差异而导致的较低受教育程度严重制约了她们的职业能力、就业层次、婚姻质量、经济收入。只有打破男尊女卑的社会性别观念，才能真正缩小教育性别差异，提高农村女性的受教育机会与受教育程度，从而促进农村女性的自主发展与升迁性社会流动。

在对女性的性别歧视仍然阴魂不散的社会环境下，女性主义勇敢地向错误的传统观念发出了质疑与抗争，为全世界妇女解放与争取合法权益进行了艰苦卓绝的奋斗并推动社会不断地走向开明与进步。正因为女性主义为了维护妇女的合法权益而向传统父权社会宣战，所以女性主义从一开始诞生便遭受非难与诋毁。无论如何，女性主义是全世界妇女实现解放的一面伟大旗帜。

女性主义第一次颠覆了人类有史以来男尊女卑、重男轻女、男强女弱的社会性别秩序，在远古以来的天空中发出“男女平等”的呐喊，撕开了“女人天生不如男人”的谎言，为万千女性重新建立了自信并找回了独立的人格与尊严。女性主义者批判父权制度下男女不平等思想以及男人对妇女的压迫与奴役的社会现实，她们否认男人和女人因为天生的生理性差异而导致道德和智力上的绝对差异，更不同意男人天生比妇女优越，而所谓的女性气质、男性气质并非由男女的生理结构决定，而是父权制社会为了维护男人的统治地位而强加给妇女的。社会性别是女性主义者提出来的重要概念。女性主义者坚持，女性只有打破传统的性别歧视观念以及父权制社会对女性的禁锢，才能真正获得自身解放并实现社会性别公平。不难理解，敢于向旧势力挑战的新事物在一开始都难免受到误解与恶意的攻击。在很多人的想象中，女权主义者是一群仇视男人，妄想反过来压在男人头上作威作福、失去母性温柔光辉的男人婆。甚至有些受到高等教育的男人也将女权主义者视为破坏家庭和谐稳定秩序的罪魁祸首。

李银河说：“我觉得女权主义在中国被妖魔化了，认为女权主义就是彻底摆脱男人、仇视男人。我其实既不主张男尊女卑，也不主张女尊男卑。要我来解读女权主义，就是男女和谐地相处。所有主张男女平等的人都该是女权主义者。”我赞同李银河对“女权主义”的解读。

对于生活在社会最底层，作为相对贫困群体成为乡村振兴工作中有待攻坚突破的农村女性，所承受的传统社会性别结构带来的不公平待遇也最为深重，从女性主义思想的角度探讨她们所遭受种种生存困境与命运之轮下隐藏的性别歧视根源尤为迫切。正因为教育成为农村女性争取男女平等与社会地位的主要手段而具有特殊的社会学意义；教育更是农村女性实现社会流动以及通向家庭幸福的重要途径；教育是改善农村女性婚姻状况与婚姻质量的重要渠道；教育是加强农村女性的职业技术教育，提高劳动致富的本领与技能，保证有独立的经济来源，摆脱对男人的人身依附而获得婚姻自由的资本；教育更是帮助农村女性培养自尊、自信、自立、自强的精神，实现自我发展，提高人生幸福感的重要因素。所以，帮助农村女性摆脱男尊女卑思想的影响，唤醒她们的性别自信心与自尊心，并在农村的家庭教育、基础教育、性安全教育、继续教育、职业培训、生产劳动、就业工作、家庭婚姻、扶贫工作等方面加强社会性别意识、消除性别歧视对消除农村女性的压迫与束缚具有非常重要的意义。

农村女性生存在社会金字塔的最底层，承受着最为沉重的生存压力，遭受最为深重的性别歧视与不公平待遇。她们就像盛开在漫山遍野的毫不起眼的小花，身材娇小却成为劳动迁移大潮下农村生产的实际主力军；学历不高只能徘徊于最低的几个社会阶层，克勤克俭却成为扶贫工作中相对贫困的特殊群体。在社会性别还没有被唤醒之前，农村妇女因为传统的社会性别结构而被剥夺的合法权益与自主发展机会是隐匿的，农村女性如此沉重的生存状态是不为人知的。在习近平总书记的关怀下，党和国家政策的光辉普照到广大农村妇女的身上。由于中国是妇女人数较多的国家之一，贫困妇女的总体人数也相对较多，因此，在消除绝对贫困之后，妇女相对贫困将成为中国政府乡村振兴工作中继续挑战相对贫困问题的重中之重。将社会性别意识纳入新阶段的扶贫主流，避免扶贫工作中妇女边缘化的盲区，实现精准扶贫与减缓妇女贫困的有效衔接。

本书具有较高的理论价值与实践价值。

本书献给所有农村女性，帮助她们提高社会性别意识，挣脱落后观念和传统习俗对女性的桎梏，摆脱长期以来社会对女性的性别歧视给她们带来的种种伤害与扭曲，重拾女性的性别自信心，成为一名自尊、自信、自强的社会主义新农村女性，能够健康、自主地发展。

本书献给农村父母，帮助他们转变重男轻女的落后思想，给予女儿更多平等接受教育的机会，加强她们的家庭监护和性安全教育，养成良好的卫生与健康习惯，让她们能够经济独立、自由恋爱，拥有一个幸福的人生。

本书献给广大的农村基础教育工作者，帮助他们在农村教育工作过程中提高社会性别意识和对学校教育中性别不平等问题的批判意识，能够鉴别教材中渗透的“男尊女卑”性别文化，改变对男女生的性别刻板印象。反思在自己参与的各个教育环节中是否无意识地带上了性别歧视思想，改变实践中导致教育性别差异的行为，培养学生的社会性别平等意识。

本书也为农村继续教育工作者、农村职业教育工作者提供参考。只有妇女挣脱性别不平等的思想禁锢，才有可能获得真正的解放和发展，因此，必须深入贯彻男女平等这项基本国策，把“性别平等与女性发展”作为农村妇女继续教育的核心课程，帮助农村妇女打破男尊女卑的错误观念，树立自尊、自强、自信的精神，积极争取女性的合法权益和自主发展的机会，提升农村妇女独立经济能力以及参政议政的意识。在进行继续教育和科普活动的过程中，改变以往以男性作为主体的习惯，关注并尊重农村女性的特点和需求，使继续教育能够切实促进农村妇女的自主发展、提高农业生产效率并促进农村妇女脱贫致富。

从理论价值看，本书可以为社会流动理论增添一个新的研究维度。目前的相关研究强调教育对社会流动的积极作用，有意无意地忽略教育的“再生产”功能；笼统地谈论农民进城务工流动，忽视了农村妇女在社会流动中所面临的艰辛、障碍，以及她们成为“相对贫困群体”的社会文化根源。通过认真学习习近平新时代中国特色社会主义思想，深入贯彻精准扶贫的方针、政策，把“社会性别”纳入扶贫主流，聚焦妇女相对贫困问题，对于实现男女平等、促进全球妇女事业发展等具有深远的意义。

本书是教育部人文社会科学研究项目《性别与教育再生产——广西农村女性社会流动的教育因素研究》的研究成果之一（课题已结题），我要感谢本课题组的所有参与者，特别是卢新萍参与了第三章“农村学生社会性别再生产的机制”的实地调研与材料整理，并执笔撰写了第三章的部分内容，付出了辛勤的劳动和汗水。我要感谢陈振中教授，他为本书提供了颇具启发性的建议与具体的修改意见。感谢湘潭大学出版社责任编辑丁立松老师和审稿人，他们对本书提供了很多宝贵的意见和批评。

由于时间与本人学识水平有限，本书难免存在一些错漏以及有待斟酌之处，敬请广大专家学者和读者给予批评指正。

蒋文宁

2022 年 3 月 10 日于桂林

目录

第一章

女性主义理论与教育

一、女性的社会地位

新中国成立以来，妇女的社会地位发生了翻天覆地的变化。毛泽东提出:“时代不同了，男女都一样。男同志能办到的事情，女同志也能办到。”[1]从此，中国妇女能顶半边天，各行各业都出现妇女英姿飒爽的身影。1995年第四次世界妇女大会后，社会性别理论被正式引入中国，它丰富和发展了中国“男女平等”理论的基本内容。党的十八大以来，习近平总书记强调男女平等基本国策；强调要加强党对妇女工作的领导，坚持中国特色社会主义妇女发展道路，发挥妇女的独特作用，深化妇联改革，保持和增强政治性、先进性、群众性；积极向国际社会宣介中国妇女事业发展成就，宣示坚持男女平等基本国策的坚定立场，提出加快实现性别平等的中国主张。并将保障妇女权益纳入扶贫工作当中，中国妇女的权益和社会地位得到了党和政府的关怀重视。目前，“男女平等”“性别平等”的理念止在中国政府科学发展观的引领下通过制度化建设广泛付诸实践，进一步推动“妇女解放”和“性别平等”的科学发展。

对妇女的歧视是一个历史悠久的世界普遍性问题，它所导致的后果直接威胁到粮食安全以及人类的生存。联合国极端贫困与人权问题特别报告员奥利维耶·德许特在提交报告时指出，对妇女的歧视——特别是农村地区的性别歧视——加剧了粮食不安全状况，随着农业活动的“女性化”日益严重，这一趋势也逐步加剧。联合国粮农组织估计，性别歧视造成农业生产率降低2.5%~4%。对妇女的歧视最明显的后果就是营养不良，在很多国家特别是亚洲和非洲国家，妇女和女童要在男人和男童吃饱后才能吃饭。妇女的受教育情况直接影响到儿童死亡率，可将儿童营养不良的情况减少20%。德许特说:“教育是改善妇女状况的决定性因素，可使她们更晚些结婚，更好地照顾自己的子女，在家庭的卫生和营养等方面做出更恰当的选择。”[2]

[1] 毛主席刘主席畅十三陵水库[N].人民日报，1965-05-27.

[2] 联合国报告指农业生产“女性化”影响粮食安全[EB/OL].http://www.huaxia.com/xw/gjxw/2013/03/3237381.html

（一）中国传统社会对女性的歧视

在人类漫长的历史长河中，有一个亘古不变，根深蒂固，跨越不同种族、阶级、区域和国度的文化传统，就是对女性群体的歧视、统治和剥夺，认为男人天生比女人尊贵和优越，男人天生理应统治女人等。

1. 被剥夺的女性权利

在传统文化中，女性没有基本的权利和地位。男、女生而不平等，男孩子出生，叫作“弄璋之喜”；女孩子出生，叫作“弄瓦之喜”。“璋”是美玉，“瓦”是原始的纺锤。女子是男人的依附品，“在家从父，出嫁从夫，夫死从子”，唯有不能从自己。

女子从小便被剥夺了受教育权，并冠冕堂皇地以“女子无才便是德”作为理由，平民女子只能学习女红、持家这些技艺，以便出嫁后能当一个贤惠的家庭妇女。只有少数的贵族女子才能享受一定的受教育权利，但充其量也就停留在“认字”阶段，并没有“读书”的机会，更不可能达到“明理”治天下的资格。《红楼梦》里，“读书”和“认字”是分得很清楚的。贾母对孙女们的期望是:“读什么书，不过认几个字罢了。”女孩即使有机会读书，只能读些《女四书》《列女传》等，而且只为了认字；只有男孩才有资格上学，读书并明理，读成后还能参加科举考试。

在传统文化中，女性没有独立人格，是男人的附属品。《宋史·列传第二十》里就赫然写着：“礼，妇人有三从之义，而无自专之道。”“妇人，伏于人也。”班昭:“夫者，天也；天固不可违，夫固不可逃也。”《宋史·礼志》:“又妇人无常秩，各以夫氏为定，夫亡以子为次。”《明史·列女传》曰:“妇人之行，不出于闺门。”

在传统文化中，女性没有财产权和继承权。《礼记·内则》:“子妇无私货，无私蓄，无私器，不敢私假，不敢私与。”不仅如此，倘若子妇从娘家获得馈赠，也要“受而献诸舅姑”。司马光也说:“凡为子妇者，毋得蓄私财，俸禄及田宅所入，尽归之父母舅姑。当用，则请而用之；不敢私假，不敢私与。”即使大户人家的女性有蓄私财的可能，但也是不受“法理”保护的“私财”。女性既没有财产权，也没有继承权，无论在娘家还是在夫家都一样。出嫁前，娘家的财产权一般在父兄手上，女子无权处置的，除了出嫁时能获得一笔嫁妆外，父母过世后也得不到半点财产的继承权。出嫁后，妇女也无权参与理财，即使丈夫去世，她也无权继续丈夫的财产。如果她没有生下一男半女，丈夫的遗产便由其大伯和小叔继续，妇女便面临净身出户的悲惨命运。更令人气愤的是，就算有官品的女性死后也不得带半点财产作为陪葬品，按照《隋书·礼仪志》的说法，她的“棺内不得置金银珠宝”。与此相反，男人死后却能用大量的金银珠宝作为陪葬品，甚至有钱有势的男人死后还要自己的妻妾殉葬。

在传统文化中，女性还要沦为男人的“私产”。《礼记·曲礼上》:“女子许嫁，缨。”意思是说女子订婚后要挂上项链，表示已经有主了。“非有大故，不入其门。”规定女子一旦订婚，便成为男方的人了，为男性利益计就该把她“圈养”起来，免受“玷污”。古人娶妻十分注重女方的嫁妆，清代赵翼谈及古代婚姻时说:“凡婚嫁无不以财币为事，争多竞少，恬不为怪。”

因为女性是男人的私产，娶妻就是一桩置业，所以以财币为事不足为怪。史书上，“鬻妻卖儿”的记载更是比比皆是。

传统文化中女性没有婚姻自由，更没有再嫁的权利。宋代以前，社会对女性再嫁还算开明。《管子》里就有：“取鳏寡而合之，予田宅而家之。”《史记·外戚世家》也记载了平阳公主再嫁卫青的史实，而且还是光明正大的奉旨成婚。汉代名臣陈平的妻子“尝五嫁夫辄死”，而时人并未因此对她有所鄙夷。唐代再嫁的公主有二十七位。宋初再嫁也非常普遍，大臣范仲淹的母亲都有再嫁的经历。但自南宋程朱理学兴盛以来，封建礼教对妇女的禁锢越加严酷，“夫死不得再嫁”的思想渐成为封建社会残酷奴役女性的正统，节妇数量猛增。“饿死事极小，失节事极大”，就是南宋腐儒程颢提出的著名“格言”，从此封建统治阶级要求不幸的女性终生守节、守寡或做烈女，并为她们树立贞节牌坊。男人为了满足自己的私欲和虚荣心，不惜牺牲女人一生的幸福。

2. 封建礼教中的“七出”

中国传统男权社会对女性的压迫和剥夺集中体现在“七出”上。“七出”作为中国古代宗法制度的产物，是男权社会为了维护男人的特权、家庭的利益、子嗣的承继等而对女人实行人身控制和权利剥夺的野蛮制度，其实是为男人们随意解除婚约、欺压妇女制造合法的借口。出，逐出夫家也，“七出”出自《大戴礼记·本命解》：1. 不顺父母去；2. 无子去；3. 淫佚去；4. 嫉妒去；5. 恶疾去；6. 多言去；7. 盗窃去。满目都是男人对女人奴役的不平等条约。

第一，“不顺父母去”。孝顺、侍奉公婆本是天经地义，但是婆媳关系难相处是人类自古以来的普遍现象，婆婆难伺候更是出于母亲对儿子专宠的特殊心理，但是在传统社会里却要这人类通病让弱女子独自背锅，并且成为薄情男子解除婚约的正当理由。第二，“无子去”。生育本来事关男女双方，这是很直白地为了男人更换新的生育工具找借口。第三，“淫佚去”。传统社会男人可以三妻六妾，但女人偶有私情便被抛弃甚至嫁卖。按照大明律：“妇人犯奸者，律从嫁卖。”淫佚不仅指女子主动与人通奸，还包括不幸被人强暴。清律规定，女人倘若让施暴者得逞，虽遭受凌辱也须以和奸罪论处，不但得“去衣受刑”，且“并从本夫嫁卖”。为何女人被人强暴了，男权社会不去惩罚施暴的男人，反而要卖掉这个可怜的女人呢？唯一的解释是，这个原来属于某个男人的私产被玷污了，男人的尊严不能允许他继续持有而受辱，只能低价转卖。第四，“嫉妒去”。嫉妒本是人类的原罪，男人可以一怒为红颜而不惜大动干戈，却不能允许女人因为男人的三宫六院而吃醋，更有甚者，如有嫉妒不慎还会惹来杀身之祸。《宋史·后妃列传》：“湖熟令袁慆妻以妒忌赐死，使近臣虞通之撰《妒妇记》。”第五，“恶疾去”。男人恶疾，妻子要宽衣解带终不悔，甚至还要守寡，而妻子患恶疾，丈夫却将她逐出家门。人总免不了生老病死，为何男女在这个共同的命运之前如此不平等呢？第六，“多言去”。且不论其言是否有理，反正没有女人说话的权利，此条是厚颜无耻的直接剥夺女人的话语权利终身。《汉书·陈平传》里记载陈平的嫂子因对他颇有微词，兄长陈伯“遂其妇弃之”。第七，“盗窃去”。传统女性是真正的无产阶级，没有财产权、继承权，也不得存私房钱，一旦偶有私产被发现就要被冠上“盗窃”的罪名。

由此可见，传统社会中男人是女人的统治者，女人是男人“私产”、奴仆和生育工具，女人没有独立的人格和尊严，没有人身自由权、没有婚姻自由权、没有发言权、没有财产所有权，甚至没有表达七情六欲的权力，她们被剥夺得一无所有。

3. 传统文化中女性遭受侮辱而投诉无门

在中国传统社会中，如果女性遇到强暴，不但没有人为她伸张正义，惩治施暴的罪犯，甚至还会给她冠以污辱的牌坊永世不得翻身，她唯一的道路便是死。《汉书 · 萧望志传》：“阳翟轻侠赵季、李款多畜宾客，以气力渔食闾里，至奸人妇女。”《明史 · 食货志一》：“管庄官校招集群小，称庄头、伴当，占地土，敛财物，污妇女。”而按照大明律、大清律，女性要是被强奸者得逞，一概算作和奸、通奸论处！这条律法用现代的眼光是非常冷酷甚至是反人类的，但是在当时的社会中却是神圣不可侵犯的法规。因为制订此条法律的统治阶级是男人，为了维护男性集团的尊严与私利，给男性抛弃遇受玷污的女眷制造法律依据。所以才出现对受害女性落井下石的恶法。这些史实说明，在中国传统男权社会中，男人对女人进行残酷的统治与欺压，女人处于被男权社会奴役与剥夺的社会地位，命如纸薄，生如草木般卑贱。

4. 女性沦为男人战争武器、战利品和卸责黑锅

古人打仗常用不吉利的东西给敌方带来厄运，从而出奇制胜，此种兵法称之为“厌胜”，用于战场的“厌胜”除了鸡血、狗头、狗屎尿等，还有女人。《明史 · 李标传》：“为三丈楼临城，用妇人、鸡犬厌胜术。”可见战争中女性被视为不祥之物，是制敌的“凶器”。而战争后，女人却成为胜利者的战利品。《汉书 · 陈涉项籍传》：“后数日，羽乃屠咸阳……收其宝货，略妇女而东。”

在传统文化中，女性沦为统治阶级推卸责任的“红颜祸水”，随便一数就有一堆祸国殃民的女性，妲己、褒姒、杨玉环等，只是些天生丽质的无辜弱女子，却要她们背上国家兴亡、千夫所指的大黑锅。中国古代基本上由男人独揽治理大权，女人极少有机会参政议政。一旦某个统治集团昏庸腐败而导致朝纲大乱，甚至国破家亡、民不聊生，一定会拉上一个女人顶替男人们背负祸国殃民的滔天大罪。这种女人是祸水的观念可谓“源远流长”。《明史 · 后妃列传》：“明太祖鉴前代女祸，立纲陈纪，首严内教。”《周书 · 列传第六》：“今女主临朝，政归近习。盗贼蜂起，海内沸腾。”《明史 · 熹宗本纪》：“妇寺窃柄，滥赏淫刑，忠良惨祸，亿兆离心，虽欲不亡，何可得哉。”只要女人一当权，必定带来亡国亡家的可怕灾难，都道是“天下兴亡，匹夫有责”，令人不解的是，为何一出现天下兴亡，那些匹夫便临阵脱逃，把兴亡的重担推卸给那些弱不禁风的女子？鲁迅对“红颜祸水”早有论断，“我以为在男权社会里，女人是绝不会有这种大力量的，兴亡的责任，都应该男的负，但向来男性的作者，大抵将败亡的大罪推在女性身上，这真是一钱不值的没有出息的男人。”

（二）对女性的歧视是世界性的

值得深思的是，尽管各国文化背景不一，风土人情各异，但是在男尊女卑和性别歧视这个问题上，古今中外却如出一辙。

性别歧视的思想源远流长、根深蒂固。东方的孔子说“唯女人与小人难养也”，无独有偶，古罗马法有这样的条文：“女人由于心性轻浮，即使长大成人也要有人监护。”与中国古代把女人视为“祸水”相似的，大航海时代的西方国家同样认为“女人上船”会给航行带来霉运，现代的中东战场也认为被女人打死灵魂不能得到救赎。

令人大跌眼镜的是，即使那些作为人类智慧出类拔萃的哲学家、思想家和教育家，竟然也会贬损女性。先知们认为女人天生就带有某种道德和智力上的缺陷，因此，应当受到男人们合法的统治与防范。公元前4世纪的《律法》一书中公然记载：“女人天生的道德潜能劣于男人，因此她相应地就是个更大的危险，也许要比男人危险一倍。”亚里士多德认为，男性高于女性，女性是男性有缺陷的、发展不完备的形态。他说：“男人天生高贵，女人天生低贱；男人统治，女人被统治。”就连柏拉图也轻视女性，他说：“一个男人可能会因为胆怯或不正经，下辈子被罚做女人。”热衷批判社会不公正的卢梭也主张女人为了男人而生，他在《爱弥尔》中写道：“女人一生的教育都应该依照和男人的相对关系而计划，女人要取悦男人，要贡献给男人，要赢得男人的爱和尊重，要哺育男人，要照顾男人，要安慰、劝慰男人，并要使男人的生活甜蜜且愉悦。”

睿智的先知们不但对女人抱着严重的偏见，还对柔弱的女人进行恶毒的攻击和污名化。叔本华反对女性拥有财产，他甚至将法国大革命的起因归咎于宫廷女人的腐败。尼采也把那些污水全部泼向女人，他说：“所有衰退的、病态的、腐败的文化都会有一种‘女性’的味道。”

随着人类社会的不断进步，性别歧视的现象不断得到改变，女性的社会地位和家庭地位也获得大幅度的提升。21世纪的今天，从前被男性垄断的行业不断涌现了女性的身影。但是，男尊女卑的思想依然存在，即使是接受过高等教育的男性，在部分人的内心也存在对女性的偏见与敌视。

自新中国成立以来，中国妇女的家庭地位和社会地位得到了翻天覆地的变化。习近平总书记一直非常重视妇女发展的问题，中国妇女的各项权益有了进一步的保障。但是，中国经历了漫长的封建社会，封建思想的余毒和性别偏见根深蒂固，部分男性即使受过高等教育以及现代文明的洗礼，仍然未能摆脱封建落后思想的影响，性别社会对男女的规训正禁锢千千万万的男人和女人，同时也广泛影响到社会生活的方方面面。教育是培养人和传播价值观的重要途径，如果高等教育并不能使一个现代人改变性别歧视的落后观念，那么是否教育本身就存在性别歧视的问题呢？教育中的性别不平等现象对女生的成长产生什么影响？教育的性别问题以及性别教育值得我们一起反思与探讨。

在对女性群体普遍存有广泛而深刻的歧视和不公平的社会背景下，女性所遭受的性别歧视不仅超越了地域和范围的限制，也是司空见惯、无处不在的。女性不但在职场受到歧视，在家庭受到轻视，甚至在提供男女平等的学校教育过程中也遭受无形的性别歧视，尤其在男尊女卑思想比较严重的农村地区。教育中的性别歧视主要体现在以下几个方面：

男女受教育机会明显不均等。近年来，我国接受高等教育的女性人数越来越多，甚至在校总人数已超过男生，但由于性别差异所导致的高等教育机会不均现象依旧存在。在九年义务教育阶段，女生的辍学率也要比男生高。一旦家庭出现经济困难、劳动力短缺或者发生重大变化，学业受到冲击的首先是女生。具体表现为整个教育体系与教育目标都是以男性作为标准，我们的教育目标是为未来社会培养完善的人，问题是这个“人”早被设计为“男人”。女生与男生一同接受教育，按培养男生的模式来培养女生，即使这种教育是性别中立性教育，也是被默认为以男性作为标准。这种性别平等的教育就如简 · 罗兰 · 马丁所说，“一方面将教育设计成适合男性的性别特征，另一方面又忽视与学习相关的男女性别差异……在相同的教育对待的名义下，女性将经历困难和经受困苦，而她们的男性同伴则不会。”

这样的教育模式其实对女生是不利的。这种不利表现在：一是在传统的重男轻女的教育环境中，女生的自信心与自尊心倍受打击；二是女性的特点从小受到压抑；三是女性的天赋才能得不到自由发展。如：女生适合读文科，男生适合读理科，男生擅长抽象思维等。这种性别歧视的传统是如此的源远流长，以致令女生自己都看不起自己，认为女人天生就比男人低一等，心甘情愿顺从命运的安排，成为男人的啦啦队和陪衬。这种社会性别的固化，在客观上限制了女性天赋才能的自由发展，以致女性的受教育程度和专业技能普遍不如男性。在主观上使女生产生自卑的心理，从而导致女性过早地自暴自弃。事实证明，古往今来，人类历史上都不乏出类拔萃的女性，她们成为各行各业的精英，甚至引领社会潮流的发展，如英国维多利亚女王、俄国凯瑟琳娜二世、慈禧、伊丽莎白一世、武则天、玛丽 · 居里、南丁格尔、秋瑾、宋庆龄、何香凝、史良、林巧稚、何泽慧、吴健雄、屠呦呦等。这些女中豪杰的出现，向歧视女性的男权社会发出了强有力的挑战。或许有些人认为，比起数之不尽的杰出男性，杰出的女性毕竟是少数。那么，是什么妨碍了女性发展和向上流动的脚步？教育程度与女性社会流动之间存在什么关系？如果教育始终绕不开性别的问题，从社会性别的角度探讨性别与教育再生产就显得非常有必要与有意义。

二、女性主义理论概要

（一）女性主义思想

女性主义一直是一个饱含争议的概念，这仅是因为它敢于向父权制社会挑战从而受到男性的打压和诋毁，也由于女性主义本身就是一个流派众多、百家争鸣的复杂的理论体系，更因为女性思维感性跳跃以及心灵充满自由飘逸的特点，更因为女性主义本身是一个不断成熟和整合的理论发展体系。虽然女性主义者有不同的流派和理论观点，但是所有女性主义者对于反抗性别歧视和妇女受压迫的共同命运、消除父权制度对女性的禁锢和异化、要求实现社会性别公平、争取妇女解放等核心观点是一样的。女性主义者不同流派的差异主要集中在对于造成妇女受歧视和压迫的根源，以及实现妇女解放的方法和途径等问题有不同的视角与观点。即使如此，并不影响女性主义作为受压迫性别群体觉醒起来并勇敢地向强大的传统父权制度发出抗争的革命意义和理论价值。

女性主义者批判父权制度下男女不平等思想以及男人对妇女的压迫与奴役的社会现实，她们否认男人和女人因为天生的生理性差异而导致道德和智力上的绝对差异，更不同意男人天生比妇女优越，而所谓的女性气质、男性气质并非由男女的生理结构决定，而是父权制社会为了维护男人的统治地位而强加给妇女的。社会性别是女性主义者提出来的重要概念。女性主义者坚持，女性只有打破传统的性别歧视观念以及父权制社会对女性的禁锢，才能真正获得自身解放并实现社会性别公平。“社会性别公正要求我们：第一，制定公平的游戏规则；第二，确定在追求社会财产和服务的赛跑里，任何参赛者都不会处于不利条件下，社会性别公正不要求我们给胜负双方颁奖。”[3]

女性主义思想是多元化、不断发展和融合的意识形态体系。虽然所有的女性主义者都不同意男人比女人占有更优越的社会地位，是因为男女生物学上存在差异所导致女性的智力、道德、体力等方面天生不如男性，但是不同的女性主义通过不同的方法、视角和理论框架去解释、探讨妇女受歧视、受压迫的原因，提出消灭男女不平等社会现象的路径。因此，女性主义思潮呈现多样性，可分为自由主义女性主义、激进的女性主义、马克思主义－社会主义的女性主义、精神分析的女性主义、存在主义的女性主义、后现代的女性主义、多元文化的和全球的女性主义以及生态主义的女性主义等。

（二）“社会性别”概念

社会性别概念最早出现在20世纪六七十年代的国际妇女运动中，由女性主义者最先提出来，20世纪80年代后逐渐被联合国广泛采用，是近年来国际社会分析性别平等的重要概念。

自从《生理性别与社会性别》一书1971年问世以来，社会性别被广泛用来描述由人类社会历史文化建构而形成的男性群体或女性群体不同的特征、角色、关系、社会地位、权力责任等。从此，男女两性不只是从生理结构上不同的“性”，更是由社会历史文化给这两种生物“性别”赋予了不同的社会角色、社会分工、社会地位和行为规范。“社会性别”是英文“gender”的中文翻译，“gender”原来是一个类别词，用来将字与语法形式按照有性与无性以及其他特征来分类。词典里给出的“gender”的第二个含义是“性别”或“性”，但是并没有生理学上性别之意。“社会性别”是一个陌生而艰涩的词，它与“性”是两个既相关但意义又不完全相同的概念。“社会性别”不是按生理结构划分成男人和女人两个不同的种类，而是因为社会文

[3] 罗斯玛丽·帕特南·童. 女性主义思潮导论[M]. 上海：华中师范大学出版社，2002.

化的约定俗成给男性和女性赋予了截然不同的性别角色、社会地位和相互关系。换言之，“性”是从生物学的角度以生殖器官的结构差异对人类进行分类；而“社会性别”则是从社会学的角度对男女两性被赋予不同的身份角色、社会地位、相互关系、权利义务以及行为规范等进行区分。“社会性别特质强调性别差别是由文化指定、文化分配的，它是描述我们的社会地位、角色、服装装饰、行为等作为性别身份存在的标志。所以，在理论应用中，常常把性（sex）作为一种自然状态，而社会性别则用一种特定的、先于个人而存在的社会关系来重新表现每一个人，这种重新表现是基于两个生理性别在概念和结构上的二元对立。”[4]“社会性别”否定了生物决定论，认为除了生育之外，男女两性的分工主要不是生理因素决定的，而是社会历史文化的产物，具有相对性和建构性。“社会性别强调性别区分是由社会文化造成的，与生理差异的关系并不直接。所以，社会性别是一种文化属性，指一系列受社会与文化影响的男性气质或女性气质、性别规范和性别角色。”[5]

“社会性别”概念的诞生是人类历史上关于性别平等和妇女解放的一个里程碑式的革命性创举。它有力地推翻了男权社会建立在男女生理差异——“性”基础上的“男尊女卑”的理论基础，用“社会性别”替换“性”，为实现真正意义上“男女平等”重新建构一个坚实的逻辑基石。男权主义认为“男强女弱”是男女在生理结构上存在的先赋性差异，而“男尊女卑”就是建立在生物学上男女两性生理特征与天赋才能差异优胜劣汰的所产生的天经地义的结果。因此，男权社会性别差异和性别等级具有合法性和客观性。事实上，社会性别并非完全由生理性别决定。Judith Lorber 提出社会性别作为一种社会建构，并不会自动产生生殖器官或者基因、染色体等这种男女间最主要的生理差异。在先赋性社会地位的建构上，生理差异，比如性别、肤色和身材大小等最主要的原始标志，不是社会性别、年龄等级和种族等级等社会地位的来源。社会性别不能等同于男人和女人之间的生理差异。实际上社会性别的建构是通过教、学、模仿、强化等过程精心建构的。[6]

社会性别否定了生物决定论，认为除了生育之外，男女两性的分工主要不是生理因素决定的，而是社会历史文化的产物，具有可变性。那么，男人在传统社会中的优越地位并非是先天生理结构决定的，女人在智力、道德发展水平上并非天生不如男人，只不过男人比女人享有更多的教育机会和社会资源罢了。因此，女性主义者认为，妇女应该跟男子一样享有平等的受教育机会。

持这种观点的代表人物有玛丽·沃尔斯通克拉夫特、约翰·斯图尔特·穆勒，但是穆勒的观点比沃尔斯通克拉夫特更为激进。虽然沃尔斯通克拉夫特也强调，男人和女人有同样的智力，但依然接受这样的想法，妇女也许不能和男人达到同样的知识水平。[7]穆勒不承认男人比女

[4] K.Campbell,Critical Feminism.Argument in the Disciplines,Open University Press,1992.

[5] 沈奕斐. 透过性别看世界 [M]. 上海：上海人民出版社，2019.

[6] Judith Lorber, “Gender Inequality : Feminist Theories and Politics”（Second Edition）,Roxbury Publishing Company,2001.

[7] 玛丽·沃尔斯通克拉夫特（Mary Wollstonecraft）:《女权辩护》（A Vindication of Woman），卡罗尔·H·波斯顿（Carol

人天生更具有智力方面的优势，他指出，即使男人取得比女人更大的智力成就，仅仅是因为男人比女人能获得更完备的教育，在社会上处于更有利的位置。实际上，穆勒如此迫切地想要确立男人并不比女人在智力上优越的观点，以至于他矫枉过正，走到相反方向；他强调妇女更加重视细节、具有运用具体事例的能力和直觉，把这些作为男人中少见的更优越的认知能力。

性别差异不能成为性别不平等的理由，即使真的存在性别差异，也不能剥夺弱势性别的权利。在穆勒看来，如果“妇女天生不能做的事，那就没有必要让她们去做。她们能做的事，但不如她们的竞争者——男人做更好，那么竞争本身就足以排除她们”。[8]穆勒的理由可以简单地概括成：“天赋人权，在机会面前男女平等，优胜劣汰。”穆勒认为人们所说的男女差异不过是平均水平的差异，并非是个体之间绝对的差异。穆勒说，只要对人类历史有一点了解，就决不会说所有的男人比所有的女人更强壮、更聪明。因为，一般妇女做不了一般男人可做的某些事，这并不能证明禁止所有的妇女尝试某事的法律或禁忌是有道理的。[9]

发表在《大脑皮层》上的研究表明，在神经成像学层面，“双性化”的大脑确实存在，而且可能（就像心理上的双性化一样）与精神健康呈正相关。科学家通过对 9 620 名参与者（4 495 名男性，5 125 名女性）的大脑特征进行研究，发现被试者的大脑确实分布在整个光谱上，而不仅仅处于男性或女性的两端。男性与女性的大脑到底有多大差异？科学家为此争论已久。不少研究报告认为男女大脑存在差异，但另一些研究者认为这些差异微乎其微。也就是说，对于大多数人而言可能拥有“双性化”大脑。[10]看来，男女大脑存在的差异并非绝对的，人类大脑即使有性别差异，可能部分要归因于人类社会长期的社会性别结构与刻板印象所产生的恶性循环。

人一出生就具有生理学意义上的性别区分，但并不天生具有社会性别，人的社会性别是在社会化过程中不断习得的。一个很典型的事例就是人类的幼崽除了生殖器官外，单纯从性格、兴趣和外形上几乎很难区别男婴或女婴。如果哺养者有意识地把婴儿进行异性教养，例如喜爱女儿的父母把男孩从小当作女孩来养，给他穿小裙子、扎小辫子、玩洋娃娃玩具，那他长大后十有八九就会偏向女性化而变成“娘娘腔”。相反，在那些只有女孩而没有男孩的家庭里，一心盼望生男孩的父母往往把某个女孩当作男孩去养，从小剪短发、穿男装、玩的玩具也是飞机、汽车、枪炮而不是洋娃娃，那么，她长大后就会成为一个风风火火的假小子而非端庄文静的淑女。

近年来，男性青少年“女性化”的趋势越来越严重，引起社会各界的普遍关注，政协十三届全国委员会提交了《关于防止男性青少年女性化的提案》，希望社会各界高度重视，更多注重学生“阳刚之气”的培养。可见，如果后天教育“不当”，男孩子完全有可能成为“女

H.Poston）编辑，（New York:W.W.Norton,1975）.

[8] 约翰·斯图尔特·穆勒:《妇女的屈从地位》（“The Subjection of Women”），见《性别平等论文集》.

[9] 约翰·斯图尔特·穆勒:《妇女的屈从地位》（“The Subjection of Women”），见《性别平等论文集》.

[10] Zhang, Yi, Luo….The Human Brain Is Best Described as Being n a Female/Male Continuum: Evidence from a Neuroimaging Connectivity Study[J].Cerebral Cortex,2021-01-20.

性气质化”。男孩并非天生就具有“男性气质化”，女孩也并非天生就具有“女性气质化”。男孩完全有可能具有“女性气质化”，女孩也有可能具有“男性气质化”。“男性气质化”和“女性气质化”与生理上的“性别”没有直接的联系，是在小孩的成长过程中受到社会文化的规训而被建构出来的二元化特质。

缺乏“社会性别”意识，不仅是社会大众存在的知识盲点，而且也是教育工作者一不小心就会犯的认识偏差。2020年，一位全国政协常委提交了《关注和防止男性青少年“女性化”趋势》提案，他在提案中写道：我国的青少年男孩子有柔弱、自卑、胆怯等现象，追求“小鲜肉”式的“奶油小生”。他将这种现象称为男孩子“女性气质化”，并认为，如果中国青少年的女性化趋势得不到有效治理，必将危害中华民族的生存发展。而教育部在复函中回复道：将从加强体育教师配备、加强学校体育制度顶层设计、深入开展健康教育和加大相关问题的研究四个方面进行改变。其中，有一句话写道：将更多注重学生“阳刚之气”的培养。[11] 此提案一出便在网上引起热议，“超过半数网友认为青少年‘异性化’需要被纠正”，“不少民众认为该提案等于加深性别刻板印象”。也有“专家学者觉得过于强调所谓的男性特质对男性可能是种伤害”。诚然，过分强调男生“阳刚之气”，而且将部分男生有柔弱、自卑、胆怯等不良性格直接归于“女性气质化”，不但加深性别刻板印象，而且还存在对女性的歧视和污名化。为什么所有不良的品质都应归到女性头上？难道女生就应该具有“柔弱、自卑、胆怯”这样的“女性气质”？这个提案的初衷是良好的，但客观上对培养青少年健康的性别意识与实现男女平等或许会产生某种不经意的误导。

客观地看，此政协委员发现当代青少年男孩子体格羸弱、性情柔弱的现象确实是一个普遍存在的客观事实，提案本着忧国忧民的出发点也是值得称赞。但是他把“柔弱、自卑、胆怯”全部归为“女性气质化”，显然再现了传统文化中性别歧视的陈旧观念，在传统的男女性别差异中“男强女弱”是正统的性别模式，男性应当有男子汉气概：坚强、自信、勇敢，充满阳刚之气。问题是，如果在“男尊女卑”的旧文化秩序里，女性被迫成为男人的附属品而存在，只有小鸟依人、温柔贤淑、无才便是德的女子才能获得男权社会的接纳，自然“柔弱、自卑、胆怯”被男权社会合法化地制定成为女性的标签。因此，所谓的“女性气质化”本身就是男权社会对女性压迫与歧视所造成性别等级的结果，在进入现代文明社会后，错误的性别等级制度应当受到批判与纠正，更加不能将其再传承下去。在提倡男女平等的现代社会中，女性已经逐渐享有与男子同等的受教育权、参政议政权、同工同酬权以及平等的就业机会和婚姻自主权，并且越来越多的优秀妇女走向以往被男性垄断的行业并成为某个领域的精英人物，她们所取得的卓越成就世人有目共睹，她们身上自带的坚毅、智慧、果敢与气魄完全可以说是巾帼不让须眉，在这样的社会发展趋势下，为何还用“柔弱、自卑、胆怯”这个裹脚布捆绑现代女性锐意进取的步伐？此外，在提倡多元文化的背景下，跨性别人群的权益合法化逐渐成为社会不断进步的趋势，男女两性不再成为非此即彼的二元对立，“男人女性化”“女

[11] https://baijiahao.baidu.com/s?id=1690393751760858405&wfr=spider&for=pc.

人男性化”“中性化”，甚至“易性”也是人性多样化的客观存在，我们应当采取尊重差异、包容兼并的态度。这样一来，如果我们从“社会性别”的角度看待“男性青少年女性化”的问题就不再如此焦虑，既然所谓的“男性气质化”和“女性气质化”与生物学上的“性别”无关，是传统文化对男女僵化刻板的区分，那么，这种强加在人类身上的沉重束缚就应该受到批判与推翻，一个进步的现代社会更应该允许、尊重部分男性青少年偏阴柔的性格，而不是强迫所有的男子全部都要成为金刚铁汉。过分强调“男性气质”对男性可能是一种伤害，事实上，铁汉柔情、刚柔并济的男子更具有获得女性青睐的人格魅力，也更能适应复杂艰难的环境从而获得较大的成功。清代名臣曾国藩曾写过一副对联：“养活一团春意思，撑起两根穷骨头”，生动地总结了作为一个文武双全的盖世名臣久经沙场、建功立业、屡任官海沉浮而最终荣耀终身的成功秘籍，那就是刚柔并济、方圆兼容。曾国藩在攻打太平天国漫长的10年历程中，屡经失败，两次差点投河自尽，尽管他对朝廷忠心耿耿，却还是经常遭受诬陷，在他第一次胜利攻下武汉后，为了避免疑忌，曾国藩借为父守孝之机，带领两位兄弟主动辞职，他的急流勇退赢得了朝廷的信任和赞赏，一年后当太平天国进攻浙江时，清朝再次引曾国藩出山，并封他为兵部尚书，从此曾国藩便掌握了军政大权，正因为曾国藩的刚柔并济、进退有度，使他在艰难险重的环境中能够游刃有余。

（三）女性主义理论流派

1. 自由主义女性主义

自由主义是一种政治思潮流派，自由主义女性主义是从其中发展出来，它仍然处在重新形成概念、重新思考和重新建构自身的过程中。[12] 不管自由主义主要是在道德还是在审慎的意义上来界定理性，他们都一致同意，一个公正的社会允许个人去发挥他们的自主性，实现自我。自由主义声称：“权利高于善，必须优先考虑。”[13] 自由主义分为古典自由主义和社会福利自由主义两个学派。古典自由主义认为理想的国家保护公民自由（包括私有财产、投票权、言论自由、宗教自由和结社自由等），它不干预市场自由，而只是给所有的个人提供平等的机会。而社会福利自由主义则认为，理想的国家应把重点放在经济的公平合理上，而不是公民自由，呼吁政府干预经济调节市场，从而阻止市场竞争所带来的不平等。虽然古典自由主义和社会福利自由主义都对自由主义女性主义产生某种程度的影响，但是自由主义女性主义者似乎更赞同社会福利自由主义的观点，因为自由主义女性主义者强调机会平等和社会公平，这无疑需要国家调节自由竞争的市场经济从而实现资源分配最大化，而这正好与社会福利自由主义的主张一脉相承。自由主义女性主义的全部目标是创造“一个公平而富有同情心的社会，在

---

［12］道格拉斯·麦克莱恩（Doulas Maclean）、克劳迪娅·米尔（Claudia Mills）编：《重新思考自由主义》（Liberalism Reconsidered），（Totowa N.J.:Rowman & Allanheld,1983）.

［13］迈克尔·J·桑德尔（Michacl J.Sandel）编辑：《自由主义与其批评家》（Liberalismand Its Critics），（New York:New York University Press,1984）.

这样的一个社会，人们享有充分的自由"。[14]

（1）18 世纪自由主义女性主义思想：平等的受教育权力

玛丽·沃尔斯通克拉夫特高度推崇理性，认为理性是将人与动物区别开来的能力。她否认女人天生比男人"情绪化"，女人之所以"情绪化"，是因为这些妇女像鸟儿一样限制在笼子里生活，除了整理自己的羽毛，除了装腔作势的在栖身之处高视阔步，就没什么事好干。中产阶级的太太们是被其丈夫"圈养"起来的，为了获得其丈夫提供的养尊处优的生活条件、社会地位而自愿牺牲健康、自由、美德和理性。玛丽·沃尔斯通克拉夫特论证说，如果把男人限制在同样的笼子里，他们也会演变出同样的性格。[15]正因为理性具备将人类与动物区别出来的能力，除非女性是残忍的动物，否则，妇女就应当和男人一样拥有理性的能力。因此，女性有权利与男性一样接受平等教育。女性只有享有平等的受教育权，才能与男性一样具有理性的力量。而只有当一个人具有理性力量，才能作为一个行动自主的人，充分实现自己的个性与价值，才能摆脱无知的愚昧和感性的软弱冲动。从功利的角度来说，平等的教育至少可以帮助妇女摆脱感性与依赖的缺陷，成为一个更加优秀的女儿、姐妹、妻子和母亲。"真正受过教育的妇女将成为对社会福祉作出重要贡献的人。她不会把时间和精力耗费在那些无所事事的娱乐中，她将善理家务，尤其懂得适当教育孩子。"[16]

（2）19 世纪自由主义女性主义思想：平等的政治权力和经济机会

约翰·斯图尔特·穆勒和哈里雅特·泰勒在沃尔斯通克拉夫特的基础上，进一步发展和深化了自由主义女性主义思想。首先，他们也与沃尔斯通克拉夫特一样崇尚理性。但是他们对理性的认知比沃尔斯通克拉夫特更进一步，他们认为理性不仅是人在道德上自主地作出决定，成为一个自主的人，充分实现自己的个性，而且理性也是审慎地实现自我，在不妨碍和损害别人利益的前提下，最大限度地实现个人的幸福和收益。其次，他们坚持认为社会要实现性别平等，除了要为妇女提供平等的受教育机会外，还必须给妇女提供同等的政治权利和经济机会。可见，关于理性以及实现性别平等的途径的论述，约翰·斯图尔特·穆勒和哈里雅特·泰勒的思想比沃尔斯通克拉夫特显得更为全面、成熟和深刻。

（3）关于男女的家庭分工

自由主义女性主义者对于男女的家庭分工和家庭责任也存在很大的分歧。即使高度肯定妇女的智力，但是约翰·斯图尔特·穆勒还有保留了传统观念里男主外、女主内的性别分工，认为妇女应该比男人承担更大的家庭责任，她们不但负责建立家庭，而且还应当负责维持家庭，女人一旦结婚就意味着默认为了家庭牺牲自己的事业和个人追求，她们应当为管理家务、

---

[14] 苏珊·温德尔（Susan Wendell）：《自由主义女性主义（有条件的）辩护》（A（Qualified）Defense of Defemse of Liberal Feminism），《希帕西亚》（Hypatia 2,no.2,Summer 1987）.

[15] 玛丽·沃尔斯通克拉夫特（Mary Wollstonecraft）:《女权辩护》（A Vindication of Woman），卡罗尔·H·波斯顿（Carol H·Poston）编辑，（New York:W.W.Norton,1975）.

[16] 玛丽•沃尔斯通克拉夫特（Mary Wollstonecraft）:《女权辩护》（A Vindication of Woman），卡罗尔•H•波斯顿（Carol H•Poston）编辑，（New York:W.W.Norton,1975）.

教育子女奉献一生的精力和时间，心甘情愿做一名贤妻良母与家庭主妇。即使不幸遭遇离婚，养育子女的重大责任也应该落在生育子女的母亲身上。或许穆勒的出发点是为了家庭的和谐与社会的稳定，是为了孩子的健康成长，但是单方面地要求妇女为此付出牺牲与让步，这对妇女来说是不公平的，因为无论男人抑或女人，对于家庭的和谐与社会稳定都负有同等的责任与义务，为什么要单方面地要求妇女作出更大的牺牲呢？更何况，一方面承认女性与男性具有同平等的受教育权利、政治权利和经济权利，另一方面又把妇女束缚在家庭中，既自相矛盾又不现实。这就相当于，既承认妇女有走向社会的自由，但仍旧把她们锁在家里一样的荒谬。

哈里雅特·泰勒对传统社会男女的家庭分工持不同的观点，泰勒质疑传统社会对妇女的既定安排，即妇女应该优先考虑婚姻、家庭和母职，而不是事业、工作与个人的发展。约翰·斯图尔特·穆勒认为妇女即使在接受教育和获得了投票选举权后，她们中的大部分人还是会愿意选择留在家庭。泰勒怀疑觉醒解放后的妇女还会自愿留在家中做家庭妇女，她大胆地向传统的性别分工作出挑战，鼓励单身妇女和已婚并有孩子的妇女走出家庭，走向社会工作。在《妇女的选举权》中，泰勒反驳说，“妇女和男人一样，她们的首要责任是‘谋生’，妇女不应该仅仅是寻求机会均等的读书和扔选票；她们同样应该寻求机会像男人一样‘在劳动中收获工业生产的冒险和报酬’。”[17]但是这样一来，职业妇女就要承担工作和家庭双重的劳动压力，这又将职业妇女带进身心交瘁的新困境。有些人批评泰勒虽然鼓励妇女从家务劳动中解放出来走向社会，但是没能提出让她们的丈夫一起分担家务以减轻妇女的负担。我认为每个阶段都会受到历史局限的影响，19世纪的哈里雅特·泰勒能够非常前卫地提出让妇女走出家庭已经是非常了不起的一个革命性进步，再要同时要求她提出走出家门的善后措施就有点勉为其难了。在到21世纪的今天，又有多少个男人愿意和妻子一起分担繁重的家务呢？

2. 激进女性主义

区分“自由主义女性主义”和“激进女性主义”并非易事，“激进女性主义”内部也存在差异。“激进女性主义”强调：社会性别制度是妇女受压迫的根本原因。根据阿利森·贾格尔和葆拉·罗森伯格的观点，对于“激进女性主义”这一论断的内涵，可以做如下解释：1. 妇女在历史上是第一个受压迫的群体。2. 妇女的受压迫是分布最广泛的压迫，这种压迫在迄今所知的每一个社会里都实际存在着。3. 妇女受压迫最深，这一压迫是最难于铲除的压迫形式，诸如废除阶级社会这些其他方面的社会变革，并不能根除压迫妇女的形式。4. 对妇女的压迫在数量和质量上都对受害者造成了最大的痛苦，尽管这种痛苦常常没有被认识到，这是因为性别歧视的偏见存在于压迫者和受压迫者的头脑里。5. 妇女的受压迫……对于理解所有其他的压迫形式提供了概念模式。[18]

[17] 哈里雅特·泰勒·穆勒：《妇女的选举权》，见约翰·斯图尔特·穆勒和哈里雅特·泰勒：《性别平等论文集》，艾丽丝·S·罗西编辑.

[18] 阿利森·贾格尔（Alison M.Jaggar）和葆拉·罗森伯（Paula S.Rothenberg）编辑：《女性主义理论框架》（Feminist Frameworks），（New York:McJraw Jill,1984）.

随着女性主义思想中本质主义的出现,激进女性主义群体分化为“激进自由派女性主义者”和“激进文化派女性主义者”两个派别。

“激进自由派女性主义者”认为“正是女性气质的概念以及妇女的生育、性角色和责任,常常被用以限制妇女作为完整的人的发展,她们尤其渴望雌雄同体气质”,虽然“激进自由派女性主义者”都主张借助“雌雄同体”来打破社会性别的刻板隔阂,但是对其实现的途径有两种不同的观点。第一种观点,米利特认为雌雄同体就是把最好的男性气质与女性气质集于一体,但又并非把所有男性气质与女性气质不加评判地拼凑在一起,而是采取审慎的态度把男性气质与女性气质中有价值的优秀部分选择出来进行整合。正如米利特认为,只有在男性气质和女性气质分别都是有价值的情况下,把这些气质特征结合到雌雄同体的个人素质里,这才是有价值的理想模式。[19]在“激进自由派女性主义者”看来,既然社会性别制度是妇女受压迫的根本原因,那么打破社会性别制度最直接有效的方法便是她能够集男性气质和女性气质于一身,从这个意义来看,21世纪时尚界里流行的“中性风”为何受到新时代女性的追随就变得容易理解了,因为“中性风”体现了妇女的解放愿望——直接打破社会性别的僵化分化。可以这样认为,这是一种非常前卫大胆的、具有挑战性的思潮。第二种观点,舒拉米斯·费尔斯通认为,既然男女不平等的根源来自男女不同的生育角色,两性以繁殖为目的而进行的生物学分工造成男性气质与女性气质的对立与分化,进而带来男权社会对女性的压迫和控制,那么,消除男女不平等就不能停留在改良社会性别制度这个层次,而应该进行更加彻底的变革——消除人类这种以繁殖为目的的男女性行为模式,促使女人和男人的性摆脱生物学的生殖动机,从社会建构的男性气质和女性气质中解脱出来。因此,舒拉米斯·费尔斯通提出了非常离经叛道的观点:用人工繁殖替代自然繁殖,用志愿家庭替代传统生物学意义的家庭。打破传统的男女之间的正常性活动,允许男人和女人能够自由地选择尝试多元化、非常态的性活动。虽然从伦理道德、种族延续以及社会稳定的角度,舒拉米斯·费尔斯通的观点将带来极大的混乱与危险,是值得商榷甚至是批判的。但是如果仅仅作为解决男女平等和社会性别问题的学术探讨,那是女性主义者进行的一场理性的思辨与大胆探索。

“激进文化派女性主义者”拒绝把雌雄同体的观念视为女性主义追求的目标,相反,她们提出,“应该说肯定妇女最重要的‘女性特性’(Femaleness)来取代雌雄同体。”[20]因为“激进文化派女性主义者”认为,所谓的“男性气质”和“女性气质”本身就是父权制度建构出来的标准,它们自身所代表的概念值不值得保留也值得质疑,在这种情形下,把尚待质疑的两种“气质”直接融合一起显然不够合理。她们认为需要重新定义男性特征和女性特征。玛丽·戴利强调,必须小心地把诸如爱、同情、分享和关怀慈育这些正面的女性特征与其病态的过分表现、那种受虐的女性“美德”区分开来,因为这些美德常常是误解……在《超越父神》

---

[19] 凯特·米利特(Kate Millett):《性的政治》(Sexual Politics),(Carden Dity,N.Y.:Doubleday,1970).

[20] 艾利斯·埃科尔斯(Alice Echols):《新的阴阳女性主义》(“The New Feminism of Yin and Yand”),见《欲望的权力:性的政治》(Powers of Desire:The Politics of Sexuality),莎伦·汤普森(Sharon Thompson)编辑,(New York:Monthly Review Press,1983).

中玛丽·戴利强调，女人只要信奉牺牲的道德伦理，她就不能得到发展；而在《妇科 / 生态学》中，她更强调，女人只要依然生活在父权制度下，信奉牺牲的道德伦理，她甚至不能幸存。男人不仅扭曲女人的精神，而且他们也通过这样的一些实践摧毁妇女的肉体。[21]“激进文化派女性主义者”并不认为解放了的妇女必须同时具有男性气质与女性气质，她们认为女人应该努力成为女人，但是这个“女人”不是父权制度下的“女人”，而且由妇女自己重新定义的“女人”，是摆脱了男人建造的女性气质之后，变得充满女性活力与美丽的“野性的女性”。

3. 马克思主义女性主义和社会主义女性主义

马克思主义女性主义者和社会主义女性主义者既有差异又有共同的思想。马克思主义女性主义者继承了马克思、恩格斯和其他 19 世纪思想家的主要观点，认为妇女受压迫的根本原因是阶级压迫而不是性别歧视。而社会主义女性主义者更多受 20 世纪思想家路易斯·阿尔都塞和于尔根·哈贝马斯等人的影响，她们认为妇女受压迫的根本原因既不是“阶级压迫”，也不是“性别歧视”，而是资本主义和父权制之间错综复杂的相互作用。虽然这两种思想流派有差异，但他们共同观念的重要价值远远大于他们存在的分歧。马克思主义女性主义者和社会主义女性主义者都认为，妇女受压迫的根源不在于个人因素，而是某个历史时期的政治、社会、文化教育和经济制度的综合产物。

（1）马克思主义女性主义

马克思主义者认为，使我们成为人的主要因素在于，我们能够生产自己所需的生活资料；我们之所以为人，原因在于我们的所作所为——具体地说，即通过生产来满足我们的基本需要而从事的活动，如捕鱼、耕作和建房等。与蜜蜂、海狸和蚂蚁不同，它们的活动是受本能支配的，而我们是有目的或有意识地改造自然和利用自然，在这个过程中我们创造自己。[22]

①阶级。

理解马克思主义女性主义理论有两个重要的概念，一个是“阶级”；另一个是“异化”。

“妇女本身构成一个阶级吗？”这个问题在马克思主义女性主义者内部引起激烈的争议。部分马克思主义女性主义者把妇女看作一个阶级，将运用马克思主义的阶级压迫和阶级剥削理论来解释妇女受压迫的问题。马克思主义女性主义者认为，虽然妇女来自不同的阶级，但是所有阶级的妇女无偿从事家务劳动的事实却是一致的，这种一致性足以使所有妇女把她们自己团结成为工人阶级。例如，她们可以强调家务劳动应该作为真正的工作得到承认，从而获得工人阶级的自我意识。妻子和母亲通常爱她们的亲人，她们的确是在为所爱的人工作，但这并非意味着做饭、清洁和照顾孩子就不是工作。家务劳动最多意味着妻子和母亲的工作条件比一般情况稍好些罢了。[23]如果从男人因为在社会和家庭中都掌握较大的经济权力因而

[21] 罗斯玛丽·帕特南·童．女性主义思潮导论 [M]. 上海：华中师范大学出版社，2002.

[22] 理查德·施密斯（Richard Schmitt）:《马克思恩格斯导论》（Introduction to Marx and Engels）（Boulder,Colo.:Westview Press,1987）.

[23] 罗斯玛丽·帕特南·童．女性主义思潮导论 [M]. 上海：华中师范大学出版社 .

他们以此来控制、支配和压迫女人这个角度来看，妇女可以被视为受到男人共同剥削的工人阶级。但是笔者又这样思考：这样一来，不如直接讨论阶级斗争与阶级理论就行了，为何还要单独列出妇女工人阶级？“妇女工人阶级”的特殊性是因为她们具有性别的特点，而把她们受压迫的原因归类于阶级压迫，这样就回避或无视了妇女本身的性别因素。

②异化。

资本主义社会的人际关系使人异化，对女人的异化比男人更为严重。关于“异化”的概念，艾伦·伍德在《卡尔·马克思》一书中指出：“如果我们感到生活没有意义或者自身没有价值；或者，只有借助对我们自己或自身处境的幻想，教育维持意义和自我价值的感觉，那么我们就是被异化了。”[24]这种异化包括：工人与劳动产品、自身、他人以及自然之间的疏离。妇女的异化比男人更为严重的在于她们的这种异化来自她们的亲密人际关系。因为妇女的传统工作场所局限在家庭，与家庭成员特别是男人的关系对于女人而言更具有重要的意义，妇女是为男人与家庭成员从事家务劳动的，男人与家庭成员对她的评价决定她们的劳动价值和成就感。因此，妇女的自我意识完全依赖于他者，特别是亲朋好友的赞赏和肯定。这一点也就可以帮助理解我们的母亲为何那么敏感与“计较”，有时我们无意中说的话或举动就会令她伤心落泪或大发雷霆。

马克思主义女性主义希望创造一个这样的世界，妇女能够成为一个完整独立的人，而不是一个破碎的存在，她们可以自主快乐，而不必讨好亲朋好友或他人。

（2）社会主义女性主义

部分马克思主义女性主义者迫切希望尽快实现妇女解放，而不是耐心等待工人先解放才轮到妇女解放。而马克思主义者倾向于认为在当时的革命形势下，首先要解决工人阶级受压迫问题而不是妇女受压迫问题，因为工人的解放比妇女解放更加重要。于是，在这些要求尽快解决妇女受压迫的马克思主义女性主义者中产生了社会主义女性主义者。社会主义女性主义者认为马克思主义实质上存在社会性别盲点，并且对妇女的解放问题重视得不够。社会主义女性主义者海蒂·哈特曼评论道，马克思主义的分析范畴“对于为什么特定的人群派往特定场所未提供任何线索，也没有解释为什么家庭内外都是女人屈从于男人，而为什么不是男人屈从于女人”。马克思主义的概念范畴，就像资本主义本身，都是没有社会性别视角的。马克思主义的范畴并不能告诉我们，前来填充空白位置的将是什么人。[25]

社会主义女性主义和马克思主义女性主义一样，都认为只有推翻资本主义制度才能实现妇女解放。但是，社会主义女性主义者认为，要实现妇女解放，只是推翻资本主义制度还不够，还要同时消灭父权制度。父权制度对妇女的压迫，体现在父权制席已经根深蒂固地建构了男人和女人不平等的精神，视女人为男人的附属品而不是独立、完整的人，使妇女屈从男人的

[24] 艾伦·W·伍德（Allen·W·Wood）:《卡尔·马克思》（Karl Marx），（London:Routledge & Kegan Paul,1981）.

[25] 海蒂·哈特曼（Heidi I.Hartmann）:《马克思主义和女性主义不幸的结合：迈向更进步的联合》（“The Unhappy Marry Marriage of Marxism and Feminism: Towards a More Progressive Union”）见《妇女与革命：对马克思主义和女性主义不幸结合的讨论》（Women and Revolution:A Discussion of the Unhappy Marriage of Marxism and Feminism），莉迪亚·萨金特（Lydia Sargent）编，（Boston: Bouth End Press,1981 ）.

地位，并使妇女认为自己生来不如男人，并使她们对女人屈从于男人的地位深信不疑。因此，妇女受压迫的深层次原因在于父权制度对妇女造成的精神奴役，只有消灭父权制度才能站在精神的高度真正实现妇女解放。在朱丽叶·米切尔看来，“只要妇女和男人的心理依然在男性生殖器象征的支配下，对待妇女的态度绝不可能有真正的改变。因此，为了使社会真正充满人性，必须推翻父权制度和资本主义制度。”[26]

4. 精神分析女性主义

精神分析女性主义拒绝弗洛伊德的生物决定论，认为弗洛伊德及其弟子的精神分析法的精髓“生理结构就是命运”[27]其实就是父权制度对妇女压迫的理论根据，弗洛伊德过分夸大了人的生物原始本能，而忽略了人的社会性功能以及社会对人性的重新建构的事实。精神分析的女性主义者坚持社会性别、性别行为和性取向不是生物学差异的结果，而是社会制度建构的结果。女人的生理结构并不能决定她们的命运，女人没有男人的阴茎，并不能决定女人不如男人优越。

阿尔弗雷德·阿德勒认为，男人和女人基本上都是一样的，所有人的无助感与生俱来，并终其一生都在努力试图克服此种无助感并实现自我价值，在这个过程中人得以造就一个“创造性的自我”，此“创造性的自我”与人天生的生物性特征无关。我们更多地是由我们对未来的想象而不是我们过去的根基所塑造的物种。我们的生物性并不是我们的命运，它仅仅只是我们用来形成我们独特自我的素材罢了。[28]卡伦·霍尔内同样不赞同弗洛伊德认为妇女自卑就因为认识到自己是“被阉割”的事实，她认为妇女感到自卑是因为她们意识到自己处处不如男人并受男人压制的社会地位。事实上，很多女孩的自卑普遍来自父母对儿女不同的态度。女孩们在很小的时候就清楚地感受到父母以及家人对她的兄弟倾注更多的关注与自豪，甚至以开玩笑的方式赞许过兄弟的生理特征。男孩成为家中的重要宝贝而女孩成为家中的配角这个事实使她们感到失落与自卑。可见，妇女并非因为女儿身而自卑，而是因为女儿身所代表的低下社会身份而自愧不如。卡伦·霍尔内反驳说，“父权制文化首先强迫妇女要有女性气质（被动、受虐、自恋），然后却试图让妇女信服：她们自己喜欢具有女性气质。社会真正承认的价值就是那些男性气质，而希望具有这些价值的妇女就被贴上了有病的标签；是所谓妄想逃离女性身份的患者。”[29]克拉拉·汤普森认为人的发展是适应环境形成自我的过程，人际心理学倾向于把我们和他人的关系视为自我发展的重要因素。在男女关系中，妇女因为软弱、害怕而长期地服从男性权威，从而造成了妇女失去自我、习惯依附男性、缺乏独立自主精神

[26] 朱丽叶·米切尔：《妇女地位》（Juliet Mitchell）：《精神分析与女性主义》（Psychoanalysis and Feminism）.

[27] 西格蒙德·弗洛伊德（Sigmund Freud）：《俄狄浦斯情结的消逝》（“The Passing of the Oedipus Comple”），选自弗洛伊德的《性欲与爱情心理学》.

[28] 阿尔弗雷德·阿德勒（Alfred Adler）：《理解人性》（Understanding Human Nature），（New York:Greenberg,1927）.

[29] 卡伦·霍尔内（Karen Horney）：《逃离女性特质》（“The Flight from Womanhood”），选自卡伦·霍尔内的《女性心理学》（Peminine Psychology）.

和生存竞争能力的恶性循环。

阿尔弗雷德·阿德勒、卡伦·霍尔内、克拉拉·汤普森对弗洛伊德的理论进行重新阐释，她们批判了弗洛伊德关于生理结构缺陷决定妇女不如男性优越的观点，指出其代表性别偏见与对女性歧视的本质。她们对人的发展提出了统一的理论，那就是所有人都有共同的发展目标，那就是无论男人女人都应该积极努力地塑造一个“创造性的自我”，而不应该受到僵化的社会性别的束缚和压迫。

5. 社会性别女性主义

与精神分析的女性主义不同，社会性别女性主义不是强调男孩和女孩性心理发展差异，而是强调男孩和女孩道德发展的不同。社会性别女性主义认为，在男孩和女孩的成长过程中，他们分别形成带上不同性别特征的价值和美德。男性的价值和美德体现为独立的重要性；女性的价值和美德体现为联系的重要性。在父权制社会，正是这些双标的价值和美德赋予男人权利和尊严的同时剥夺了女性的权利和自尊。父权制社会通过利用具有性别差异性的价值和美德，站在道德的高度对妇女实行道德绑架与心灵毒害。

社会性别女性主义不同意大多数道德发展理论家认为女性道德发展水平不如男性的错误观点，因为男女具有不同的道德思考模式，把男性的道德思考模式当作人类通用的道德模式去要求、衡量所有的女人，并得出女人道德发展水平不如男人的观点显然是荒谬的。卡罗尔·吉列根认为，男人对分离和自主性的重视导致他们发展出强调正义、公平和权利的道德理性模式，而女人更多地重视关联和关系从而促使她们发展出强调人的渴求、理解和同情的道德理性模式。用男性的道德理性规范去衡量女性的道德发展，然后得出妇女在道德上不如男人那样发展充分，这显然是不现实的。吉列根争辩说，不是妇女应该改变，而是用来评价妇女作为道德的人的发展标准有问题，这种标准必须改变。[30]与多数道德理论家观点相反，吉列根认为妇女的道德发展更成熟和高尚，因为她们在道德理性上不像男人那样偏重客观和理智而显得急功近利，女性是运用心灵去思考，能够对他人和环境付出更多的理解、同情与关怀，从而在道德发展水平上显得更为崇高、纯洁与理想主义。

女性的情感道德判断方式不同于男性的理性道德判断方式，女性的关怀伦理具有更多的关怀、慈爱和理解，从而使妇女比男人更有能力抵挡邪恶的诱惑，目前人类社会不断走向因战争、核武器、环境污染以及世界流行病毒等问题所造成的毁灭性的命运，正是男性注重“理性”的道德判断导致人类野心和欲望不断膨胀的恶果。男女具有不同的道德判断方式，男性的道德理性是公正伦理，女性的道德理性是关怀伦理，但我们的社会文化却偏爱男性的理性道德判断方式而贬低女性的情感道德判断方式，事实证明这是不客观的。

男性的理性道德伦理强调征服、竞争和控制，他们更容易受到邪恶的诱惑；女性的情感道德伦理强调同情、关怀和博爱，从而比男人更有能力对抗邪恶。疾病、贫穷、战争、仇恨

[30] 卡罗尔·吉列根（Carol Gilligan）:《不同的声音》(In a Diffenrent Voice)，(Cambridge :Harvard University Press,1982).

等是人类长期面临的邪恶。男女不同的道德判断模式是如何去思考这些问题的呢？在多丽丝·莱辛的《睦邻日记》中，面对一位被病痛折磨得痛不欲生的90岁老太太，男医生只把她视为一个“病例”，理智机械地履行医生的职责，对这位老太太所承受的痛苦熟视无睹；相反，几位女护士体谅到这位老太太与衰老和疾病的折磨进行抗争所承受的痛苦和孤独，她需要人们的关怀和安慰。这些妇女并没做什么功利的思考，她们并没有把她作为一个工作对象，没有想到帮助她是否给自己带来什么利益，甚至没有计较帮助她是否能够改变她的命运，她们只是凭感觉地“减轻她的痛苦，缓解她的孤独，而且，尽她们所能做到的，保持她的自主性”对于女护士而言，邪恶就是见死不救和麻木不仁，正是这些妇女的情感道德判断击败了疾病和死亡的邪恶。

三、女性主义教育观

女性主义教育观就是从女性主义的视角，用女性主义的理论和方法看待教育的观点和理论。女性主义教育观是与女性主义运动发展的三个历史时期的女性主义思想相对应的，根据女性主义运动发展的三个历史时期，女性主义教育观可划分为三个思潮：一是18、19世纪至20世纪60年代的女性主义教育思潮。主要体现为自由主义女性主张女性应当与男性一样享有平等的受教育权，她们认为人与人是平等的，男人和女人都有共同的理性，个人的基本权利应当受到尊重。个人的自由之所以成为可能，是因为个人能够认可他人的自由，在平等权利的前提下限制自己，不侵害别人的权利。因此，女人和男人一样享有平等的权利，包括选举权、就业权、个人财产权和受教育权等。二是20世纪60年代末70年代初的女性主义教育思潮。主要体现为差异女性主义提出以性别差异来消除性别歧视，要求社会公共领域和学校教育重视女性价值观和品格特点，以女性主义为价值观和方法论来看待教育理论和实践，并批判主流知识的方法和内容中存在性别歧视的部分。三是20世纪80年代以来的女性主义教育思潮。这个阶段出现了结构理论和解构教育理论。结构理论偏重分析父权制社会如何运用男人的特权压迫女性并剥夺她们的受教育权；而解构理论则将传统社会中以男性为中心的教育模式去规范化、去中心化，揭示它由父权制社会来建构和维护的真相。无论是结构理论还是解构理论，它们都有一个共同观点，即认为教育中存在性别歧视，应当以女性主义价值观解构教育，揭示传统教育中习以为常的性别差异，从而进行教育性别平等改革。[31]

（一）自由主义女性主义：主张两性平等的教育

女性的解放运动历来都是与各种社会运动相伴相生的，19世纪中叶出现的女性主义运动，

[31] 肖巍.女性主义教育观及其实践[M].北京：中国人民大学出版社，2007.

它的第一个历史时期便是在女性参加反对奴隶制的斗争中发展起来的。这一时期的女性主义受到废奴运动的启发，效仿美国《独立宣言》写出了《男女平等宣言》，宣言写道：“我们坚持的这些真理是不证自明的：所有的男女生来都是平等的，造物主赋予女性某种不可剥夺的权利，这些权利包括生存权、自由权以及追求幸福的权利。”这一时期的女性主义者提出了“男女生来平等”的口号，要求女性在政治、经济、法律等一切领域的合法权利。这次运动导致美国女性在 20 世纪 20 年代获得与男子平等的政治权利。[32]

与女性主义运动的第一个历史时期相对应，18、19 世纪至 20 世纪 60 年代的女性主义教育思潮，受自由主义女性主义影响，强调妇女应当享有平等的受教育权。自由主义女性主义理论认为人生而平等，个人的基本权利应当受到尊重。理性是人类区别于动物的最宝贵的价值，男女都一样具有理性和道德能力，既然如此，妇女就应当享有与男子平等的受教育权，并且妇女的理性也赋予她们有足够的学习能力去接受教育。自由主义女性主义领军人物沃尔斯通克拉夫特一针见血地指出，女人并非天生不如男人，女性之所以表现出在道德、智力与能力比男性低劣的主要根源在于女性未能有机会与男子一样享有平等的受教育机会。沃尔斯通克拉夫特深刻地指出教育对于妇女发展与性别差异的重要意义，“我深信忽视对于我的同胞们的教育乃是造成我为之悲叹的那种不幸状况的重大原因，还深信特别是女性，她们由于一种草率的结论产生出来的种种综合原因而陷于懦弱和可怜的境地。”[33]如果性别歧视使女性不能享有与男子平等的受教育权从而造成妇女自身发展的劣势地位，而平等的受教育权正是消除性别差异的重要途径。女性主义主张性别平等的受教育权思想打破了以往只有男性才能接受教育的特权，为全世界女性争取平等的受教育权，极大地提高了妇女的教育发展水平。今天，教育权利平等思想成为各个国家教育民主思想的重要基石，教育机会均等已成为发达国家向现代文明社会发展的重要指标。

社会化理论是自由主义女性主义在教育领域的具体表现，这一理论认为，男女两性在生理、理性、德行、知识等方面是平等的，而现实中女性在这几个方面远没有达到应有的发展程度，归根结底是因为女性没能享有与男性同等的受教育权，导致了她们的理性、德行和知识未能与男性一样得到长足发展，这又进一步固化了男女不平等的资源财力与社会地位的差距，从而造成社会性别不平等的恶性循环。社会化理论认为，教育上的性别不平等是由于对女性的偏见造成的，要消除性别歧视的价值观就要求学校和教师公平地对待女生，为所有的学生提供性别中立的教育；社会化理论还强调，赋予女性同男性一样的教育将把教育转变成追求平等的最有利的平台。[34]

（二）差异女性主义：以性别差异教育来消除性别歧视

第二次世界大战后，西方女性主义运动进入第二个历史发展时期。1963 年，美国自由主

[32] 肖巍 . 女性主义教育观及其实践 [M]. 北京：中国人民大学出版社，2007.

[33] 玛丽 · 沃尔斯通克拉夫特 . 女权辩护 [M]. 北京：商务印书馆，1995.

[34] 肖巍 . 女性主义教育观及其实践 [M]. 北京：中国人民大学出版社，2007.

义女性主义者贝蒂·弗里丹出版了《女性的奥秘》，此书成为开启女性主义运动第二个历史时期的重要里程碑。它深刻地揭露了父权制度通过扭曲、压制妇女的本性和精神，导致女性产生错误的性别意识的事实。这种错误的性别意识认为，女性天生不如男性优越与尊贵，女性只有学会心甘情愿地服从男性、依附男性、取悦男性才能被男人认可和喜爱；女性只有以家庭为中心，任劳任怨地相夫教子，压制自己的欲望和个性追求，才能符合社会大众对女性的标准要求，否则，就会成为整个男权社会的网暴对象。这种落后的封建等级秩序传统对女性的扭曲成为几千年来束缚女性精神世界的沉重枷锁，而女性只有重新发现自己的真正天性，恢复性别自信与自尊才能获得性别解放。妇女实现性别平等的奥秘在于打破男尊女卑的偏见，正确认识女性自身的本性及其价值，虽然女人的天性不同于男性但并不比男性低劣。女性的天性中更加富有人性的温暖和光辉，她们孕育生命、无私奉献，贴近大自然；她们心思细腻、条理清楚、心灵手巧，第六感特别敏锐；她们温柔善良、富有爱心和同情心，擅长沟通，容易建立和谐的人际关系；她们善于克制、崇尚节俭、热爱和平。这些女性的优秀品质弥补了男性过分理性、富有占有欲和攻击性所带来的弊端，在金钱至上和物欲横流的消费社会里，更能避免因贪婪和竞争导致对环境的严重破坏以及人与人之间的冷漠和疏离；更能引导人类远离战争、病毒、罪恶与环境污染所带来的灾难。

在女性主义运动发展的第二个历史时期，受“女性奥秘观”思想的影响，出现了第二次女性主义教育思潮，它产生于20世纪60年代末70年代初，其理论基础为差异女性主义思想，主张以性别差异教育来消除性别歧视。认为女性所需要的不是性别中立的教育或是以男性为标准的教育，而是尊崇女性的品格与价值，以女性心理发展特点为中心，重视女性文化和经验的女性关怀教育。差异女性主义教育思想打破了以男性为中心的传统教育模式，创造性地建构一个以女性为中心的教育模式。它对传统教材内容和教学法中的性别歧视提出批判，大胆地进行大规模的课程理论与实践的改革，以女性主义的价值观和方法论重新审视和分析传统的教育理论和教学实践，对现有教材的内容与编排提出质疑，试图用女性主义的思想从教育目标、教材选编、教学方法等进行全面深刻的改革。

女性主义学者简·R·马丁认为教育本身是由社会、政治和文化的各种因素交织构成的，改变教育需要理解社会、政治和文化；反之，社会改革也需要重新定义教育。[35]以男性为中心的教育是父权制社会、政治和男性文化的产物，改变性别歧视的教育，需要追溯其产生的男尊女卑的社会性别根源。因此，只有消除性别歧视的社会实践才能实现性别平等的教育，而对于差异女性主义而言，消除性别歧视最直接有效的方法便是以女性中心教育替代传统的男性中心教育。

与自由主义的社会化理论认为追求男女平等的受教育权应当消除性别差异的观点相反，性别差异理论认为实现性别平等的受教育权应当尊重并关注女性的特点，主张在教育中保持

[35] Janw Roland Martin,Education,in Alison M.Jaggar and Iris Marion Young edt.,A Companion To Feminist Philosophy,Blackwell Publishers ltd.,2000.

女性的特点，女性所需要的不是性别中立的教育，而恰恰是要强调女性特点和需要的“女性化教育”。但是性别差异理论内部也出现分歧，一些人主张对两性不同的认知方法进行平行的教学；而另一些人则认为女性教育主要问题不在于学习方式，而在于父权制教育体制下，女生受传统习惯的影响不敢表达不同的意见和思想，因此在学习过程中往往循规蹈矩，过分压抑自己的个性和创新的火花。还有一些人强调，应当对男生进行女性价值观教育，所有的学校教育都应包含同情、关怀、理解、包容和责任等“女性课程”。

（三）结构理论和解构理论的教育思想

20 世纪 80 年代，女性主义运动进入第三个发展阶段，这一时期的女性主义有两个突出特点，一是与后现代主义学术的发展紧密结合；二是结合当代社会政治、经济和科学技术的发展追求性别平等。女性主义与后现代主义的理论的关系大体上有三种。

第一种，女性主义成为后现代主义的重要组成部分，派生出后现代女性主义。后现代主义反对启蒙主义认为通过科学的方法可以获得普遍的、客观的、科学的知识的观点，否认存在能够被发现和认识的普遍真理，认为人类所有的经验和知识都是相对的。后现代女性主义者同样也质疑认识与真理的普遍性存在，反对人文社会科学理论体系的系统性与完整性，主张以分散、局部和小型的理论替代集中、整体和大型的理论体系。反对把女性主义理论变成僵化的教条，强调个性与性别差异的价值。从努力挣脱父权制度对女性的捆绑与压迫这个角度看，后现代女性主义无疑是反传统与具有解构力量的，但是过分强调真理的相对性与性别差异的意义容易遁入不可知论的虚无，一方面不利于客观、严谨、系统的学术体系的发展和人类科学的进步，另一面也给女性主义理论自身的统一性与逻辑性带来极大的破坏。

第二种，女性主义成为后现代主义的朋友。女性主义与后现代主义在许多理论基础上有共同的思想和观点。在后现代主义看来，历史仅仅是关于男性的自我想象或者虚构，形而上学对于所谓确切真理的执着追求只能导致认识的局限性与机械性，启蒙主义对于统一、普遍存在认识偏信，无法反映认识对象的历史局限性、特殊性和发展变化。无独有偶，女性主义同样质疑历史的真实性和绝对性存在，认为西方哲学范畴在建构自我经验和主体性时，抹杀了性别差异，从柏拉图到黑格尔的哲学都是以男性为理性主体的故事为主题的。[36]在这种情形下，现有的人类历史其实都是以男性为理性主体而写的，是男人的历史而并非是女人的历史。因此，对于女性而言，这些历史无疑是不真实的、不客观的、不全面的。由此可见，女性主义和后现代主义一样，对于超越理性的认识和普遍性真理都持怀疑的态度。

第三种，女性主义对后现代主义的批评。部分女性主义者不同意后现代主义的观点，主要是因为后现代主义的解构作用威胁到女性主义的存在和发展。第一，后现代主义不注重时间顺序和因果关系，这是很多人文科学的学者特别是历史学家非常重视的逻辑结构。第二，某些后现代主义理论中存在厌女症特征，没有将女性纳入学说当中。第三，后现代主义在政治

[36] 肖巍．女性主义教育观及其实践 [M]. 北京：中国人民大学出版社，2007.

上比较软弱。第四，女性主义吸收了启蒙主义的一些基本概念和哲学思想，在后现代主义批判启蒙主义的同时，必然对女性主义造成釜底抽薪的消解。

与女性主义运动第三个发展阶段相对应，20世纪80年代中后期到90年代以来，出现了女性主义教育理论——结构理论和解构教育理论。结构理论和解构教育理论把学校看成是探讨社会批评与改革的地方，结构理论偏重于分析批判集中在统治者把握的权力和特权；解构教育理论偏重于把常识性的范畴去规范化和去自然化，把它们呈现为由社会来建构的范畴。结构理论和解构教育理论都认为性别歧视普遍在教育过程中存在，因而我们要以女性主义思想解构教育，从而消解教育中的性别歧视并实现教育平等。

结构理论假设某种特权结构及其权力是不变的，从正面入手剖析特权阶级是如何运用手中的权力去压迫、奴役弱势群体，并剥夺他们的合法权益。揭示弱势群体处于不平等地位的根源是特权阶级凭借强权剥夺了他们的资源财力和发展机会。结构理论认为，消除压迫的前提是理解压迫，所以结构理论提倡解放教学法和反霸权课程。结构理论认为父权制男尊女卑的意识形态充斥整个教育过程并主宰着教育评价标准，一旦女性在原有的评价体系中表现得比男性更优秀，这个评价体系便会受到特权者的质疑，并随之修改成为对男性更有利而对女性不利的评价标准和规则，从而使女性重新回落到“男强女弱”的不平等社会秩序中。结构理论也提出一种反文化框架，它提示传统教科书所谓的常识和真理其实不过是以男性为中心的男性偏见，并非为绝对的客观存在，因为它们屏蔽了所有女性的视角、体验与思想，甚至还饱含了对女性的歧视思想。也正因为这样，结构理论质疑传统教科书中维持男尊女卑、性别不平等的意识形态，提倡以女性主义的角度重新编写教科书来传授女性的体验、知识和思想。

如果结构理论是正面探讨主导秩序产生不公平现象的原因和过程，而解构教育理论则从反面直接摧毁主导秩序的合理性和合法性。解构教育理论认为性别并非是生理差异带来的自然结果，而是父权制社会出于政治实用性而建构出来的等级差异，它是男权为了维护性别的优势而对女性实行的奴役、压迫和禁锢。解构教育理论主张在教育中让学生以批评的态度重新审视传统的知识、规则和观点，从而创造出新的知识和思想。解构教育理论从怀疑一切的思路出发，不仅对平等、公平等价值范畴提出质疑，也对性别差异理论中提倡关注女性的特点、体验与需求的观点表示怀疑，认为尽管性别差异理论主张教育要以女性心理发展为中心，尊崇女性价值和品格特点，提倡重视女性文化和经验的女性关怀教育，但是就连其中的“女性”“女性价值”“女性关怀”这些基础的概念也是值得怀疑和探讨的。

后现代主义女性主义者打破工具理性和技术理性对传统课程的束缚，尝试从不同的理论和学科角度对原有的课程进行新的解读，把原来的“单一课程文本”变成“多解读课程文本”。特别是对于女性主义而言，更倾向于从性别的角度去解读原来的课程。因此，以追求性别平等为己任的性别课程在这一时期有了长足的发展，这主要体现在把课程作为性别文本来看待，把它置于广泛的社会、政治、经济、文化、种族等背景上来理解，联系个人深层的精神世界和生活体验而寻找课程的意义。[37]

综上所述，社会化理论遵循自由主义价值观，认为人生而平等，女人与男人一样享有平等的受教育权，平等的受教育权正是消除性别差异的重要途径，主张通过性别中立教育，即不分性别进行教育来实现性别平等的教育。性别差异理论承认男女在知识、德行、理性等方面存在先天差异，以往的学校教育中忽略了这些差异，因而造成对女性教育的不公平。因此，性别差异理论主张在学校教育中应当关怀女性的特点和需求，实行有性别差异的教育。结构理论和解构教育理论分别从正反两个角度批判教育中的性别不平等现象：结构理论从正面剖析父权制度及其男尊女卑传统思想如何造成教育中的性别不平等现象；解构教育理论则从相反的角度揭露产生教育性别不平等的父权制度和男尊女卑传统思想的荒谬与不合法。这几种女性主义教育理论都各树一帜、各有侧重点，虽然观点不一，也颇有争议，但是它们从不同的角度、以不同的观点与策略对传统教育制度中性别不平等现象提出了革命性的挑战，对促进女性的发展和社会进步具有划时代的意义。

[37] 张华．走向课程理解：西方课程理论新进展 [J]. 全球教育展望，2001（7）：40–48

第二章

农村女性受教育状况的因素分析

“女童的受教育机会”是衡量歧视女童的重要指标之一。农村女童承受着城乡教育不平等和教育性别不平等的双重歧视，从社会性别视角来审视农村女童教育问题，是从教育最弱势群体中关注社会性别公正和教育公平问题。

一、农村女性受教育现状

新中国成立以来，中国政府十分重视教育的性别平等问题，关心和保障农村女童的受教育权。我国《宪法》《中华人民共和国义务教育法》规定，女童享有平等受教育的权利；《中华人民共和国妇女权益保障法》明确要求，父母或者其他监护人必须履行保障适龄女童接受义务教育的义务；《中国妇女发展纲要》和《中国儿童发展纲要（2021—2030年）》明确要求，女童平等接受学前教育、九年义务教育，强调消除女童的辍学现象。

为保障农村女童的受教育权，早在1996年，国家教委就发布了《关于进一步加强贫困地区、民族地区女童教育工作的十条意见》，要求各级政府和教育部门采取有力措施，制定女童专项扶助政策，保障女童接受义务教育的权利。

从2001年开始，政府又实施农村义务教育阶段“两免一补”政策，即免教科书费、免杂费、补助寄宿生的生活，这一政策的出台大大增加了贫困女童接受教育的机会。2015年，中共中央、国务院出台《关于打赢脱贫攻坚战的决定》，把义务教育有保障作为脱贫的基本指标，为消除贫困地区女童的辍学现象、落实女童受教育权提供了根本保障。

此外，我国支持社会力量助力和促进女童教育，出现了“希望工程”“春蕾计划”等公益助学项目，并对52.7万人次女学生进行了职业技术培训，改变了很多贫困女童和其家庭的命运。

在党和政府的关心下，基础教育阶段在校生中女生所占比重逐年提高。2021年国家统计局发布的《中国妇女发展纲要（2011—2020年）》终期统计监测报告显示，2020年小学学龄女童基本实现应上尽上，净入学率自2015年开始连续6年保持在99.9%以上，与男童基本持平，在义务教育阶段已基本消除性别差距；2020 年，九年义务教育巩固率为 95.2%，比 2010 年提高 4.1 个百分点，如期实现《纲要》“达到 95%”的目标；九年义务教育阶段在校生中女生为 7 285.2 万人，比 2010 年增加 197.5 万人，增长 2.8%，占在校生的比重为 46.6%；2020 年，高中阶段教育共有在校女生 1 950.4 万人，占比 46.9%；其中，普通高中在校生中的女生为 1 257.5 万人，占比 50.4%，连续 6 年保持在半数以上。[1]

受经济条件、地理环境以及教育观念等因素的影响，中国农村地区的适龄女童入学率一度较低。随着我国义务教育的普及和农村义务教育学生营养改善计划等一系列教育惠民政策的落实，各地政府进一步加大基础教育投资，改善农村学校的办学条件，完善教育资助体系，保障学生特别是适龄女童能够有机会接受良好的教育，农村适龄女童的入学率得到大幅度的提高。例如，广西融水苗族自治县是国家扶贫工作重点县，2018 年适龄女童的入学率已经超过 99%，“狗不耕田，女不读书”的传统观念得到彻底改变，越来越多的苗山适龄女童得以通过接受良好的教育实现自己的梦想。[2]

近 30 年以来，中国政府为促进教育公平和教育性别平等颁布了一系列政策法规，在实践中作出了巨大努力，取得有目共睹的显著成绩。与此同时，因为我国仍处于社会主义初级阶段，农村人口和相对贫困人口的数量均居高位，农村基础教育的性别公平问题仍然存在严峻挑战。我国农村基础教育性别不公平现象具体表现为：女童受教育机会少，留守儿童中女童数量多，留守女孩青春期性安全教育严重滞后缺失，留守儿童家务压力大，女童感觉学习理科存在困难等。

（一）女童的入学率低于男童，辍学率高于男童

我国的失学儿童绝大部分在农村，而农村失学儿童绝大多数是女童，也就是说我国绝大部分失学儿童是农村女童。随着年级的增长，男女儿童的入学率、辍学率的性别差异愈加显著。统计数据显示，在我国 8 500 万 15 岁以上的文盲中，90% 的文盲生活在农村，50% 以上的文盲分布在西部地区，70% 的文盲人口是妇女。

女童存在教育性别不平等问题长期存在西部地区农村。作为少数民族聚集地区，西部地区集中了全国大部分贫困县，经济文化发展水平相对滞后，普遍存在女童入学率低、辍学率高的现象，特别是在重男轻女思想比较严重的农村。

（二）农村男女儿童的教育资源投入差距大

中国是一个有着几千年封建制度历史的国家，深受儒家文化的影响，“男尊女卑”“三从四德”和“女子无才便是德”等传统思想始终贯穿于社会的发展历程中，而对于封闭保守的乡

[1] 国家统计局网站 . 国家统计局：各类高等教育中女生占比均超过男生 [EB/OL].https://www.thepaper.cn/newsDetail_forward_15936750

[2] 慈善公益报 . 融水苗族自治县女童入学率超 99%[EB/OL].https://www.csgyb.com.cn/news/tushuo/20190327/22758.html.

土社会而言，这种思想观念则更为根深蒂固，这首先表现为农村家庭在对教育的直接投入上有着比较明显的性别偏向。农村家庭一般为多子女家庭，父母却给予了男童、女童不同的教育期待和成长期望，中国农村的父权制家庭文化更为明显，农村父母一般存在强烈的“男孩偏好”，他们会认为对儿子的教育投资可以获得终身的长期回报，而对女孩的教育投资随着女孩出嫁成为“泼出去的水”而难以获得回报。因此，当家庭中存在不同性别的子女时，农村父母就会将更多的家庭资源分配给男孩，由此形成家庭内部资源分配上的“男孩偏向”。

农村女童获得的教育资源较少的另一个原因是受农村女性早婚早育的风俗习惯的影响。学习吃力的农村女性大多在初中、高中毕业后就辍学打工，到十八九岁的时候就被父母催促赶紧嫁人生孩子。农村早婚早育的风俗背后蕴含着传统的性别歧视观念：女性的价值在于结婚、生育、照顾家庭。受落后思想的影响，农村女孩年纪越大越难以嫁出去，嫁不出去不但会耽误其终身幸福，还会成为家庭的累赘受到别人的嘲笑。此外，又因为女孩始终会嫁作他人妇，对于那些挣扎在贫困线上的农村家庭而言，将家里稀缺的教育资源耗费在她身上明显是不理智的，这样就相当于用自家的钱供“别人家的媳妇”上学。

（三）留守女童比例高于留守男童，难以养成良好学习习惯

根据《2015 年中国儿童人口状况——事实与数据》以及 2015—2019 年之间的《教育统计数据》《全国教育事业发展统计公报》《农民工监测调查报告》《国民经济和社会发展统计公报》等数据，2018 年中国共有 1.02 亿流动人口儿童，其中，3 693 万为流动儿童，3 540 万为城镇留守儿童，2 957 万为农村留守儿童。根据《2018 年教育统计数据》，不到 1/2 义务教育阶段进城务工人员子女跟随父母进城，与“父母在一起生活”。进城务工随迁子女 1 424 万人，占义务教育阶段进城务工人员子女总数的 49.14%。与此同时，农村留守儿童共有 1 474.41 万人，占义务教育阶段进城务工人员子女总数的 50.86%。[3] 教育部发布的“2019 年全国教育事业发展统计公报”显示，全国义务教育阶段在校生中农村留守儿童共 2 019.24 万人，其中，在小学就读 1 383.66 万人，在初中就读 635.57 万人。

随着改革开放带来的经济高速发展和城镇化建设的不断推进，我国持续多年向经济发达的城市转移的农村剩余劳动力将近 3 亿人。由于长年进城务工，农村父母只能把孩子留在家中让爷爷奶奶照顾，由此农村出现了几千万的留守儿童。即便条件允许可带孩子进城务工，在重男轻女思想的影响下，农村父母一般也只带儿子随行而把女儿留在家中，所以留守儿童中女孩普遍要比男孩多。由于缺乏父母的关爱和管教，留守女童的心理健康受到不同程度的影响，普遍出现内向、孤僻、自卑的性格，难以培养良好的学习习惯，从而影响留守女童的学业成绩。《中国乡村妇女生活调查》显示，留守女童中成绩优秀的占 12.6%，较好的占 23%，较差的占 64.4%；[4]

[3] 激流网 . 中国流动人口子女与数据 [EB/OL].http://www.jiliuwang.net/archives/92102.

[4] 农村留守女孩性安全教育调查 [EB/OL].http://blog.sina.com.cn/s/blog_4b6772300100ches.html

（四）留守女童性安全教育缺失，性侵事件屡有发生

近年来，由于家庭、学校及社区缺乏对留守女孩的有效保护以及性安全教育的滞后，在全国范围内，留守女童遭受性侵害的案件屡有发生。2012 年到 2014 年，贵州毕节市七星关区小吉场镇南丰小学教师黎某先后性侵学生 10 多名，多数为留守儿童。案发后，一些闻讯赶回家乡的父母悔恨交集。他们说，平日也很想念和担心孩子，可是为生计所迫，只有在每年农忙或春节时才回家几天，无法把孩子带在身边上学，以至于孩子长期处于父母的监护之外。2014 年 1 月，据媒体报道，广西某乡村的一位留守女童，从 11 岁开始，在两年多的时间里遭到多名中老年人性侵。令人心痛的是，直到愤怒的父亲报了案，受害小女孩都不知道这样的事会对她自己造成多大伤害，甚至在法院做出判决后，村里有些妇女反而说那些老人是被小女孩害了……全国妇联 2013 年发布的《中国农村留守儿童、城乡流动儿童状况研究报告》指出，中国农村留守儿童数量超过 6 000 万，总体规模仍在扩大。全国范围内，留守儿童被性侵事件屡有发生。有资料显示，在过去三年里，仅广东省就有超过 2 500 名女童被性侵，近半在 14 岁以下。[5] 令人担忧的是，很多留守女孩在受到性侵害后不敢及时告知家长或向社会求助，担心受到性侵的事实宣扬出去将会损毁自己的名声并给家庭带来莫大耻辱，大多数受害者家庭采取“私了”的办法息事宁人，还由于受害人年幼无知，案件一般都是事隔很长时间才被发现，犯罪分子不容易受到应有的惩罚。

令人愤怒的是，性侵给留守女童造成的伤害是非常惨重的，不但会造成怀孕、感染疾病等严重的身体损害，还对她们的心理健康和未来的婚姻生活带来难以修复的摧残。当她们天真烂漫的童年时代被罪恶玷污后，本来活泼开朗的女童一下子变得孤僻自卑了，为了医治伤病和躲避社会舆论不得不过早放弃学业，这严重影响到她们的职业生涯和婚姻生活，意志薄弱者甚至自暴自弃踏上不归之路。

农村留守女孩遭性伤害频频发生很重要一个原因是留守女孩青春期性安全教育严重滞后和缺失。《中国乡村妇女生活调查》显示，选择外出打工人员比较多的河南、湖北、甘肃三省，对 303 名父母都在外打工的、年龄为 11—16 岁的留守女孩进行了一次问卷调查，调查结果如下：

1. 留守女孩母亲的文化程度：中专或高中 13 人，占 4.3%；初中 165 人，占 54.5%；小学及以下 125 人，占 41.3%。母亲应是女儿性安全教育的第一责任人，留守女孩母亲的文化程度如此低，从客观上制约和影响了女儿的家庭教育。

2. 留守女孩对学校发的《健康读本》的阅读率：读过的只有 109 人，占 36%，没有读过的 194 人，占 64%。

3. 留守女孩青春期自我防护知识的告知率：妈妈告诉过 36 人，占 11.9%；爷爷奶奶告诉过 11 人，占 3.6%；老师告诉过 45 人，占 14.9%；而没有任何人告诉过 211 人，高达 69.7%。

[5] 谁来保障留守儿童的安全 [EB/OL].http://www.nongmin.com.cn/html/news/23603/23603.html

4. 留守女孩对艾滋病传染途径的知晓率（多项选择题）：知道性传染途径的 122 人次，占 32%；知道母婴传染途径的 121 人次，占 31%；知道输血传染途径的 144 人次，占 37%；另有部分女童认为拥抱握手、接吻、与艾滋病人共餐、与艾滋病人面对面谈话也可以传染。68% 的留守女孩不知道不安全性行为是艾滋病的主要传染途径。

5. 留守女孩对青春期性安全教育进中小学课堂的赞成率：赞成的 261 人，占 86%；认为无所谓的 42 人，只占 14%。

从我们走访的几所农村中小学校看，由于条件限制，都没有单独开设青春期教育的课程，发给学生们一本《健康教育》读本，学校对读不读也没有做硬性规定，而留守女孩的父母、爷爷奶奶、外祖父母或其他临时监护人都认为女孩的安全有学校管，学校则认为有家长监护，结果两头都没有管，留守女孩的青春期性安全教育几乎趋近于零，甚至成为一个盲区。[6]

农村留守女童青春期性安全教育严重缺失是一种普遍现象，主要原因有三：一是留守儿童家庭教育缺失。随着城乡二元化经济的快速发展，成千上万的农村青壮年劳动力大军向城市迁移，在农村出现了大量的留守儿童，留守儿童普遍托付给年迈的老人照顾或者去寄宿制学校上学，父母监管与家庭教育出现真空。二是受几千年封建思想的影响，农村学校长期忽略性教育，认为性教育不能登大雅之堂。农村教师普遍视性教育为禁忌性的话题，担心过早让学生掌握性知识反而会让他们偷吃禁果，对学生青春期出现的性困惑视而不见。这实在是一种鸵鸟政策，避而不谈并没有解决学生必然会面临的成长问题。不让孩子及早了解身体的生理结构与性的奥秘，如同放任一个懵懂无知而手无寸铁的小孩独自走进危机四伏的绿野丛林，是一种极端不负责的教育失职。守护弱小的后代，是学校与家长应当肩负的教育责任。三是农村信息闭塞而网络不良资讯铺天盖地。一方面，留守女孩无法从正规渠道了解正确的性教育知识，另一方面，社区不良的习俗风气对她们产生不良影响，特别是近年随着智能手机和网络的普及，网络上各种不堪入目的色情广告和视频却又活色生香，无处不在地对无知少女进行低级趣味的性误导，对留守女孩的身心健康造成非常严重的危害。

（五）农村寄宿制学校对女生的特殊需要缺乏人文关怀

1. 住宿环境拥挤，女生冬天洗澡热水供应不足[7]

一间 30 平方米本来容纳 8~10 人的宿舍，基本要住 16 人以上，有时甚至要住进二三十个学生，很多是两三人共挤一张单人床。寒冷的冬天，冰冷的床板，单薄的被褥，拥挤的床位，无法想象这些学生如何入眠！听说夏天也是两三人挤在一起，身上热得长满痱子。如果没有良好的睡眠，怎么会有旺盛的精力和健康的体魄呢？这或许也是影响学生成绩提高的一个因

[6] 农村留守女孩性安全教育调查 [EB/OL].http://blog.sina.com.cn/s/blog_4b6772300100ches.html

[7] 本章的调查数据，除了特别注明，主要来源于课题组（本人所主持的教育部人文社科项目）的实地调查。课题组选择了广西桂林、南宁、玉林与金城江等市，对当地 438 名农村出身女性的家庭背景、教育状况与社会流动情况进行问卷调查和深度访谈。

素吧。学生们还反映："床不牢固，躺在上面摇摇晃晃的，使人不能安稳地睡觉。"更有趣的是，一个学生说："老师每个学期按照成绩安排床铺，成绩好的同学有权选择好床位，后进生连睡觉都要比别人更不踏实。"在应试教育的辐射下，连宿舍的床位都要与学习成绩挂钩，看来农村教师的教育观念有待更新。宿舍只有一个卫生间，浴室也在卫生间里，地上经常湿漉漉的，时有出现宿舍厕所堵塞的情况。有些学校的学生宿舍没有独立的浴室和卫生间，几个大宿舍，一共几十个人，共同使用5间浴室，厕所就在浴室对面，没有门窗或布帘遮掩。学生无论是洗澡还是如厕都是排长队，起夜的女生感到不安全。

因为条件所限，部分农村寄宿制学校在寒冷的冬天不能给学生供应足够的热开水和热洗澡水，学生们只能都用冰冷的水洗头、洗脚，特别令生理期中的女生倍感不适，学生只能等到周末回家洗澡。据问卷统计，感冒是农村寄宿学生最常患的疾病，经常患感冒的学生高达61%。

2. 学校食堂的卫生和营养跟不上

学校食堂的设施比较简陋，营养卫生难以保证。基本都是一间伙房、两个炉灶、两口大锅。很多食堂没有基本的消毒设备和防鼠、防蝇、防尘等"三防"措施，部分食堂竟然还在烧木柴。食堂工作人员大多未经过正规培训，也没有参加过健康体检，更缺乏一般卫生常识和营养搭配知识，服务意识也比较薄弱。问卷统计显示，在几个方面中，学生对学校的伙食最为不满，68%的学生经常下课就感觉肚子饿，这可能与学校膳食的营养搭配、分量与质量有关，学生们反映："食堂饮食单一，几乎每天都一样，经常缺蔬菜"；"吃不饱，没有肉吃"；"伙食贵，菜太少，不够拌饭吃完"。有时如果迟去打饭就会遇到没有饭吃的情况。在卫生方面，质量不好，不太卫生，有时还有隔天的异味；食堂窗口太少，排队拥挤，打饭效率低；没有足够的就餐桌椅，学生打了饭只能站着吃、蹲着吃，或者端回宿舍和教室吃。

农村家庭每月能给学生的生活费一般不会太多，基本上都用在吃饭上，66%的学生每月花销最多的是伙食费。部分学生由于没有足够的伙食费经常吃不饱；部分学生因为学校的饭菜油水不足，吃过饭后很快就饿了；学生即使有钱想吃得更好一些，学校饭堂也不能满足学生的需求。

3. 学习压力沉重

（1）好学与厌学现象并存。大部分农村学生有明确的学习目标和强烈的成就动机。他们"希望能够在学校学到有用的知识和技术""希望能考上好的学校""学到以后能在社会生存的本领。"因为教育资源相对贫乏，农村学生要取得相同的学习成绩，往往要比城里的学生付出更多的艰辛和努力。

农村寄宿制学校的厌学现象也比其他学校严重。首先，近年来大量农民工涌入城市务工，很快依靠勤劳的双手使家里脱贫致富；反观大学毕业生就业形势逐年严峻，农村父母含辛茹苦供养一个大学生出来反而找不到工作，"寒门难出贵子"的社会现象使农村地区重新产生了"读书无用论"的思潮。其次，农村寄宿制学校"封闭式"的管理使学生远离社会、远离生活和自然，也影响了年轻学生敏感鲜活的心灵世界，长年累月超负荷的课业使农村学生产生了厌学心理。最后，因为长期住校，无法接受父母的学习监督，而在学校，班主任和任课老师的精力有限，没法监管到每一位学生，部分学生从小没能养成良好的学习兴趣和学习习惯，从而影响到学习成绩。学习成绩不好，又反过来降低学习兴趣，造成恶性循环。

（2）相当多学生感到学习困难。与农村寄宿制学校的厌学现象严重相关联，农村寄宿制学校感到学习困难的学生也比较多。在调查问卷中，回答“你觉得学习困难吗”这个问题时，有 37.9% 的被调查者认为“学习困难”；在回答“学习过程中你会感到快乐或有成就感吗”时，仅有 24.2% 的被调查者选择“经常”；在回答“在日常生活中，你认为在哪些能力方面上比较欠缺”时，有 59.8% 的被调查者选择“学习能力”。

相当多的农村寄宿学生感到学习困难值得引起社会各方面的深思与关注。据调查，产生这个问题的原因主要有四个：一是学习时间过长。很多农村寄宿制学校的课程表从早上七点多开始到晚上十点才结束，长达 10 个小时。为了安全起见，多数寄宿制学校晚上也要上三节正课。二是课余生活单调，农村寄宿制学校很少组织课外文体活动，学生也没有自由活动的时间和场地。正如部分学生反映，“枯燥又漫长的学习生活让我们提不起对学习的兴趣，总是觉得很困倦。”三是教学设备和教学方法有待改进。“老师讲课的速度比较快，教学方法机械，有些课听不懂”，由于缺乏充足的教学设备，老师只能用传统的讲授法来上课，很少能够运用多媒体教学。四是学生情绪压抑，精神困倦。由于缺乏心理辅导教师，学生一旦遇到烦恼或有心理障碍也只能独自闷在心里。

农村寄宿制学校的女生理科成绩普遍不如男生，主要原因除了农村寄宿制学校单调枯燥的学习生活，以及机械单一的教学方法不符合女生的特点外，还与教师在潜意识中对待男女学生理科学习的期待和态度有关。据调查，在农村学校初中阶段男女生的物理成绩基本没有差异，但是随着物理学习的难度提高，男生与女生的成绩差距呈现增大的趋势。在八年级物理期末考试中发现，男生物理成绩比女生要好一些，到了九年级物理考试成绩统计时发现男女生成绩差异十分明显：不仅各班男生物理平均成绩都高于女生；而且整个年级男生物理平均成绩也比女生物理平均成绩高出 10 分左右。特别是在近年新高考背景下，农村高中女生选科“物理遇冷”现象特别严重。农村学校的女生普遍理科成绩不理想，尤其是物理。高中阶段女生生理成熟比男生快，来自家庭和社会的压力也较大。农村学校的物理老师教学方式单一，除了给学生进行知识的传授以外，无暇顾及其他，一些男生比较主动向老师提问，而女生却很少主动提问，老师就容易忽视女生物理学习的困难，根本无法给予及时的关注与帮助，最终导致女生成绩下降。[8]

（3）课程设置不合理，女生缺乏文娱活动。由于现行教育评价体制的制约，学校片面追求升学率，重智育，轻德育、体育、美育和劳动技术教育，智育中又偏重与升学考试有关的科目。据调查，有一半的农村学生不满意课程设置，他们喜欢的音、体、美、信息课经常被其他课挤占，只剩下枯燥难懂的文化课程。特别是农村学校因为师资有限，普遍没有条件开设

［8］周巧玲，胡建德 . 农村高中女生选科“物理遇冷”现象研究 [J]. 课程教育研究，2019（44）：16–17.

女生喜欢的音乐、舞蹈、健美操等课程，而狭小的篮球场和运动场又经常被男生占用了。因此，农村女生青春期的学习生活变得十分枯燥乏味，除了文化课，几乎没有适合青春少女特点的文娱体育活动，身体得不到锻炼，心灵得不到滋养，大脑整天处于高强度的学习状态，致使部分女生出现失眠、生理期紊乱、记忆力减退等现象，从而诱发了厌学的心理。

（4）缺乏心理辅导教师，农村女生心理健康脆弱。农村女生正值青春发育期，身体与心理的变化波动比较大，需要得到父母、老师的关怀和心理疏导。农村寄宿生长期远离家人，缺乏父母的关爱。调查问卷统计显示，农村寄宿制学校的女生很少与父母沟通，经常很想念父母。大部分女生在烦恼时都希望能够得到父母或亲人的安慰，但是她们中约 68.5% 的人一周只能回家一次，将近 12% 的女生要一个月以上才能回家一次。

很多农村寄宿制学校没有配备专职的心理辅导教师，学生与教师还没能形成良好的互动关系。访谈中，不少学生提到，希望学校能配置一个专业的心理咨询教师。因为她们经常有太多的想法，有时候会感到很困惑、很迷茫，但她们却不敢向老师或同学倾诉。当问及“在学校遇到烦恼时你将怎么办”时，49% 的学生选择“对同学说”；27% 的学生选择“对老师说”；而 21.5% 的学生却憋在心里。为什么有些学生不愿对老师倾诉呢？除了老师实在是没有时间顾及外，可能也与老师的教育方法和态度有关。统计显示，在问答“老师关心你们的心理问题吗”时，45.6% 的学生表示“一般”。有些老师对男女同学的交往过分敏感，令学生对教师产生抵触情绪。在问答“老师对待早恋的态度”时，45% 的学生选择的是“严厉批评”；而 21% 的学生选择的是“处分”。也正因为青春期的情感困惑和心理危机得不到及时的辅导与帮助，51% 的学生在学校有时会感到孤独和无助。也正因为受青春期孤独感的驱使，农村寄宿学生的早恋现象比较普遍。

由此看来，农村寄宿制学校非常有必要配备专业的心理咨询与辅导教师，帮助农村学生疏通青春期的心理问题，聆听她们在成长过程中遇到的困扰和烦恼，引导她们适应身体成长发育过程中出现的各种新变化与新问题，避免因为无知而受到伤害甚至误入歧途。值得注意的是，部分学校忽略了教育心理学和青少年心理健康的专业性及其重要作用，要么安排非专业的任课教师兼任心理咨询与辅导教师，要么直接将学生出现的心理问题当作政治思想问题去进行处理，难免会导致南辕北辙的教育效果。

（六）农村生源大学生比例严重下降，女生更甚

近年来，随着城乡发展差距的不断扩大，高校农村大学生的比例在逐年下降，越是重点大学、名牌大学的比例越低。

在 20 世纪 80 年代，无论是重点大学、名牌大学还是一般高校，农村生源学生都占大多数，许多大学甚至高达 80% 以上。

从全国范围来看，截至 2022 年，全国普通高校的城乡学生比例分别约为 53 ： 47。而在 20 世纪 80 年代，高校中农村生源还占 30% 以上。因此有专家认为，近年来农村孩子上大学

的绝对人数没有减少，甚至还有可能增加，但农村孩子在大学生源中的比例在明显下降。

2006 年 1 月，国家教育科学“十五”规划课题“我国高等教育公平问题的研究”课题组发布了一项调查研究结果。研究表明，随着学历的增加，城乡之间的差距逐渐拉大——在城市，高中、中专、大专、本科、研究生学历人口的比例分别是农村的 3.5 倍、16.5 倍、55.5 倍、281.55 倍、323 倍。[9]

2019 年，在清华大学和上海交通大学，来自西部地区的学生占比大概有 26%，其中农村学生和贫困生占了大约 19%，其他学校的农村生源，也在逐年降低。在清华大学、北京大学、浙江大学、上海交通大学、复旦大学这五所高校中，新生男女比例最高的是上海交通大学，大概在 2 ： 1，也就是说在大学里，将会有一半的男生，在本校找不到女朋友，其余学校的男女比例，也是男生较多于女生，复旦大学则相对平均一些。

此外，由于农村女生模糊的人生规划带来相对较低的高考目标定位以及原生家庭对于文理分科与专业选择的帮助非常有限，使得农村女生又具有家庭背景和性别“先赋型”的双重劣势，因此，这些能进入高等教育场域的农村女生又可分为两部分：极小部分的农村女生能够进入 211、985 的精英教育场域，而大部分则是进入普通二本、三本院校或者技术院校，其中以三本院校和技术院校最为普遍。可见，农村女生身上承受着双重的教育不平等待遇，第一重来自城乡发展不平衡带来的教育不平等，第二重来自社会性别导致的教育不平等，而这两重不平等的叠加作用造成了农村女生对于高等教育的有限选择。

二、影响农村女性受教育程度的因素

（一）男尊女卑观念

农村学校场域内社会性别不平等秩序能够得以维持和强化，有五千多年来父权制文化存在的历史原因。文化是代代相传的人们的整体生活方式，因而文化嵌套于历史之中，一个地域的历史文化传统影响着该地域人们的思想观念和行为。农村是传统性别文化传承最完整的区域，同时是传统性别文化最难改造的场域。农村区域特有的性别文化对农村儿童的价值观念、语言习惯、生活、行为和思维等方式，都有非常强烈的地方特色影响。

虽然中国已将“男女平等”纳入宪法，在党和政府的关怀下，中国妇女的社会地位有了翻天覆地的变化。但是受几千年来封建思想的影响，重男轻女观念至今依然在广大的农村地区存在，农村家庭普遍还认为只有男孩才能延续香火，嫁出去的女儿是“泼出去的水”。那些没有儿子的家庭不但面临缺乏男性劳动力、父母将来老无所养的担忧，还会受到当地村民的

[9] 大洋网 - 广州日报 . 农村大学生比例 30 年降一半，机会不均等延续 [EB/OL].http://news.sina.com.cn/c/2009-01-23/040717102028.shtml,/2009-01-23.

轻视与嘲笑。因此，大部分农村家长都把家族繁荣和养老依靠寄托在儿子身上，心甘情愿地把有限的资源供儿子上学。研究表明，农村女性教育机会更容易受到经济条件的限制，尤其是受到家庭和父母因素的影响。对于一般农村贫困家庭，农村家庭中父母对子女的教育投资存在明显的性别偏好，如果家中经济困难只能允许供一个孩子上学，农村父母一般会选择让儿子继续上学，而让女儿在家中务农或外出打工挣钱帮助供养兄弟继续上学。如果女儿主动表示不想读书，农村父母一般也不会劝阻。那些重男轻女思想不明显的农村家庭都有具体的客观原因：或经济宽裕；或者仅有独生女；或者女儿确实比兄弟更加机敏好学；或者兄弟实在不是读书的料。重男轻女的思想使女孩不能获得与男孩平等的教育机会，对女孩而言非常不公平也非常不幸。家庭重男轻女的思想直接影响农村女性接受教育的机会，从而造成农村男女两性教育地位的不平等现象。随着时代的进步和国家政策的不断完善，教育的性别不平等现象近年来有了很大改变。

调查显示，当地男尊女卑思想越明显，农村女性的学历水平越低，相反，当地男尊女卑思想越淡薄，农村女性的学历水平越高。在所有调查对象中，没上过学的农村女性高达 40% 认为当地男尊女卑的思想“很明显”，30% 认为“比较明显”，其余 30% 则认为“有一点”；而高中学历的仅有 5.7% 的人认为当地男尊女卑的思想“很明显”，17.1% 认为“比较明显”，48.6% 认为“有一点”；而本科学历中仅有 3.7% 的人认为当地男尊女卑的思想“很明显”，14.8% 认为“比较明显”，59.3% 认为“有一点”（图 1）。

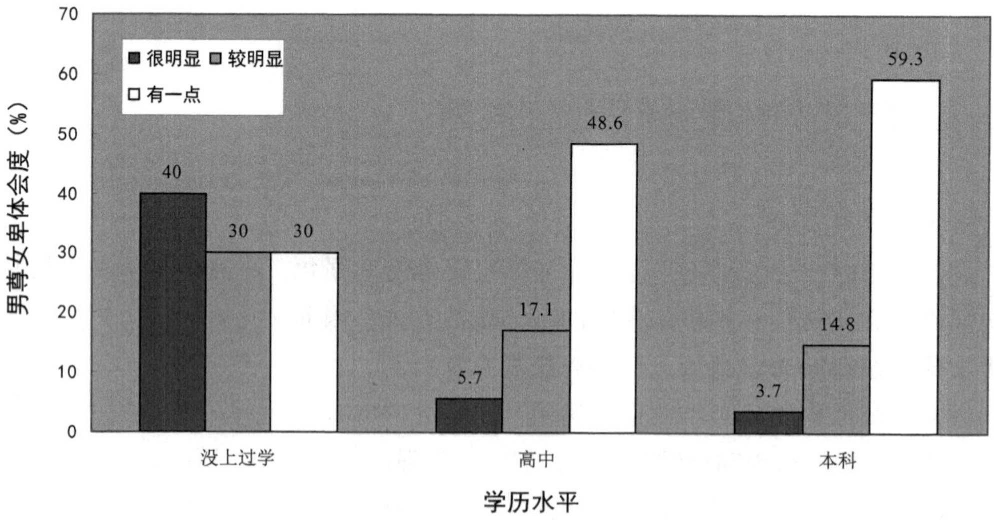

图 1　不同学历层次对男尊女卑的体会度

农村家长大多本着听天由命的观念，教育投资的意识不太强，也较少为孩子未来的人生道路作长远的谋划。孩子愿意上学就上学，不愿意上学也罢，反正家里有田有地可种，不愿意在家务农就外出打工。唯有在众兄弟姐妹中，某个儿女的成绩特别优秀时，才会对其寄予较高的期望。因此，能够获得较高层次学历教育的农村女孩，普遍都是从小成绩出类拔萃，有强烈的求学愿望，又能获得父母宠爱与家庭大力支持的“幸运儿”。

调查显示，家庭期望影响农村女性的受教育层次。调查中的农村女性，没上过学的人有40% 认为家庭对自己的期望明显比兄弟低，50% 也认为此情况“有一点”；小学学历的人中，31% 认为家庭对自己期望比兄弟低的情况“很明显”或“比较明显”，35.7% 也认为此情况“有一点”；而学历为本科的受调查者中，没有人认为家庭对自己期望比兄弟低“很明显”或“比较明显”，只有 22.2% 认为此情况“有一点”，59.3% 认为“基本没有”，18.5% 认为“根本没有”。由此可见，受教育层次越低的农村女性，其家庭存在男尊女卑思想的越严重；受教育层次越高的农村女性，其家庭存在男尊女卑思想的越少。

以下是课题组所作的一次实地调查。

（1）“撑门户”：重男轻女现象

农村区域主要是由血缘和地缘关系结合起来，其中血缘宗族是农村区域的主要社会关系。在传统社会里，人们“除了家（宗）族外，就没有社会生活”。[10] 到了现代社会，农村依然是以宗族为中心的区域，在农村生儿子叫“弄璋”，指望儿子将来能够光宗耀祖，生女儿叫“弄瓦”，“女子无才便是德”，家里不指望她能有多大本事，只求她长大后能够嫁个好人家。如果没有儿子是会被人笑话为“绝户头”。在这种宗族网络影响下，男孩从小受到宠爱，养成了一种自我的性别优越感，而女孩自小就被置于一种被忽略的地位而形成了“次等公民”的性别意识。这种性别文化也使得农村违反计划生育的超生现象很严重。如一位双女户的家长在访谈时说：

“在农村，没有娃儿，是会被人瞧不起的，我很希望我的两个女儿至少能有一个考上大学，也算为我争个面子，说起来是两个妮儿，不然将来老了，死了，连个摔丧盆的人都没有。”

这位家长在谈话的时候，脸上带着极大的遗憾，语气也显得底气不足。

另一位家长也认为，在农村没有儿子是不行的，这位家长已有两个女儿，第三胎才生了一个儿子，当问到如何看待孩子们的上学时，他这样说：

“这次中招考试，俺妮儿离二高（社旗县的第二个重点高中）分数线差 10 分，真是有点可惜，要交 5 000 元才能上（二高），哎，有点耽搁这个孩子了，自从有了她这个小弟弟后，妮儿回家几乎都没看过书，她妈一忙，就让她帮她妈哄她小弟弟，妮儿也知道心疼她妈，没少看（方言，意为照顾）弟弟，这也让她星期天和假期回家，没时间学习。”

当这个暑假开学时，笔者还在想着这个女孩是否上了高中，于是又一次到这个女孩的家里问她上高中没有，她说没有，因为家里没这么多钱，她也决定不上学了，要出去打工挣钱，减轻父母的负担。父母的这种重男轻女思想，要么让女孩子承受着当“儿子”的角色压力，要么让女孩子失去了更多的学习机会。

（2）“养儿防老”预期

在中国的传统家庭文化中，“不孝有三，无后为大”，儿子才是父母的养老送终者，女儿

[10] 梁漱溟. 中国文化要义 [M]. 北京：中华书局，1983.

是父母的一门亲戚，是人家的人，不能指望来为父母养老的。再加上当下农村的社会养老保障机制不健全，更促使了农村的生儿偏好。这种生儿偏好无形中提升了“子”的地位，强化了女性的家庭服务功能，使女性失去独立的个体地位，成为家族中的隐形人。

在访谈中一位农村家长说：“我家已有三个女儿，我一定要生个儿子，不然的话，肯定不行，我不能和你比，你有工作，将来老了，有退休金，没有儿子也可以养老；我就不行，等我老了，干不动活的时候，女儿们又出嫁了，又没有退休金，到那会儿谁来给我养老？养个儿子，最起码我老的时候，他在我身边，能替我干个农活，端个茶倒个水的……”

听起来，这位农村家长的顾虑也是在情理之中。“养儿防老”是普通村民最基本的想法，这种想法使得许多村民只能以超生来达到有“子”之目的，而“子”的来之不易也使得“子”格外的娇贵、神圣。

以家庭为基本单位的农村，对男孩的重视偏袒和对女孩的轻视忽略构建着农村地区特有的社会性别不平等，同时这种性别不平等延伸到学校，使得男孩在学校的各种活动中表现出主人公的态势，他们自信、主动、张扬和开朗；而使得女孩在学校的各种活动中缺失以及她们在课堂之中和之外的自卑、被动、胆怯。

（3）“当家”和“烧饭”的性别文化

在笔者所调研的当地性别文化中，丈夫多称呼妻子为“烧饭的”或“孩子他妈”，妻子对外则称呼自己的丈夫为“当家的”或“劳力”。这种称谓反映当下农村成人男女的不同社会性别分工和对女孩子的轻视。

首先，从家庭的经济实权方面看，属于典型的男强女弱。随着走出家庭的女性增多，女性在家庭的经济支配权上有一定的话语权，事实上在大事的决策上仍然是男性掌握着主动权。如在访谈的十位家长中，关于“需要做重大决定时，一般谁说了算”这个问题时，有七位女性家长认为平常的日常生活小事，自己说了算，但涉及做重大决策时，往往会和自己的丈夫商量，最后由两人共同决定。而有两位男性家长认为，他只管挣钱，从来不管日常的生活花费，他们觉得女人就应该管理好家庭的财政安排。这种观点似乎是女人具有了家庭的经济实权，实则是要求女人更好地为服务男人，管理好家庭的一种性别角色而已。而有一位男性家长则很极端，认为女人天生爱慕虚荣，喜欢打扮、逛街和乱花钱，所以女人不应该有钱的支配权，当她需要时可以向他索要，这种观点是一种典型的男权文化对女性的定义，把女性看作是男性的“婴儿”，是需要男性保护和约束的。

其次，从家务劳动的分工来看，已有很多相关研究都证明无论城市还是农村，女性在家务劳动上的时间都远多于男性，而无报酬的家务劳动无形中矮化了女性的家庭地位，强化了男权意识，因为男性是“当家的”。

一位女性家长说：“在我们家，做饭、刷碗、洗衣、打扫房间和管孩子都是我的事，他（其夫）从来都不插手，每次从地里做农活回来，人家（其夫）就往沙发上一坐，等着我做好饭喊吃（饭）。”而另一位女性家长也表达了类似的看法，她说：“我们家的脏衣服放在地上发霉了，人家（指其丈夫）也不会看到，而没有衣服换洗的时候，就开始数落我懒，不知道干家务，我和他同样干活，回来我却要给他和孩子们洗衣服，我平常忙得连说话的空儿（方言，意为时间）都没有。”

女性总承受着双重负担，女性和男性都普遍认为做家务是女性的天职，尤其是农村的男性格外看重这种分工，强调自己在家庭中的权力，否则会受到全村人的嘲笑，认为该男性没有男子汉的范儿，是个窝囊的“妻管严”，成就不了大事。

最后，从对孩子的性别角色社会化来看，由于重男轻女思想和传统家庭分工的影响，男孩和女孩在各自的性格特征上分别彰显着“男性”和“女性”的“优秀品质”，如男性的自信、刚毅和果断，女性的温柔、软弱和依附。

男孩、女孩逐渐形成特定的角色活动方式，这种角色行为使得男女的传统社会性别在后代中复制和延续。通常情况下，男孩会在“父亲式”活动方式影响下模仿和参与各种与男性有关的活动，女孩会在“母亲式”活动方式影响下模仿和参与各种与女性有关的事务。而当男孩和女孩表现出与社会性别相一致的行为方式时，父母就会用多种方法给予男孩和女孩这种合乎性别的行为予以强化，如微笑、鼓励和默认，而对孩子的某种“不合乎”其性别的行为给予批评、制止和纠正。这样，在父母的“干预”下，男孩的“男性度”和女孩的“女性度”逐渐趋于稳定、固定，最后成为个体的一种习惯，“自然地”表现在各自的日常行为活动中，如男孩的主动探究、善于思索；女孩的乐于奉献、善于照顾他人等。

总之，农村的性别文化沿袭并强化“男外女内”的两性地位差异和“男强女弱”的二元性格差异，最终将继续强化男女两性对社会稀缺资源占有的不平等和社会性别权利发展的不平衡。

（二）经济状况

经济发展水平是教育发展质量的重要基础，落后的经济状况成为阻碍农村教育发展的主要因素。据中国青少年发展基金会调查，60% 以上的农村学生在接受完义务教育之后，不能接受高中和大学教育而回乡务农或外出打工。让这些农村孩子过早放弃升学的最大原因有几个方面：学费高、就业形势和社会风气。

“学费高”的情况从高中阶段开始出现，农村学生的学费远远超过普通农村家庭的年收入，此种现象即使在经济发达的广东农村地区也是普遍存在。2009 年，广东省德庆县马圩镇某村干部曾向记者反映，“不瞒你说，我虽然是个村干部，一个月的工资也就 300 元，这个钱连儿子在县城中学读高中一个月的伙食费都不够。”他儿子在香山中学的学费是每个学期 1 050 元，“我们靠借贷交上的。”[11] 儿子刚上高中，当村干部的老爸就开始借贷了，而据学者统计，农民家庭即使全家不吃不喝，也要赚 13 年的钱才能供养一个大学生。“2004 年我国城镇居民年平均纯收入和农民年平均纯收入分别为 9 422 元和 2 936 元，那么供养一个大学生，需要一个城镇居民 4.2 年的纯收入，需要一个农民 13.6 年的纯收入，这还没有考虑居民吃饭、穿衣、医疗、

[11] 邱瑞贤 . 农村大学生比例逐年降低 家长认为成本高谋生难 [N]. 广州日报 ,2009-01-23.

养老等费用”。[12]

农村学校的教育设施、师资质量和教学水平本来就远远比不上城市学校，城市的教育资源本来就丰富，城市的孩子出生前就开始注重胎教，自小就参加各种补习班、兴趣班，甚至还请家教。而农村的教育资源相对来说比较薄弱，部分学生只有上了初中才有机会接触电脑，家里也没有钱去买参考书或上补习班，大多数农村学生都是靠自学和题海战术提高成绩的。因此在激烈的考试竞争中，农村学生在高考中很难考出优秀的成绩，结果只能进二本、三本、高职高专这类学校，被重点大学录取的比例自然更加低。在近年大学不断扩招的背景下，本科生都很难找到好工作，现在很多用人单位招工都要求是硕士以上的学历，因此，农村大学生毕业后在竞争激烈的就业市场中缺乏优势。

大学毕业生就业难是导致农村学生放弃升学的原因。20 世纪 90 年代，大学毕业生是由国家统一包分配就业的，考上大学等于就业有保障，“知识可以改变命运”是那个年代激励农村孩子刻苦读书的坚定信念。但是，从 2003 年开始到现在，农村人的重教风气逐渐变得淡薄，农村孩子上大学的比例也比从前变少了，“家里人觉得培养一个大学生的成本太高，但是出来后却可能连谋生都有困难，还不如早早出来打工做生意。”

随着改革开放和市场经济的不断深入，中国经济多年持续高速发展，社会进入一个物资丰富的消费时代，与 20 世纪七八十年代相比，国人更加注重物质享受以及对美好生活的追求，并以正当的渠道积累财富为荣。现代农村的读书风气确实没有过去那么浓厚了，村民们从过去羡慕谁家出了个大学生，变成羡慕谁家的儿女从城里打工挣了大钱回来，给家里盖了小洋楼或者买了小汽车。农民一向崇尚现实主义，既然城市打工就能改变贫困，干吗还那么辛苦耗费一般农村家庭 13 年的积蓄来供养一个大学生呢?

教育专家杨东平认为:“高等教育入学机会的城乡差距和阶层差距，正在从显性的总量不均衡，转为更为深层的、隐性的教育差距，主要体现为城乡学生在不同层次、不同类型高校的分布。这意味着，中国高校扩招后，并没有增加寒门子弟向上流动的机会，相反，普通高校文凭的市场竞争力在扩招后越来越弱，寒门子弟改变命运的难度越来越大。”[13]

北京大学教育学院文东茅教授针对中国高等教育入学机会的城乡差距和阶层差距现状提出“寒门难出贵子”，可见贫困和落后的教育水平是导致农村学生教育机会不平等的主要原因。在经济发展水平相对落后的农村地区，农村女生作为社会性别中的弱者，自然会从家庭稀缺的教育资源中被淘汰出局，其实，“弃女保男”对于农村父母也实属无奈。农村女生在教育机会上的不公平，表面看来是性别歧视原因，更深入分析可以得知，其实是经济困难导致教育资源非常稀缺的情况下进行“理性而残酷”的选择，就是继续让将来作为家族传宗接代的儿子上学，而让将来始终要出嫁的女儿辍学。假设这个农民家庭经济宽裕，同时供养儿子和女

[12] 薛冰等 . 一个农民 13 年纯收入才能养一个大学生 [N]. 信息时报，2005-03-12.

[13] 中国教育装备网 . 重点大学缘何农村大学生比例越来越少 [EB/OL].http://www.ceiea.com.

儿上学绰绰有余，大多数父母也不至于狠心让女儿放弃学业。笔者曾调查过来自农村的女大学生，她们大多数家里的经济条件良好，或者是兄弟成绩太差升学无望，由此来看，只要经济允许，农村女生就有机会继续接受教育。

社会性别、经济状况与教育机会三者之间似乎存在一个恶性循环：两性不同的经济能力决定了男女社会性别的差异与分化，社会性别又影响教育机会的分配，教育机会的获得又反过来影响男女的经济差距；男女的经济差距又对社会性别产生固化作用。造成女性教育机会不平等的既有社会性别的原因，也有经济发展水平的原因。当经济拮据到影响教育机会获得的情况下，受社会性别的影响，家长会做出牺牲女孩的受教育机会来成全男孩继续受教育，从而达到家族利益最大化的效果。

经济贫困是阻碍农村女性提高教育层次的主要因素。在所有受调查对象中，没上过学的农村女性在回答“读书给家里带来的经济负担重吗”时，有 30% 选择了“很重”，50% 选择了“比较重”，15% 选择了“基本没有”，5% 选择了“根本没有”；小学学历的农村女性在回答此问题时，45.2% 选择了“很重”，26.2% 选择了“比较重”，18% 选择了“基本没有”，10.6% 选择了“根本没有”；而本科学历的农村女性在回答此问题时，只有 11.1% 选择了“很重”，18.5% 选择了“比较重”，而高达 40.7% 选择了“基本没有”，18.2% 选择了“根本没有”。可见，家庭经济水平极大地影响了农村女性受教育的程度（图 2）。

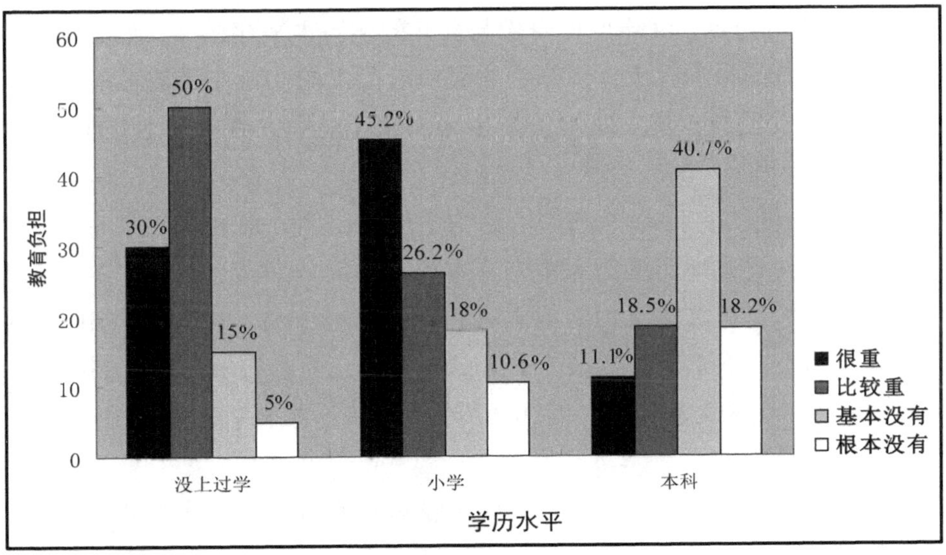

图 2　教育负担与学历水平关系

相对于义务教育，上大学对于普通农村家庭而言要承受更为巨大的经济负担，往往要东借西凑、卖猪卖牛才能供小孩上学。在农村，疾病也是导致贫穷的原因。父母不幸患重病，一下子就使整个家庭陷入困境，造成孩子过早辍学。今年 20 岁的小李现在在一家婚纱影楼当学徒。当年因为母亲中度残废，家中仅靠父亲独自支撑，生活十分贫困。姐妹俩依靠国家优惠政策读完初中，因为读高中不能继续享受免费政策，小李初中毕业后即外出打工，供妹妹继续上高中。小刘，今年27岁，读小学五年级的时候，小刘父亲身患重病，治病花光了家中所有积蓄。仅过一年，她父亲就过世了，家中只靠母亲一人辛勤支撑。她的哥哥初中没毕业就外出打工。升高中的时候，想到母亲的辛劳，她很多次想辍学，都被母亲坚决阻挠。高中毕业后，面对累得腰杆都挺不直的母亲，她选择了南下打工，现为酒店职员。

此外，影响农村女性继续升学的另一因素是在兄弟姐妹中的排行。为了帮补家用，老大往往比老小更少获得受教育机会。今年42岁的粟女士排行老三，上有两个姐姐，下有一个弟弟。两个姐姐因为感觉到沉重的家庭生活压力，读完小学六年级便回家种田了，粟女士和弟弟得以继续上学。当年以本校前十名的优异成绩考上当时农村孩子最理想的学校——兴安师范学校，毕业后回家乡任教，三年后被调到乡政府做团委工作，先后担任县妇联主任，县人事局、民族局副局长等职务，可谓是深山里飞出的金凤凰。当年她上初中时条件十分艰苦，要翻山越岭走一天的山路才到学校，每周来校都背四五斤大米、二两咸菜，当作一周的饭菜。读师范时，父母卖了两头牛和一头猪才凑足学费。为了赚生活费，粟女士每个假期都要做家教。

（三）父亲的职业与教育程度

以农村女性14岁时为界，父亲职业身份与女儿的学历水平存在极其显著的关系，反映父亲职业对农村女性教育的影响很大，父亲为农民或农民工的女孩，受教育程度比其他职业明显偏低。父亲职业为农民的，其女儿学历最多为小学、初中，其中没上过学、小学、初中、高中学历的比例分别为5%、37%、25%、15.8%；父亲职业为农民工的，其女儿学历最多为初中、高中，其中没上过学、小学、初中、高中学历的比例分别为8%、15.4%、36%、23%；父亲职业为村干部，其女儿学历多为大中专或本科，比例分别高达41%、24%；父亲职业为乡镇干部的，其女儿学历也多为大中专或本科，比例高达36%、29%；父亲职业为商人、教师的，女儿不再有初中以下学历，父亲为商人的，其女儿为本科学历的比例高达46%，是父亲职业为农民的6倍；父亲为教师的，女儿学历为大中专、本科、研究生的比例分别达29%、29%、14.3%。

父亲的学历程度与女儿学历程度之间也存在极其显著的关系，反映出明显的受教育水平的代际传承。如果父亲是文盲，女儿也是文盲的比例比父亲不是文盲的比例要高；父亲小学学历的，女儿为小学学历的比例最高，其次是初中学历；父亲为初中学历的，女儿为初中学历的比例最高，其次是高中学历；父亲为高中学历的，女儿为大中专学历的比例最高，其次是本科、高中学历；而父亲为本科学历的，女儿为本科学历的比例最高，其次是大中专及研究生学历。

（四）教育政策

教育政策对农村女性受教育程度也有很大影响。譬如，20 世纪 90 年代以来，广西壮族自治区龙胜各族自治县政府非常重视农村女童教育。小学有“女童班”、初中有“女子班”、高中有“民族班”。“女子班”的师资配备在学校里是最好的。女童们每学期都能获得国家提供的生活补助，以及社会各界的资助。自 2001 年后，外来资助逐渐增多；2004 年国家开始实行“两免一补”政策，即“免杂费、免课本费、补助寄宿生生活费”，时至 2007 年春季学期全县共发放“两免一补”资金 1 000 多万元，让该县农村义务教育阶段家庭贫困学生全部享受免杂费、免费教科书及补助生活费政策，有近 50 000 人次贫困生从中受益。[14]在义务教育阶段，少数民族子女上学不但不必缴纳学费、杂费，而且每月还能享受一定生活补助，每月有 30 斤米的饭票、50 元左右的菜票，基本能满足一个月的生活费。近年来，国家更加重视民族地区的优惠政策，在农村兴办女童教育，这些国家的优惠政策使众多农村女孩（尤其是少数民族女孩）获得平等的教育权利。在调研中，我们发现，这些当年获得国家优惠政策的女生，大多数都学有所成，并成为知识改变命运的成功典范。她们对国家政策表示感恩的同时，也以实际工作为家乡的教育事业尽绵薄之力，并希望政府继续推行教育优惠政策，让更多农村女孩能够获得平等的受教育机会。

事实证明，只要能平等地接受教育，农村女孩完全可以演出知识改变命运的成功故事。如出生于龙胜各族自治县泗水乡的蒙女士，上初中后赶上政府重视女童教育的好政策，所在乡镇学校成为第一批试点学校。学校特设女子班，除了学费优惠外，科任老师均选配学校最优秀的老师。因此，她顺利考上县城高中。虽然高中没有什么特殊政策，但是由于初中已积累良好的学习基础，经过高中三年的发奋，最终如愿升入大学。毕业后她回到县城，从广播员、县委组织部办事员，升为某乡主管教育的副乡长。29 岁的龙胜各族自治县某初中的侯老师，从小学到初中都是在女子班读书，期间一直享受了教育优惠政策。她顺利地完成了高中、大学教育，但她的哥哥初中毕业就外出打工，父母把希望都寄托在女儿身上。

值得注意的是，政策的引导对地方陈规陋习的更新起到重要的作用。以龙胜各族自治县为例，自从 20 世纪 90 年代以来，政府非常重视女童教育。调查显示，许多父母对女孩的期望值大为提高，有些农家女孩上学的年限甚至比兄弟还长，特别是在男孩读书不好的情况下，父母转而对女孩抱有更高的期望。

三、教师的社会性别意识

布迪厄认为习惯“是持续的、可转换的性情倾向系统，倾向于被建构的结构（structured structures），发挥具有建构能力的结构（structuring structures）功能，也就是说，发挥产生和

[14] 舒华钰．龙胜“两基”：让山里娃娃上好学．桂林教育信息网．2007-5-25.

组织实践与表征的原理的作用，这些实践与表征在客观上能够与其结果相适应，但同时又不以有意识的目标谋划为前提，也不以掌握达到这些目标所必需的操作手段为前提。”[15]这种“性情倾向系统”是人的一种“禀性，是以某种方式进行感知、感觉、行动和思考的倾向，这种倾向是每个人由于其生存的客观条件和社会经历而通常以无意识的方式内在化并纳入自身的。习惯是持久的，这是因为即使这些禀性在我们的经历中可以改变，那它们也深深地扎根在我们身上，并倾向抗拒变化，这样就在人的生命中显示出某种连续性。习惯是可转移的，这是因为在某种经验的过程中获得的禀性（例如家庭的经验）在经验的其他领域（例如职业）也会产生效果；这是人作为统一体的首要因素。最后，习惯是系统的，这是因为这些禀性倾向于在它们之间形成一致性。”[16]根据惯习理论，从本书学校所处的性别文化环境看，该学校由于受男权社会的长期影响，现实社会中的男女两性已经形成了性别权力不平等的“习性的积累，养成了习惯以后，就像外部条件一样，好像天生就是如此。它就像蜗牛的壳，将蜗牛限制于其中”。[17]

（一）教师集体对“父权制”性别秩序的认同和归顺

在“父权制”性别秩序的环境中，农村女教师的“他者”地位和男教师的“我者”地位都在不断地建构着女教师群体对自己客体地位和男教师群体对自己主体地位的认同和归顺，研究者在访谈时发现，活动在该学校场域的农村教师们对男女两性的关系普遍持相同观点，即认为两性就应该是“男强女弱”“男主外，女主内”“男高女低”。如笔者对某些教师关于“您认为男女教师的发展有区别吗？”和“您认为男女两性谁适合当校长”访谈时，男女教师的回答非常相似。一位男教师在回答上面的两个问题时说：

“男女教师的发展机会肯定有区别，一般来说，女教师不容易发展，男教师有更多的发展机会，因为当领导的没几个是女的，男教师家务少，接触面广，在接待上级检查时能应酬，而女教师性格比较内向，在应酬上不行。”“男性更适应当校长，如果女的当校长，没有魄力，还会很啰唆，过于关注小事和琐碎之事，结果耽搁大事；而男性有魄力，考虑问题周全，善于控制别人，能够发号施令。”当研究者问到，“您觉得这种看法和做法对女性公平吗？”这位男教师说：“没想过，早已司空见惯了，无所谓对女性的不公平，合理分工嘛。”

一位女教师在回答上面的两个问题时说：“男女教师的发展机会肯定不一样，如在我们学校（研究者所调研的学校），领导们都是男教师。再说，男教师没那么多（家务）事，像出差，男教师说走就走了，而女教师还要考虑孩子什么之类，不利索。男性向上升迁的欲望比女的强烈，女的嘛，只要有个活（这里指一份稳定的工作）干，管好孩子就行了，真羡慕日本的女人，不用出去干活，只在家中当个全职太太，照顾好家庭就好，这样的生活，女人也老得慢。”“男性适合当校长，女人的琐事太多，没有男的做事专注，女教师也没有那份野心，受

[15]（美）戴维·斯沃茨著．文化与权利 [M]．陶东风译．上海：上海译文出版社，2006.

[16]（法）菲利普·科尔库夫著．新社会学 [M]．钱翰译．北京：社会科学文献出版社，2001.

[17]（美）麦克·科尔库夫．Crossing: A memoir Chicago[M]．In: University of Chicago Press，1999.

传统意识观念影响，各个单位的女领导都很少。如果真有女校长的话，男女校长应该做好分工，让男校长主外做好外交，女校主内抓好业务。”当研究者问道：“您觉得这种看法和做法对女性公平吗？”这位女教师说：“男女都一样，没啥公平不公平的，女的还不想操这份心。”

受个体生长的农村性别文化背景和自身经历等因素的影响，农村教师的集体性别习惯既“来自社会制度，又寄居在身体之中（或者说生物性的个体里）。”[18]使教师以集体无意识的方式释放长期沉淀于身体之内的性别行为和生活方式，并在习惯指导下按传统规训“校正”自己的行动方向、目标、行为活动的风格和模式，逐渐转化成与“男性的”和“女性的”性别秩序相吻合的性情倾向，从而表现出教师集体的性别无意识。也就是说，教师集体在传统性别秩序的影响下，潜意识地认同既有的（男尊女卑）性别思想，并在教育过程中不自觉地流露出来，并以此来规训男女学生，从而产生教育性别不公平现象。

（二）教师集体社会性别意识的模糊

所谓“社会性别意识”，即一种从社会性别的角度去观察和认识社会政治、文化、经济和环境，并对其进行性别分析和性别规划，以实现社会性别公平的观念和方法。[19]长期以来，由于人们普遍认为无性别区分的教育就是性别平等的教育，致使我国教育无论是实践层面还是政策层面都存在着一定的性别偏差，从教育政策、课程与教育内容、教师的态度和行为、学校组织与学校文化以及学校咨询与辅导等方面，“无一不存在着性别歧视主义。”[20]性别中立的学校教育实际上掩盖和忽略了性别不平等问题。如果教师缺乏敏锐的社会性别意识和对学校教育中性别不平等问题的批判意识，则会误导男生、女生对性别歧视的认同，影响男生、女生对自我性别概念的正确认知，进而影响到他（她）们未来的发展。

1. 忽视对男女生社会性别平等意识的培养

由于应试教育的巨大压力，教师使用教材进行教学的过程中，主要关注学生知识点的讲解和教学大纲的完成情况，而忽略了学生思想、人格与心理品质的养成，包括学生的社会性别平等意识的培养。在访谈中问及“对于现行使用的教科书是否存在性别偏见”时，大部分教师都认为没有或没有在意过这方面的内容。其中一位女教师说：“教材中应该没有性别偏见，教材一般不会出现性别歧视的观点，否则不可能入选教材，这样会被抓辫子的。”另一位教师说：“语文教材中男主人公普遍比较多；在插图中也是男的多，女的少；因为成功的男性本来就多，而成功的女性本来就少，所以没法将女性形象写进教科书，这并没有性别歧视。”还有一位教师说：“男女分工不同嘛，如果女人不生孩子，难道让男人生孩子？即使女人天生要生孩子，自然应该做该做的事情。”

[18]（法）皮埃尔·布迪厄，（美）华康德著．实践与反思：反思社会学导引 [M]．李猛，李康译．北京：中央编译出版社，1998.

[19] 郑新蓉，杜芳琴主编．社会性别与妇女发展 [M]．西安：陕西人民教育出版社，2000.

[20] 郑新蓉．性别与教育 [M]．北京：教育科学出版社，2005：168.

2. 对男女生的性别刻板印象

在教育教学活动中，教师“自然地”地认为男生适合学理科，女生适合学文科；男生聪明，女生踏实；男生好动，女生文静等，关于教师对男女生的性别刻板印象在其他章节关于教师课堂的互动中、教师对男女生学习成绩的评价中已有详细论述，这里不再赘述。

四、农村女孩的辍学：个案的分析

作为弱势群体中的弱势性别，农村女孩在接受教育的道路上，除了遭受到城乡差距所带来的诸多不公平外，还要比农村男孩背负更多一重压力：传统男权社会的性别歧视。大量的统计数据表明，农村女孩的辍学率居高不下。

虽然现代社会提倡男女平等，教育方面的性别歧视大为减轻，但农村女性接受教育的机会仍然低于农村男性。某个教育部课题的项目组在广西壮族自治区龙胜各族自治县展开了农村教育的实地调研，受调查的农村女性中，学历为小学、初中、高中的比例分别为22.9%、28.8%、15.1%；而农村男性的比例分别为18.2%、36.4%、18.2%。导致农村女性学历低于农村男性的直接原因是辍学。辍学原因诸多，其中因家庭贫困而辍学，农村女孩此项的比例是38.1%，而农村男孩仅有18.2%。

以下对农村女孩辍学的根源做具体分析：

（一）男尊女卑观念

新中国成立以来，在党中央的正确领导与关怀下，男女平等的思想早已深入人心，女性的社会地位也在不断提升。但在封闭落后的偏远山区，以传统方式耕种的农业经济模式仍然遗留着祖宗沿袭下来的重男轻女的思想，表面上看来不明显，但是关键时刻还是会显露出来。如果家中全是女孩，自然无所偏重；或有兄弟姐妹，但家中经济宽裕，无论男女都可以供得起上学，或是兄弟读书实在不争气，反而家中姐妹从小聪慧敏学，也就自然只能谁考得起谁读了。农村家庭在教育上重男轻女一般表现在男孩女孩天资学力不相上下的情况上，家长从经济学的角度考量，认为儿子始终是自家的，日后养老还要指望他，只有供儿子上学，毕业后有出息了自己才老有所靠，而女儿读再多书始终都要出嫁，成为别人家的媳妇。因此，在资源十分有限的情况下，大多家长都会选择让儿子继续上学，而让女儿回家务农或外出打工。据一项全国性的调查，男性的升学率（初升高）比女性显著高出6.5%。[21]而从我们的调研来看，农村女孩升学机会也普遍低于男孩。

小春，35岁，小学学历，务农　龙胜各族自治县三门镇人。小春家只有姐弟俩，她和弟弟相差两岁。小学三年级之前在村里读。每天清早走两个多小时的路上学，傍晚又走回

[21] 许玲丽，周亚虹．义务教育资源配置对初中升学机会的影响[J]. 上海经济研究，2011（12）：25-35+44.

家。四年级开始要到乡里读书，一周才能回家一次。为了照顾弟弟，家里让小春留了一级，等弟弟也读四年级了，姐弟俩好结伴到乡里读书。等到小学毕业后，家里就不让小春继续读书了，虽然小春的成绩比弟弟还要好。一是因为家里困难，二是因为家里人认为女孩只要认得几个字就够了，不读书不但节省钱还可以帮家里做事，书读得再多过几年还不一样要出嫁。

只有女孩成绩特别好，才可能继续升学。小陈，26岁，瑶族 ，大学本科毕业，龙胜各族自治县泗水乡人，现为南宁市一所重点中学教师。她小时读书成绩向来比较好，常在全校得第一名。哥哥成绩相对差一点，家里实在太困难，哥哥放弃了学习，保证妹妹能顺利读完初中。小陈之所以能继续读书，全凭她经常考到全校第一名的好成绩，还有就是她在兄妹中排行在后。

值得一提的是，少数民族农村地区有一种倒插门的风俗，即女孩结婚不出嫁，反是在娘家招郎上门入赘，此风俗下，女孩与男孩一样成为父母与家庭中的依靠与核心，男尊女卑的观念慢慢淡化。

（二）家庭贫困

在诸多辍学因素中，贫困是造成农村女性辍学的主要原因。在经济落后的偏远山区，农村的经济收入普遍较低。据调查，广西壮族自治区北部少数民族地处偏远山区，农村产业结构单一，主要依靠高山梯田耕种，田少地瘠人多，当地家庭人均年收入约3 000元，最低的人均年收入仅1 000元左右。家庭教育支出占家庭收入比重较大，在所有受调查对象中，没上过学的农村女性在回答“你读书给家里的经济负担重吗”时，有30%选择了“很重”，50%选择了“比较重”；受调查的学历为小学的农村女性在回答此问题时，高达45.2%选择了“很重”，26.2%选择了“比较重”。

小艳，30岁，初二学历，龙胜各族自治县乐江镇侗族人，辍学的主要原因是上学没有生活费。小艳家在村里很穷，山里人本来就不富裕，加上妈妈莫名得怪病，住院三个月后离开人世，欠下的医疗费对于没有经济来源的山里人来说，简直是天文数字。小艳哥哥读到初一就去外面打工了，微薄的工资仅够自己糊口。小艳爸爸是老实的农民，爷爷奶奶身体也不是很好，一家人生活十分艰辛。小艳上学常常没有生活费，总是借别人的钱，久而久之别人也不愿再借。初二下学期她没法再继续上学了，在亲戚的介绍下到县城当保姆。

（三）父母疾病

父母不幸患上重病是导致农村女孩过早辍学的一个常见原因。因为农村的公共设施、生活习惯、医疗卫生等相对落后，农村人口对疾病的免疫力与承受能力相对较弱，虽然加入农村合作医疗保险，作为主要劳动力的农村中年父母一旦患病住院还是容易因贫致贫。况且重病在身的父母一旦卧床不起甚至过早病逝，就会严重降低家庭收入，使贫困程度雪上加霜。

小梁，25岁，壮族，龙胜各族自治县伟江乡人，初二学历。小时候母亲得了偏头痛的病，无法做重体力活，还长期需要打针吃药，父亲除了会面朝黄土背朝天外，根本不懂得如何去赚钱。因此，只能靠卖猪牛或借债来筹钱治病。由于家里太困难了，当年还没有寄宿生生活补助费，小梁初二下学期就辍学了，那一年妈妈的身体特别差。为了给妈妈治病，年少的小梁和姐姐都进城打工，把赚到的血汗钱如数寄回家。

（四）家庭不完整

父母离异或母亲出走造成家庭结构不完整是农村女孩辍学的另一个原因。近年来，随着离婚率的上升，农村家庭结构不完整的情况有所加剧，对农村小孩的身心健康产生严重的消极影响。离婚有的是因为缺乏感情基础；有的是因为外出打工发生婚外情；有的是因为家庭暴力；比较特殊的一种情况是，已婚妇女因不堪忍受贫困、家暴或重负而悄悄离家出走，抛下丈夫和年幼的子女。指责农村已婚妇女出走的自私和不负责，或许有失偏颇，对于饱受生活重压和婚姻不幸的农村弱女子，选择逃离或许是她们的最大抗争和无奈的出路。

今年19岁的小芳就是母亲抛家出走而辍学的牺牲品。小芳初二学历，龙胜各族自治县瓢里镇人，瑶族。当她四五岁时，妈妈偷偷跑了，小芳说："可能当时家里不那么贫穷，妈妈也许就不会跑，如果爸爸的脾气更好一些，妈妈就更不会跑了。"大人为了让小芳听话读书，就哄骗她说妈妈去外面打工赚钱，只要她努力学习，读初中时妈妈就会回来的。小芳听大人的话，天天上学校，天天等妈妈回来。但妈妈一直杳无音讯。上中学后，才知道妈妈早已改嫁了，这对年幼的小芳来说是沉重的打击。为了报复不负责的父母，她谈恋爱、染黄头发、无心上学，后来干脆跑出去打工了。其实，她心里明白，自己是想求上进，只是被父母蒙骗了这么多年，苦等了这么多年，都等不回妈妈。小芳在发廊帮人洗头，在工地上帮人煮饭。她在彻底绝望中报复了父母却也害了自己，现在后悔莫及啊。

（五）上学路途艰辛

在偏远的农村地区，各个村落都设有小学，但是前些年开始实行"撤校并点"，把原来分散在各乡镇的初中、高中集中在镇上或县城。家住大山深处的农村子弟，家校距离从几十里路到上百里路，上初中后，往往要翻山越岭在崎岖的山路上走大半天甚至一天。因此，对于山区的农村女孩而言，上学路途艰辛是造成她们辍学的又一个因素。

小艳家离学校有50里，全要走山路。来回学校各要走一天的路，这对于一个弱女孩，真的很不容易做到。于是，只读到初二就没上学了。苦花30岁，所在的村子在大山深处，离公路有60里路，走到镇上要翻山越岭地走上一天。村里的孩子基本都没读完初中就辍学了。秀美，33岁，苗族，龙胜各族自治县江底乡人，初一学历。秀美和小伙伴们在村里读完小学后，上初中就要到40里外的镇政府所在地的学校，要翻过一座座的大山，家长们不放心小孩独自上学，小孩也不愿意离开父母，就算到学校了也整天想回家，不能安心学习。如此一来，家长们便任由小孩心意，小孩愿意上学就上学，不愿意上学就算了。秀美在小学的时候成绩还好，但上初中后住校了，一切都觉得很陌生，成天想着爸爸妈妈，有时想着想着眼泪不禁流下来，心不在焉的，课讲到哪都不知道。课后也不愿意和同学交朋友，只勉强读完初一上学期就辍学了。秀美现在回想起那段寄宿生活还觉得害怕，怕孤独，也怕走那条漫长而艰难的上学路。

第三章

农村学生社会性别再生产的机制研究

一、家庭的性别教育

（一）母亲的家庭角色

父母是孩子的第一任教师，父母亲在家中的角色、地位以及相互关系直接影响孩子对社会性别的最初认识。“贤母使子贤也”，母亲作为原生家庭伦理关系的教育者和示范者，更因哺育的天职与儿女的亲子关系更为密切，在家庭中的地位与角色对于儿女的性别教育影响尤为重要。《女学》有言：“人子少时，与母最亲。举动善恶，父或不能知，母则无不知之，故母教尤切。”[1]

在农村家庭中，父母亲的角色普遍体现为“男主外，女主内”“男强女弱”的模式。父亲一般扮演家中的顶梁柱和当家人，母亲通常扮演贤妻良母以及贤内助。在家庭分工上，父亲大多在外面打工赚钱，母亲一般留守家中承担农活、家务、孝敬公婆、照顾小孩。在家庭决策和财政权上，父亲一般掌握家庭重要事务的决策权和财政权，母亲只负责操持琐碎的生活小事。只有那些性格强悍、精明强干的农村妇女才会掌管家庭的财政大权。父亲在孩子心目中的威信也普遍比母亲高，大多数孩子都会敬畏严厉的父亲，而在慈爱的母亲面前就会显得亲昵与放肆得多，有时甚至还会冒犯长辈。在做家务方面，农村家庭中普遍都是女人做得多，如果男人做家务可能还会受到婆婆的责怪和外人的嘲笑。在家庭日常生活中，我们经常会看到妇女除了照顾孩子、侍奉公婆之外，还要伺候她们的男人，而绝少看到男人照顾他的妻子。令人诧异的是，尽管农村妇女几乎承担了所有的农业生产和家务活，勤俭持家，忍辱负重，对家庭的奉献通常也比她的男人要多，但是她们在家庭财政权、决策权和家庭威望等方面还是远远不如她们的丈夫。在经济收入上，农村家庭中的父亲大多比母亲高。实证研究表明同等条件下女性贫困发生机会要高于男性，并且贫困代际传递概率基本呈上升趋势。[2] 如果婚

[1] 蓝鼎元 . 鹿州全集 [M]. 厦门：厦门大学出版社，1995.

[2] 许玲丽，周亚虹 . 义务教育资源配置对初中升学机会的影响 [J]. 上海经济研究，2011（12）：25-35+44.

姻出现感情危机，一旦发生家庭暴力事件，吃亏受伤害的也绝大多数是妇女。

由此看来，农村家庭父母角色分工明显沿袭了传统文化中男尊女卑、男强女弱的刻板模式。母亲在农村家庭中的地位和权力普遍低于父亲，而她所承担的家庭责任、家务劳动和精神压力却明显比父亲重。农村家庭如此显著的社会性别歧视，使农村孩子尤其是女孩从小对性别公平概念产生错误的认知，母亲在家中所扮演的女性角色让女孩从小习得如何成为一个被社会认可的“女子”，她将以她的母亲为榜样，长大后也成为一个以男人为中心的、忍辱负重、逆来顺受的家庭妇女，一位心甘情愿相夫教子却失去个性追求的女人。于是乎，农村女性所遭受的社会性别歧视以及所带来的不平等待遇和劣势地位通过母亲的家庭角色榜样作用产生了代际传递。

（二）计划生育对农村女童的影响

自 20 世纪 80 年代中期以来，我国的出生性别比例出现了偏高且持续的趋势，对男孩的偏好严重影响了女性的生存与健康状况。下面，让我们通过数据了解一下近几年中国新出生人口的比例情况：

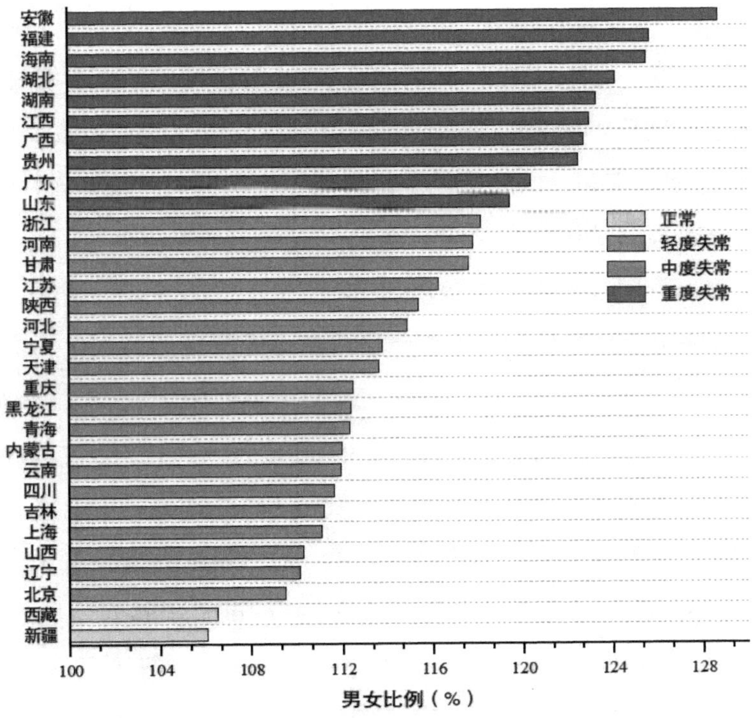

图 1　我国大陆地区各省份新出生人口的比例情况

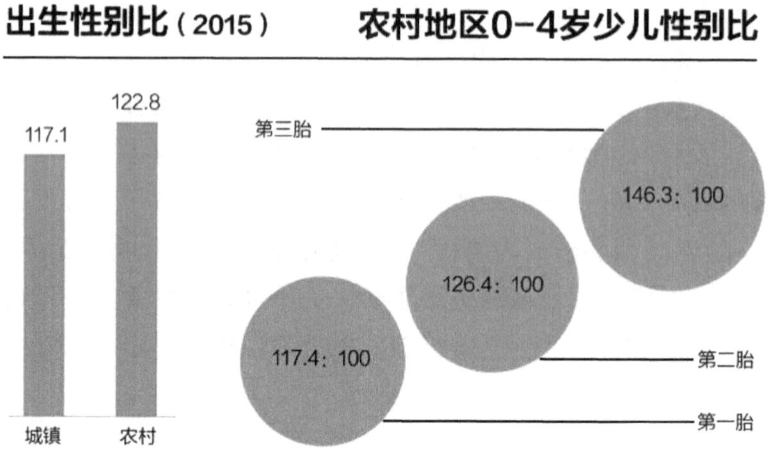

图 2 2015 年城乡出生性别比与农村地区 0~4 岁少儿性别比

由以上两幅图可以看出，在中国东部尤其是东南部男女出生比例重度失调，其中农村的情况比城市更为严重。其主要原因是农村重男轻女的落后思想还没有完全转变，而城市里生活的主要是较为高素质的人，生活观念也随之转变，越来越多的夫妻选择顺其自然，并不刻意去追求胎儿性别。[3]

受几千年“男尊女卑”封建思想的影响，我国在生育上历来有“重男轻女”的落后传统。在自然生育的情况下，这种对男孩的偏好尚且能够做到“既来之，则安之”，但是自从 20 世纪 80 年代中国实行计划生育和一胎政策以来，国民生育上的男孩偏好得到空前的激胀。当强制执行的独生子女政策与国民希望生下男孩继承家族香火的愿望发生强烈冲突时，那些对生命没有敬畏感的父母，特别是需要生男孩增加劳动力的农村父母，不惜违反国家禁令私下采用胎儿性别鉴定的非法手段，择性别而生育，造成新生儿严重的性别比失衡。根据 2010 年人口普查数据推算，到 2020 年，中国将有 11 591 万 25 ~ 35 岁的男青年，而对应的适宜婚配的 20 ~ 30 岁的女青年只有 8 262 万，男比女高出 3 300 多万。2010 年人口普查资料显示，仅从 1991 年到 2010 年这 20 年期间，累积新生男性比女性多 5 565 万。第七次人口普查数据显示，截止到 2020 年 11 月 1 日零时，中国的男性人口为 723 339 956 人，占 51.24%；女性人口为 688 438 768 人，占 48.76%。总人口性别比（以女性为 100，男性对女性的比例）为 105.07，与 2010 年第六次全国人口普查基本持平[4]，男性所占人口比例依然高于女性。

据不完全数据估算，在过去的独生子女政策下，每年增加 130 多万单身男性，对应每

[3] 新浪网．中国新出生人口男女比例再创新高，性别比严重失衡 [EB/OL].http://k.sina.com.cn/article_6443177893_1800b17a5001004yxt.html.

[4] 国家统计局．第七次全国人口普查公报（第四号）[EB/OL].http://www.stats.gov.cn/tjsj/tjgb/rkpcgb/qgrkpcgb/202106/t20210628_1818823.html

天有 3 000 名女婴因独生子女政策而被人为地扼杀。

独生子女政策下产生对新生儿男女性别的畸形选择，对幸存出生的农村女童而言，其显性和隐性的伤害都是非常严重的。在显性上，在一些贫困的农村家庭，父母更倾向于将紧缺的食物、营养品分配给男童，在健康护理上也格外用心，只有食物充足的情况下才会分配给女童。在照料教管方面也明显的是男童优先，例如父母进城打工，因流动生活的不便，一般都优先把儿子带在身边，而把女儿留在家中留守，虽然在生理上女童的安全更需要父母守护。在家务分配上也是女童从小就比她的兄弟承担更多的家务活。在调研中，笔者曾经听一位来自农村的女大学生说，小时候，她要帮父母做很多家务活，与此同时，她的一位哥哥和弟弟却可以在外面自由自在地玩耍。在隐性上，父母对待女婴的态度使农村女童幼小的心灵受到伤害，她们隐约地感知到：父母宠爱兄弟分明比她更多一点，因为女孩天生不像男孩那么尊贵，女孩的降生并不受欢迎，待遇自然比不上兄弟。父母在养育儿女过程中表现出的“重男轻女”，使女孩从小就失去自信和温暖，性格也容易变得内向、自卑和胆怯。

（三）父母期望对女童学业的影响

根据“皮格马利翁效应”，父母对孩子的赞美、信任和期待具有一种能量，它能改变孩子的行为，当孩子获得父母的信任、赞美和期待时，他便感觉获得了巨大的精神力量，从而增强了自我成就动机，变得自信、自尊，获得一种不断进取的动力，并坚持不懈地努力学习，实现父母的殷切期望，以避免对方失望，从而维持这种社会支持的连续性。因此，如果父母期望并相信女儿成凤，女儿成凤的概率就大很多。相反，如果父母都轻视自己的女儿，她如何能够获得自信和成长的动力呢?

受重男轻女思想的深刻影响，农村父母一般对女儿的成长并不抱太高的期望，因为她长大后是“嫁出去的女，泼出去的水”，现实的人们对“泼出去的水”能有多大的期望呢？因此，一旦稀缺的家庭教育资源面临挤压，他们就会在理智的博弈下选择牺牲女儿的上学机会，以保全儿子的教育机会和远大前程。或者采取放任自流的态度，女儿学得好就继续学，学不好就顺势辍学。相反，即使家庭经济条件并不好，但父母对儿女一视同仁地抱有较高的期望，希望他们能够接受更多的教育，考上大学实现身份的转变从而实现社会阶层的向上流动，即使经济不宽裕，他们砸锅卖铁勒紧裤腰带也要供孩子读书，在这样的家庭中成长的女儿，往往都很能体谅父母的含辛茹苦和殷切期望，学习自然就变得很自觉很刻苦，学习成绩也很优秀。

随着城乡教育差距和教育成本的逐年提高，“寒门难出贵子”的现实沉重地打击了很多农村父母对孩子教育的期望。以前“读书改变命运”的期望变成了“上大学不如打工挣钱”的经济判断。因此，现在农村父母对子女教育的期望明显降低了，这与子女的性别无关。即使家庭具备经济实力，农村男童还是会主动选择辍学。农村家长会从经济学的角度计算教育的成本与收益，从而来决定孩子的教育选择。对于大多数要整个家庭 13 年的纯收入才能供养一个大学生的农村家庭而言，在孩子的身上继续追加高等教育的成本无疑是昂贵的，而教育的收益又是不确定的，因为考上了高中不一定能上大学，上了大学也不一定找到工作，即使找到工作也不一定比打工挣的钱多。正如一位农村家长所言："现在国家不包分配，如果大学生毕业后还是一样去打工，还不如趁早学门手艺，早点出去打工赚钱。"在农村父母普遍怀抱"读书不如打工挣钱"的期望下，很多农村男童变得不爱读书甚至过早辍学，男童尚且如此，女童就更加可想而知了。

二、学校的性别教育

新中国成立以来，妇女社会地位得到空前的提高，毛泽东说："时代不同了，男女都一样，男同志能办到的事情，女同志也能办得到。"[5]"男女都一样"的号召落实到学校教育上，就是从过去的性别教育进步到无性教育，就是教育不再体现出性别的差异，男生、女生都接受同样的教育。人们一度认为性别中立的教育就是性别平等教育，但是，当男生、女生都被当作没有性别的人去进行教育时，并不等于真正意义上的性别公平教育。一是当所有的学生都被当作中性人对待，对其天然的性别将会造成一定程度的抵制和伤害；二是虽然表面上提倡不分性别的"有教无性"，但因为深受传统"男尊女卑"封建思想的影响，我们的教育方针、教学大纲、教材、课堂教学、教师的性别意识等方面常常潜意识地犯一个集体错误，那就是将"人"默认为"男人"，将性别中立的"无性教育"习惯性地视为"男性中心教育"。

（一）语文教材：她在哪儿

教科书中所选择的内容是集教育目标、标准和大纲为一体的具体体现，是反映优势阶级在知识、能力、情感、行为、举止等方面对学生的要求和期待。如果视性别为影响人的社会身份的一种因素，则其与权力、声誉和地位一样，映射出社会人的权力分配和社会控制，因此仔细审视教科书（教材），就会发现学校、课堂等场域所用的教科书并非真正执行一种"性别中立"或"性别无涉"的性别标准。

对初中学校教科书的性别解读，可能在一定程度上有助于理解学校教育是怎样制造出一代代符合社会性别文化期许的学生。

我国学者史静寰教授认为对教科书的性别文化研究可以从三个维度：插图（男女人数）、标题及内容（内容主要是对课文中以主角形式出现的男性和女性进行数据统计）来展现人物

[5] 毛主席刘主席畅游十三陵水库 [N]. 人民日报，1965-5-27.

的行为和观念。研究方法主要是定量研究和文本分析法。本书借鉴史静寰教授的教材分析框架，对所调研学校使用的2012年苏教版“义务教育课程标准实验教科书”以八年级《语文》上册、九年级《语文》下册为例进行文本分析。（说明：本书以“苏教版”或某版本教材为例只是顺手拈来，并无任何针对性，实际上教科书上的性别差异并非专指某一版本，这是一种世界性的通病）

1. **语文教科书中男女出现的次数**

对苏教版八年级、九年级的《语文》教科书中男女人物出现的次数[6]统计主要从插图[7]、课文、标题和主角身份几个维度，具体数据见下表：

表1　苏教版八、九年级语文教科书插图、文章和标题中男女两性频数统计

频数 / 科目	男女出现频数					
	插　图		课　文			
			男女主角		标题中男女	
	男	女	男	女	男	女
八语（下）	77	16	20	2	6	1
九语（上）	24	15	16	2	4	0

表2　苏教版八、九年级教科书语文课文中男女出现频数比较

科目	总人物频数	男性频数及比例		女性频数及比例	
八语（下）	82	66	80.5%	16	19.5%
九语（上）	87	77	88.5%	10	11.5%

分析数据可知，在苏教版八年级语文下册和九年级语文上册教科书中，整体上男性出现的次数多于女性，而且在插图、课文标题和主角身份这三个方面也都高于女性。具体来说，在苏教版八年级语文下册教科书中，插图中男性出现的次数为77次，而女性仅有16次，插图中男性出现的频数是女性的4.81倍；课文中男性总共出现的百分比是80.5%，而女性总共出现的百分比只有19.5%，男性在课文中出现的比例比女性高出61个百分比；课文中男性以独立主角身份出现的频数是20次，而女性出现的次数仅为2次，男性以独立身份出现的次数是女性的10倍；课文标题以男性出现的次数是6次，而以女性出现的只有1次，男性出现的次数是女性的6倍。在苏教版九年级语文上册教科书中，插图中男性出现的次数为24次，而女性只有15次，插图中男性出现的频数是女性的1.6倍；课文中男性总共出现的百分比是

[6] 统计数据包括教科书彩页、课文题目、正文、每单元后的诵读欣赏几部分中能明确辨别人物性别的出现次数，性别模糊的人物不计在内。

[7] 插图统计，以插图中出现的能明确辨别人物性别的出现次数，若插图中某些人物无法明辨性别或无法准确统计数据的一律不在统计之内。

88.5%，而女性总共出现的百分比只有 11.5%，男性在课文中出现的比例比女性高出 77 个百分比；课文中男性以独立主角身份出现的频数是 16 次，而女性出现的次数仅为 2 次，男性以独立身份出现的次数是女性的 8 倍；课文标题以男性出现的次数是 4 次，而以女性出现的只有 0 次。

根据这一系列的数据，纵向来看，在八年级、九年级这两个不同年级的语文教科书中，女性整体出现的次数都不超过 20%，有着严重的单一性别宰制现象；从横向来看，虽然自从新课程改革以来，按照新课程标准，苏教版实验教科书在知识内容上已有很大改观，但从社会性别角度看，女性在教科书中整体所占的比例依然很低，同样不超过 20%。这说明该校所用的苏教版语文教科书中严重存在性别比例失衡，女性角色存在边缘化和缺席现象。这样，该校的学生从语文教科书中有更多的机会接触到男性形象。

此外，在教科书的统计中还发现，这两册语文教科书所选的文章[8]的作者在性别上也存在巨大差异。八年级下册语文出现的作者共有 31 位，其中男作者 30 位，女作者只有 1 位；九年级上册语文出现的作者共有 28 位，其中男作者 26 位，女作者 2 位，所占比例如图 3 所示。

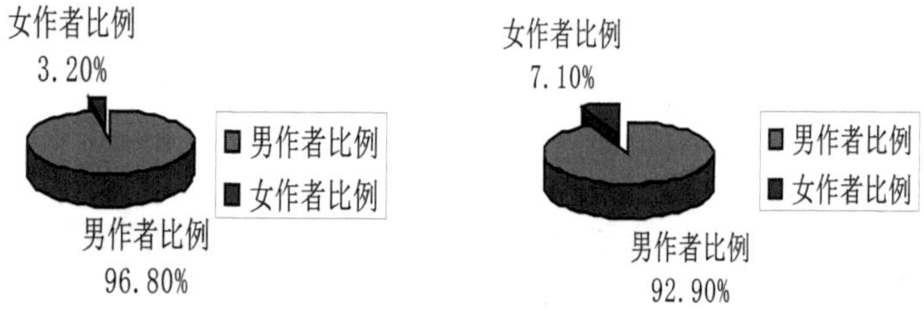

图 3 苏教版八（下）、九（上）年级所选语文课文的作者性别比例饼形图

由上图可知，在教科书文章的选择中，男性作者所占的比例均高达 90% 以上，且从所选文章的内容来看，男性作者的文章多体现在科普类、道德修养、人生体验和精彩演讲等方面。如八年级下册的语文教科书中，关于事理说明的科普文章有 6 篇:《沙漠里的奇怪现象》《我们的知识是有限的》《活板》《核舟记》《叫三声夸克》《花儿为什么这样红》，这六篇文章的作者分别是竺可桢、伽利略、沈括、魏学洢、卞毓麟、贾祖璋；关于道德修养的感悟文章有 5 篇:《纪念白求恩》《敬业与乐业》《多一些宽容》《人的高贵在于灵魂》《陋室铭》，作者分别是：毛泽东、梁启超、郭安凤、周国平和刘禹锡。这些课文内容代表科学家形象、道德高尚的人的形象都是以男性出现，而在八年级仅有的一篇女性作者（宗璞）的文章《紫藤萝瀑布》还是列在选读课文系列。

从八年级、九年级所选文章的作者出现的年代看，这两本教科书课文选以男性为代表的文章之中共有 47 篇作者的出生背景和时代与当下学生的时代背景相距时间太久远，与当下时差相距较近的作家的文章有 12 篇，而属于女性作家的文章只有 3 篇。这些男性作家的文章数

[8] 这里的课文只包括教科书中的精读和选读课文，不包括每单元后面的“诵读欣赏”。

量是当代作家文章数量的近4倍，是当代女性作家文章数量的近16倍，这折射出在教科书的编审过程中，存在对当代杰出女性人物形象、故事的忽视以及对优秀女作家作品的屏蔽。

2. 教科书中男女的社会身份地位

社会学认为身份或称为地位是指个人在某一群体或社会中所拥有的某一确定的社会位置。身份或地位分为自致地位和先赋地位两种，自致地位是指身份地位经由个人的主观能动性获得；先赋地位是指由个体的通常不能够被改变的某项特征所指定而获得的身份地位，如种族、民族、年龄和性别等。拉尔夫·林顿曾说：“身份占有的是地位，而扮演的是角色。”这表明角色是群体或社会对某一特定身份的人在行为上的期待，因此，分析教科书中男女两性的社会角色可以透视男女两性的社会身份地位。下面就是两册苏教版语文教科书中男女两性的社会角色统计与分析。

表3 苏教版八、九年级语文教科书中男女两性的社会角色统计表

社会角色 / 科目	男性		女性	
	职业角色	家庭角色	职业角色	家庭角色
八语（下）	伯乐、作家、医生、教育家、军政大臣、物理学家、国王、学者、旅行家、佛教学者、数学家、水利工程师、专家、探索者、科学家、雕刻艺人、文学家、园艺育种家、讨饭者、举人、屠夫、乡绅、警官、商人、首饰匠、巡警、将军、宪兵、法官、厨师、病人、司机、市长、理事	丈人、相公、女婿、父亲、儿子	科学家、作家	母亲、妻子、媳妇、女儿
九语（上）	地理学家、船家、手工艺人、员外、作家、公务员、水手、船长、卖牡蛎、车夫、米行先生、教授、举人、历史学家、亚洲王、画家、科学家、新闻记者、农民、建筑师、遗传学家、博物学家、物理学家、皇帝、思想家、通讯员、诗人、起义领袖、将军、捕蛇者、林业工人、记者	父亲、儿子、大伯、侄子、兄弟	牧羊者、绣花女、船家、磨米人、歌仙、豆腐匠、妇女	寡妇、新娘、妻子、母亲、女儿、嫂子、姐妹

从上面统计表格可以看出，男性所承担的社会职业角色范围远远大于女性，而女性所承担的社会职业角色非常狭窄且低微，同时带有明显的以母性为标志的女性生理性别特质。

根据角色与身份的关系，结合两性所承担的社会职业角色统计表可以推断，男女两性所彰显的社会身份或者社会位置是不同的，社会文化对男性期待的位置明显高于女性。男性的社会位置主要分布在政治、经济、文化、技术、科学、军事、领导、探险等各个领域。具体来说，代表社会政治位置的男性形象有将军、国王、警官、法官、举人、宪兵、市长、理事、军政大臣等；代表社会经济位置的男性形象有商人、首饰匠、米行先生、手工艺人等；代表社会科学技术的男性形象有地理学家、教授、科学家、遗传学家、物理学家、博物学家、建筑设计师、水利工程专家等；代表社会底层劳动者位置的男性形象有农民、水手、林业工人、司机、厨师、车夫、讨饭者等；代表探险领域的男性形象有旅行家、探索者、地理学家等。在男性所代表的社会位置中，按其出现的高低频数排序是科学技术家、商人、领导、探险者和劳动者等，这些男性形象多数代表着社会精英和中间阶层，表现出明显的主体性身份。如用古代著名的物理学家阿基米德在罗马军人的剑向他挥来时，他只说一句话“不要踩坏我的圆”代表高贵灵魂和执着探索的科学精神；用白求恩代表毫不利己、专门利人的高尚国际主义精神；用鲁智深代表除暴安良、济贫扶弱的英雄使者等。他们是课文内容的主角人物且处于主要地位；即使是处于社会底层的劳动者的男性形象也是吃苦耐劳和无私奉献的正面人物，如在烈日和暴雨下的祥子、小兴安岭乌马河林业工人张迎善等。

和男性代表的社会位置相比，女性所从事的职业领域非常狭窄且层次低微，从事职业的女性人数也相当稀少。从上表的统计结果可以看出，女性所代表的社会位置只有 5 种，分别是科学家、作家、商人、文体者和劳动者。其中代表科学家、作家等较高社会位置出现的女性只有两个：玛丽 · 居里夫人和人民的作家萧红；另外三种女性所从事职业代表的社会位置相对较低，如为家庭生活服务的牧羊者、绣花女、豆腐匠、磨米人等。从课文内容对男性和女性的描述上来分析，也会发现女性在家庭中出现的机会远多于男性，且家庭位置也是依附于男性比较低下，如《散步》[9]中所写：“母亲要走大路，大路平顺；我的儿子要走小路，小路有意思。不过，一切都取决于我。我的母亲老了，她早已习惯听从她强壮的儿子，我的儿子还小，他还习惯听从他高大的父亲；妻子呢，在外面，她总是听我的。一霎时我感到了责任的重大，就像民族领袖在严重关头时那样。”词语“一切都取决于、强壮、高大、总是”严格区分了男女的不对等的社会身份，这种等级分明的社会身份使大多数女性处于被男性主宰、被动、从属的地位，“女性是一种没有自我意愿、自我决策权利和自我行为体现的物化了的附庸。”[10]

3. 教科书中男女两性出现的领域之分

女性主义把男女两性出现的领域划分为私人领域（或称之为家庭领域）和公共领域，单看“公私领域的划分本身并没有什么问题，就像人们区分颜色一样”，但若把“公共领域和男人、理性联系起来，私人领域和女人、感性联系起来，并且赋予它们不同的价值的时候，等级就产生了，不平等就产生了。”[11]在笔者所分析的两本教科书中，共有 56 篇课文，其中女性出现在公共领域的文章有 1 篇，而男性出现在公共领域的文章有 21 篇，男性出现在私人领域的文章有 1 篇，统计结果如下表：

[9] G.4538. 义务教育课程标准实验教科书（语文）[S]. 南京：江苏教育出版社，2012：190.

[10] 刘慧英. 走出男权传统的樊篱——文学中男权意识的批判 [M]. 北京：生活 · 读书 · 新知三联书店，1995.

[11] 沈亦斐. 被建构的女性 [M]. 上海：上海人民出版社，2005：203-204.

表 4　男女两性出现的公、私领域对比表

领域 / 科目	男性		女性	
	出现在公共领域的课文	出现在私人领域的课文	出现在公共领域的课文	出现在私人领域的课文
八语（下）	《纪念白求恩》《活板》《核舟记》《人的高贵灵魂》《孔乙己》《范进中举》《变色龙》《窗》《有的人》《我骄傲，我是一棵树》《在莫泊桑葬礼上的演说》《在联邦德国海伦市市长接见仪式上的答词》《在萧红墓前的五分钟讲演》《北京申奥陈述发言两篇》	《散步》	《悼念玛丽·居里》	0
九语（上）	《故乡》《我的叔叔于勒》《在烈日和暴雨下》《多收了三五斗》《陈涉世家》《捕蛇者说》《一双手》	0	0	0

4. 讨论与分析

从教科书的表面上看，每一篇课文的选择都是围绕让学生学习到丰富多彩的内容为目的，如高尔基笔下的“海燕”，茅盾描绘的“白杨树”都是为着让学生咏物抒怀，体悟人生；毛泽东和梁启超笔下无私、敬业、诚信、友善、谦和、宽容的人的道德修养境界让学生学会怎样做人；竺可桢笔下沙漠的精彩与神奇，古人沈括和魏学洢的智慧及创造发明，激发学生产生探索世间万物奥秘的兴趣等，这些都是语文作为基础教科书最基本的教育目标，培养“全人”的发展，但通过对上述两本教科书的性别梳理，可以看出，在初中语文苏教版教科书中，“男性的主动、智慧、力量和工作的效率”[12]被正面褒扬强化，凸显男性的主体地位，赞扬男性的智慧和贡献；而“女性的被动、无知、温顺、‘美德’和工作的缺乏效率”[13]被正面褒扬强化，女性的社会贡献也被遮蔽。这不仅是特定社会的男权制文化的习惯表现，而且也是“精细文化产品”加工者的社会性别意识的反映。具体表现为两个方面：

（1）男性宰制女性：男权地位的确立

马克思·韦伯认为权力关系是一种支配和从属的关系。如果按照韦伯的权力关系来理解两性关系就是“男人按天生的权力对女人实施的支配。”[14]从而巧妙地实现了两性的“内部殖民”。

在笔者所研究分析的这两本教科书中，男权的支配地位表现得淋漓尽致。

① 女性“美德”和男性“支配”的博弈

苏教版八年级、九年级语文教科书所体现的女性多数以温顺、听话、胆小和善良的形象

[12]（美）凯特·米利特著．性的政治 [M]．钟良明译．北京：社会科学文献出版社，1999.

[13]（美）凯特·米利特著．性的政治 [M]．钟良明译．北京：社会科学文献出版社，1999.

[14]（美）凯特·米利特著．性的政治 [M]．钟良明译．北京：社会科学文献出版社，1999.

出现。如《散步》中的："我们在田野上散步：我，我的母亲，我的妻子和儿子。母亲本不愿出来的。她老了，身体不好，走远一点就觉得很累。我说，正因为如此，才应该多走走。母亲信服[15]地点点头，便去拿外套。她现在很听我的话……"[16]

《多收了三五斗》中的她们把"……绒线的帽子套在小孩头上试戴，刚刚合适，被爷老子[17]一句：'不要买吧'，便又脱了下来。……'乡亲'还沽了点酒，向熟肉店里买了一点肉，回到停泊在万盛米行船埠头自家的船上，又从船梢头拿出盛着咸菜和豆腐汤之类的碗碟来，便坐在船头开始喝酒。女人在船梢头煮饭。"[18]

② 男权"凝视"下的两性品质

关于两性的品质在八年级、九年级苏教版语文教科书中，主要体现在文章内容的用词上。

关于女性品质的用词可以概括为：勤劳、善心、漂亮、真诚、可爱，刻薄、爱计较、贪便宜等。如九年级的《画山修水》"……有这样个善心老婆婆，多年守寡，靠着种地打草鞋，一辈子积攒几个钱。她见来往行人从江边过，山路险，艰难得很，便拿出钱，请人贴着江边修一座桥……"[19]

如八年级语文《范进中举》中关于老太太的描述："到出榜那日，……那三个人下了马，把马拴在茅草棚上，一片声叫道：'快请范老爷出来，恭喜高中了！'母亲不知是甚事，吓得躲在屋里；听见了，方敢伸出头来，说道：'诸位请坐，小儿方才出去了。'"[20]

九年级语文教科书《故乡》中关于"豆腐西施"杨二嫂的描述：

"'哈！这模样了！胡子这么长了！'一种尖利的怪声突然大叫起来。

……却见一个凸颧骨，薄嘴唇，五十岁上下的女人站在我面前，两手搭在髀间，没有系裙，张着两脚，正像一个画图仪器里细脚伶仃的圆规。……以前擦着白粉，颧骨没有这么高，嘴唇也没有这么薄，那时人说：因为伊，这豆腐店的买卖非常好。因为作者对（杨二嫂）的没认出，（杨二嫂）便露出鄙夷的神色，仿佛嗤笑法国人不知道拿破仑，美国人不知道华盛顿似的，冷笑说……

'那么，我对你说。迅哥儿，你阔了，搬动又笨重，你还要什么这些破烂木器，让我拿去罢。我们小户人家，用得着。'

……'啊呀啊呀，真是愈有钱，便愈是一毫不肯放松，愈是一毫不肯放松，便愈有钱……'圆规一面愤愤地回转身，一面絮絮地说，慢慢向外走，顺便将我母亲的一副手套塞在裤腰里，出去了。"[21]

---

[15] 信服：原意是相信并佩服，这里是相信而听从的意思。

[16] G.4538. 义务教育课程标准实验教科书（语文）[S]. 南京：江苏教育出版社，2012.

[17] 爷老子指父亲。

[18] G.4537. 义务教育课程标准实验教科书（语文）[S]. 南京：江苏教育出版社，2012.

[19] G.4537. 义务教育课程标准实验教科书（语文）[S]. 南京：江苏教育出版社，2012.

[20] G.4538. 义务教育课程标准实验教科书（语文）[S]. 南京：江苏教育出版社，2012.

[21] G.4537. 义务教育课程标准实验教科书（语文）[S]. 南京：江苏教育出版社，2012.

关于男性品质的用词可以概括为：义气、正直、有良心、诚实可靠、聪明、硕学、可敬可爱、豪杰、大公无私、敬业、宽容等。

如八年级教科书中的《纪念白求恩》："白求恩同志毫不利己专门利人的精神，表现在他对工作的极端的负责任，对同志对人民的极端的热忱……从前线回来的人说到白求恩，没有一个不佩服，没有一个不为他的精神所感动……他以医疗为职业，对技术精益求精……他的医术是很高明的。"[22]

八年级教科书《核舟记》中关于奇巧人王叔远的描述："能以径寸之木为宫室、器皿、人物，以至鸟兽、木石，罔不因势象形，各具情态。魏子详瞩既毕，诧曰：嘻，技亦灵怪矣哉！《庄》《列》所载，称惊犹鬼神者良多，然谁有游削于不寸之质，而须麋瞭然者？……由斯以观，棘刺之端，未必不可为母猴也。嘻，技亦灵怪矣哉！"[23]

八年级教科书《我骄傲，我是一棵树》中关于"我"[24]的描写：

山教育我昂首屹立，
我便矢志坚强不仆；
海教育我坦荡磅礴，
我便永远正直地生活；
……
在我身上，意志、力量和理想，
紧紧的，紧紧的融合。
……
我为他们抗击风沙，
我为他们抵御雷火。
……[25]

（2）古典宰制当代：当代优秀女性人物形象的缺失

在本书的八年级、九年级苏教版语文教科书中，具有典型当代女性人物形象的故事几乎没有，且选取当代女作家文章内容的也很稀缺（这个在前面的作者性别统计结果中已有说明，在这里不再赘述）。在八年级语文教科书中只有一篇且以演讲形式出现的关于女性主题的文章《悼念玛丽·居里》；在九年级语文教科书的课外阅读中有一篇涉及女性的文章《百合花》，但该文章中出现的女性只是个配角，且出现在抗日战争时期。这两个在课文中略显重要的女性人物形象要么是"西洋"的，要么脱离学生的现实生活。

法国社会学家布迪厄认为每个人都生活在一个社会空间，而这个社会空间就像一个类似

[22] G.4538．义务教育课程标准实验教科书（语文）[S]．南京：江苏教育出版社，2012.

[23] G.4538．义务教育课程标准实验教科书（语文）[S]．南京：江苏教育出版社，2012.

[24]"我"代表的是男性。

[25] G.4538．义务教育课程标准实验教科书（语文）[S]．南京：江苏教育出版社，2012.

于磁场的“场域”，每一条磁场线都在起作用，因此，每一个场域都会限制人的惯习或生活空间。布迪厄认为惯习就是一套以某些特定方式行事的既定性情倾向，是在个体对社会位置的适应过程中产生的，构成了个体关于社会世界以及个体行为规范的概念图式。[26]按照惯习的概念，个体的一些行动模式总是由社会化经历中形成的惯习的无意识指定，而惯习又是在个体对社会位置的适应中产生。因此，中学生在学校知识社会化的同时也在社会位置对男女身份要求的适应中建构着自己关于社会世界及个体的社会性别规范的概念图式，即性别惯习。语文教科书作为中学生最基础的用书之一，其反映的男权制文化让学生在潜移默化中逐渐习得“贤妻良母”“男强女弱”的社会性别文化惯习，从而形成以特定方式行事的既定性情倾向，在社会空间的实践中接受、认同和强化，然后又在新的实践情境中复制出来，于是学生就一步步生成男权社会所期望的男女行为倾向，成功实现了以性别文化“区隔”为标志的男女社会等级差异，让男女各自获得了一种“自身位置感”。正如一个简单的例子：对一位青年男子来说，由于社会文化对他性别身份的期望而形成一系列攻击型的冲动，而女性却被鼓励克制这一类冲动或将它们藏在心中。这样，男性的攻击性在他的行为中日益强化，并常常带有相当的反社会成分。然后，社会文化就一厢情愿地认为，男性标志本身就具备攻击型的特征，同样的强化机制也体现在造就“被动”这一主要的“女性的”美德的过程中。[27]

农村学生在接受、强化着自我的“自身位置感”，这可以从对本校学生的访谈和语文作文的查阅中得到印证。

（3）农村初中生的性别认知透视

a. 课本或课外书中，我印象最深或最崇拜的人物。

教科书中的社会性别文化使学生成为男性的顶礼膜拜者，当笔者访谈学生关于“课本上或是课外书中，你印象最深的人物或最崇拜的人物是？”[28]

女生1:“安徒生，因为他的艺术细胞可多，他写出的故事有兴趣，不是很浅显的样子。”

女生2:“冰心，因为她写的小诗读起来好听。”

女生3:“爱因斯坦，因为他长得慈祥，和蔼面善。非常聪明，啥都会，是个大科学家，得过诺贝尔奖。”

男生1:“鲁迅，因为在阿累（作者）写的《一面》中有专门介绍鲁迅送书的行为，对鲁迅的关爱青年、无私奉献精神、革命主义精神、强烈的正义感表示欣赏。”

男生2:“鲁迅，因为他的文章写得好，没有印象特深的女主人公，好像课本上没有这样的女主人公。”

男生3:“比尔·盖茨，因为他是电脑高手，我也喜欢电脑。我也崇拜居里夫人，她双目失明，非常坚强地活了下来，并以实际行动教会了一个双目失明的小女孩，教会小女孩用手去

[26]（澳）马尔科姆·沃特斯著. 现代社会学理论—第2版[M]. 杨善华，李康，等译. 北京：华夏出版社，2000.

[27]（美）凯特·米利特著. 性的政治[M]. 钟良明译. 北京：社会科学文献出版社，1999：48.

[28] 出自研究者2013年4月20日开始在中学调研时所得到的访谈材料。以下访谈材料来源相同，不再另行说明。

感觉东西。”

结合其他的访谈者发现，本校的中学生崇拜或印象最深的人物大多都是男性，其中鲁迅占据第一位，即使有女性，也是离学生当前的生活时代久远，这和教科书所选的内容有着很大的相关性。

b. 我觉得女孩子（男孩子）应该——

女生 1:“男生应该有才、有特长、稳重、活泼、阳光、仗义，成绩无所谓，不能太小气。要有包容之心，不能暴力；但也不能太温柔，太‘娘’，被别人欺负，长相、学习都要中上等。女生应该成绩好，穿衣要干净，不能邋遢，要大大方方，不能扭扭捏捏（方言，意为害羞，不胆大），不能自恋（自己欣赏自己，不会谦虚），不能大女人主义，要温柔点儿。”

女生 2:“作为女生应该是文静点儿，知书达礼，温柔可爱；而男生应该大方开朗、善良坚强。”

女生 3:“我自己认为，女生应该是比较善解人意型，要温柔大方，不斤斤计较，不要做那一种娇娇滴滴的小女子，遇事不能总是哭。男生，没想过，应该是勇敢坚强，有责任心，敢于承担，心胸开阔，孝顺。”

男生 1:“男女应该一样吧。不过女孩应该文静点儿，学习好，品德好，不要小家子气，长得漂亮点儿。男孩首先也应该学习好，品德好，同时男孩要积极乐观，坚强勇敢。”

男生 2:“女生要踏实，穿着平常朴素，不能染头发，咱们学校女生穿着打扮太成人化，不像个学生样子。男生应该做人正直，敢作敢当，好帮助别人，如我们班的张 ×，他遇事就勇于承担，从来没有哭过，他非常爱帮助别人，当别人没钱时，他会主动借钱给别人。”

男生 3:“好的女生应该是学习好，长得好，身材好，品德好，文静且不说脏话，不自私。好男生应该是活泼但不要太贱（方言，意为无事忙，没事找事）。”

男生 4:“他是‘人妖’，你看他长得有点儿像个妮儿们，（皮肤）白白的，眼睛多（方言，意为很）大还是双眼皮，并且说话、走路软软撇撇，上课回答个问题也是扭扭捏捏，一点儿也不像个男生，没有阳刚之气，我们背后都叫他‘人妖’。”

这些对男孩子和女孩子的评价，都可以在本书所选取的教科书中找到他们的影子。不论是从性格、外表还是从品质、气质都在维持或强化由文化规范的“男子汉的”和“女人气的”美德，打造着“阳刚男生”和“秀慧女生”。

c. 我觉得谁当班长合适。

王 ×（女生）:“我喜欢男生当班长，因为目前我们（班）已有两个女生班长，虽然很热心，也很负责，但管不住学生。若换班长，我就支持杨 ×（男生，长得帅，数学也好，是数学课代表，女生心目中的偶像，因为当时在访谈时，有好多女生也支持王 × 的建议，笔者注），杨 × 聪明，数学好，严肃，能管住学生，学生们都佩服。”

刘××（女生）:“男女生谁当班长都行，他（她）们管班方式不一样，最好是男生正班长，女生副班长，这样，重活、班与班之间的纠纷让男班（长）出面，班级内轻一点儿的活儿由女班（长）负责。”

魏×（女生）:“我比较喜欢男生当班长，若是女班（长）吧，当有些女生与班长玩得（方言，意为与班长关系）不好时，女班（长）会针对她、报复她；若是男生当班长，当本班与其他班发生矛盾时，男班（长）能挺身而出，保护本班的利益，并且男生当班长时，女生也不咋找他事儿。”

李××(男生):“我喜欢女生当班长,因为男生当班长好找事儿,有时在课堂上会带头起哄。而女班（长）能管住自己不乱，带头学习。”

张×（男生）:“我支持女生当班长，因为女班（长）细心，管得全面，还有耐心，能懂得别人心里怎么想的，在课下，与学生友爱和睦。有一次我嗓子哑，我们班长（女）没吭声就去给我买了金嗓子（一种治嗓子的药）并倒来一杯热腾腾的茶，搞得我老感动了。”

姬××（男生）:“我喜欢男生当班长，因为男生有较强的管理能力，女生没有震慑能力；男生处事乐观,比较坚强,能持之以恒,而女生遇到难事就爱哭,或者一生气,就撂挑子不干了。”

从学生对班长的选择可以看出，无论是喜欢男班长还是女班长，男女学生都是在社会性别文化规范的引导下用所谓的“男性特点”和“女性特点”来评判男班长、女班长的优缺点，以传统性别的“自然天职”来框定“男人”和“女人”的角色分配。其实，就如男人和女人各有优缺点一样，男班长和女班长也没有绝对的高低之分。

d. 梦想在望，我的梦想。

作文是语文教与学过程中至关重要的环节，它有承教启学的作用，它既是“知识巩固”和“技能强化”的需要，也是了解学生内心世界的书面交流。因此，作文能够反映学生的心声，也能够折射出学生对社会性别文化的传承。如笔者对七（四）班关于命题作文《梦想在望》进行了简单统计和梳理，发现女生的梦想多是所谓的“女性”梦想，以“女性的”贤淑和依附为标准，体现女性的善良、母性和自足，充满了人文关怀。而男生所选择的梦想多是所谓的“男性”专业，以“男性的”智慧和勇敢为标准，体现男性的力量、权威、知识和进取。

如男生的梦想是：

“我希望成为一名科学家,能够制造出世界上独一无二的‘环保机器人和氧气制造机’……一系列先进的技术发明……让它们来保护我们的地球环境，还人类生活的青山绿水……”

“我的梦想是穿越到2050年，参观人类的电脑住宅。在那里，每天早晨有机器人叫起床，为我做饭准备早餐……电脑住宅里有很多遥控机器人，帮妈妈做家务、重活，帮爸爸做有危险的工作……我每天不用起早去上学，就在家里，开着电脑，查资料，听老师讲课，与同学交流……”

“我的梦想是考上大学，学习好多的有用知识，当一个科学家，为人民服务，对国家有用……”

而女生的梦想是：

“每当我看到妈妈在外面忙碌了一天之后，回到家还要辛苦地为全家做饭时，我就想，要是我是一名烹饪师该多好啊！每当妈妈回来，我就给她端上美味可口又有营养的饭菜……我还有一个小私心哦，就是喜欢吃甜点……哎，就是同学们老叫我小胖妮儿，我好难受呀……什么时候，我能想吃什么就吃什么，又不用减肥，但又不胖……这就是我的梦想，我想很快就会实现的。”

“今天又考试了，拿到成绩单的一刹那，我心情糟糕透了，一想到回家妈妈那失望的表情，欲批（评）不能的眼神……我要重拾信心，努力学习，争取提高成绩，不辜负父母的期望。”

“老师是学生成长的守护者，是学生前进的引路人……我要当一名中学教师，爱护学生，善待他人，给每一位学生创造快乐的学习环境……”

七（四）班关于《梦想在望》的梦想内容具体统计见下表：

表 5　七（四）班语文作文《梦想在望》内容统计表

内容／性别	梦想在望
男生	当活雷锋、服装设计师、考上大学、穿越到 2050 年、上大学、冒险家、军人（2 人）、科学家（2 人）、篮球运动员（2 人）、参观电脑住宅、武术教练、乘飞机遨游蓝天、找一个知心朋友、象棋高手、当发明家、“调皮王”、美食专家（2 人）、让爸爸笑、反对克隆人、和星星说话、跆拳道攻击手
女生	设计一种能挽救家人和亲人生命的减少地震等级数的物品、实现爸爸的梦想（5 人）、让爸妈每天都高兴、护士和医生（4 人）、服装设计师、取得优异成绩、感谢父母的爱、考上大学（3 人）、当威武警察、当爱护生命的老师、当一名烹饪师做甜点、当一名画家（2 人）

以上研究结果表明，学校的知识文化配合社会心理、文化对男人和女人的不同定义，使学生对“男性”形象和“女性”形象有着高度的认同感。因此，一旦性别被“指定”了，社会就会期望个体像“女性”或像“男性”那样行动。[29] 个体正是在社会性别力量的推动和形塑下，在社会性别“文化雕琢”中逐渐向着具有“男性的”和“女性的”目标和理想靠拢，完成社会对其性别角色的要求和期待。正是在日常生活的实践中，这些期望得以实现和再生产出来。[30]

[29]（英）安东尼•吉登斯著．社会学（第 4 版）[M]．赵旭东，齐心，王兵，等译．北京：北京大学出版社，2003.

[30]（英）安东尼•吉登斯著．社会学（第 4 版）[M]．赵旭东，齐心，王兵，等译．北京：北京大学出版社，2003.

（二）课堂教学："有性"的互动

美国社会学家戴维·波普诺认为教育有五大社会功能：社会化、社会控制、筛选和分配、对外来人员的同化作用、社会革新和变迁。但并非每一个教育组织都具备完整的上述五大功能，这些功能与教育组织在教育等级体系中的位置有关，作为九年义务教育的初级教育组织——农村初级中学其主要的目的就是社会化。初级学校作为青少年的另类"监护者"，一年中的许多天，一天中的许多小时，都陪护着青少年，对青少年的性别身份进行着预期社会化（anticipatory socialization）。

初中阶段的学校学习是青少年个体性别角色定型与强化的最关键阶段，正如我国学者郑新蓉教授所说："从幼儿（年）到高中阶段晚期，男女儿童的性别刻板化程度与其年龄的关系呈抛物线形态，从小学阶段开始，儿童的性别角色灵活性逐渐减小，开始生硬地遵循各自的性别角色，整个青春期是性别强化期，是个体性别刻板定型最强的阶段。"因此，初中阶段的课堂教学影响着青春期的学生如何看待自己的性别行为模式，如何与其他群体交往，如何期望自己的学业成就等。由于社会性别是作为"社会的我"的"文化属性"，从个体出生之日就烙印于个体的日常生活和文化中，因此，在课堂的人际互动中，师生通过各自的性别体验、理解与期待而作出的自我反应都在规训着男女学生应该怎样行事，影响着学生的性别观念和自身的性别行为模式。根据斯科特的社会性别理论，社会性别本身就是一种权力关系的产物。在课堂教学中有三种性别权力关系：教师与学生、学生与学生、教材与学生，在这三组关系中，往往表现出一种社会性别因某种目的而试图对另一种社会性别予以规训与控制，另一种性别对这种规训与控制予以认同与冲突，从中不断认识、学习、遵守各种各样的社会性别规范，维持或强化自己所在的环境或群体的社会性别观念和角色行为，从而使自己有意或无意地逐步实现社会性别角色的社会化。也就是"在每天无数的小活动中，我们社会化地再生产着——亦即制造和再制造着——性别。"[31]因此，本部分关于课堂教学现场的社会性别再生产主要从教师的"师释文化"和学生的"生释文化"两部分来论述。

1. 直面教学现场

课堂教学是教师与学生互动交流的主要方式，师生间言语和非言语的互动交流影响着学生的学业成就和课堂的教学效果。因为人际互动是个体作为行为者有目的、有意识地相互作用的过程，个体在相互作用过程中，经过冲突、协商和认同，对意义不断进行检验、重组和修改。

在大冯营中学调研期间，笔者一共进入课堂观察70次。通过对课堂观察资料的整理和分析，笔者发现在农村初中的课堂教学中充斥着男女生应该如何行事、男生和女生如何保持正确的关系、男生和女生应该有怎样的"自然的"性别观念。

在课堂观察中，笔者主要从教师的课堂提问、课堂评价、课堂辅导三个方面和学生的主

[31]（英）安东尼•吉登斯著．社会学（第4版）[M]．赵旭东，齐心，王兵，等译．北京：北京大学出版社，2003.

动说话与被动说话两个方面共五个维度进行。

在 70 节的课堂观察中，教师进行课堂提问[32]的节数有 31 节。具体统计见表 6。

表 6　教师课堂提问性别差异统计表

科目＼课堂	女教师课堂		男教师课堂	
	男生回答次数与总人数比	女生回答次数与总人数比	男生回答次数与总人数比	女生回答次数与总人数比
语文	13/45 12/45	5/45 10/45	12/39 5/39 4/39 2/30 0	0 0 0 1/30
数学	13/39 6/39 4/30 1/30	3/39 5/39 0 0	8/45 5/45	4/45 0
英语	5/39 4/39 3/45 5/45	14/39 14/39 10/45 5/45	0	2/30
物理	10/39 7/39 7/35 4/35	2/35 0 0 0	2/30	1/30
生物	5/39 3/39 12/45 10/45	4/39 3/39 11/45 9/45	----	----
思品	7/39 4/39	2/39 0	1/30	3/30
音乐	----	----	0 1/39	0 0

由以上数据可看出：在所观察的课堂教学中，整体上是语文、数学、英语和生物课堂上教师进行提问的频率高；女教师比男教师更倾向于使用课堂提问；女教师提问男女生性别人数存在较大差异；男生总体上回答问题的次数多于女生。从某一科目的具体课堂来说，语文、物理、数学和生物课堂上男生回答次数多于女生；在英语课堂上女生回答次数多于男生。

从提问问题的难易程度来看，基本上以课程标准为主，分为三类：知道教材内容的记忆型问题、理解知识的能力类问题、会用知识解决问题的综合型问题。记忆型问题一般是学生口头回答，此类型的提问多出现在语文课、英语课和生物课上，如让学生读英语单词，并相互纠正发音；理解型问题通常要求学生口头表述或书写逻辑过程，此类型的提问多应用在物理课堂或数学课堂，如让学生推演某个公式或公理；综合型问题大多要求学生书面回答，如让学生在黑板上或在本子上演算，教师巡回查看，这种提问多用在数学课堂，不过综合型问题课堂提问较少使用。在课堂听课过程中，笔者发现，知道型问题和理解型问题，无论在什么学科的课堂中，教师都倾向于选择女生来回答，而综合应用型问题，教师则多倾向于选择学习成绩好的男生来回答。

在课堂教学师生问答的互动中，教师对学生的回答反馈也有很大差异。在这 31 节的课堂提问中，教师给予学生回答的反馈共有 151 次，其中教师中性评价反馈 86 次，积极评价反馈 37 次，消极评价反馈 28 次。如下表表示：

[32] 这里的课堂提问指的是教师与学生之间一对一的单独提问。

表 7　教师评价反馈性别差异统计表

教师评价反馈类型		男生次数	女生次数	总评价次数
积极	好、很好，阳光，不错或微笑、鼓励神情	20	17	37
中性	坐下，请坐，对，摆手或点头	56	30	86
消极	口头批评、摇头、瞪眼或生气、失望神情	21	7	28
总计次数		97	54	151

根据上表分析可以看出，教师对学生的评价中带有明显的社会性别差异。整体上看，男生在课堂提问中得到教师的评价次数远多于女生；从评价效应上来看，教师对男生的三种效应的评价次数均高于女生，在消极评价中，教师针对学生的性别不同而采取不同的评价方式，对男生的消极性评价往往倾向于直接“否定”或“批评”，而对女生的消极评价一般更加委婉与温和。如，在笔者所调研的八年级三班的一节数学统计课上，老师先找一名正在说话的男生起来回答：“什么是算术平方根？”该生低着头嘟嘟哝哝地说了几句，（说实话，笔者根本就没听清楚他在说什么，估计他的老师可能也没听清楚），接着周教师又让他的同桌起来说该生说得对不对，他同桌就也低着头不吭声，于是周老师就有点儿生气了，直接批评这两个男生：“你们俩先站一会儿清醒清醒脑子再说。”然后面向整体学生，说：“以后无论谁起来回答问题，都要大大方方，阳光点，像个男生样子，不要搞得像斗地主似的。”再如，还是这个班的另一节数学课，周老师在抽查学生的周末作业完成情况，当检查到一个女生没有完成老师曾经在上周课堂上讲过的习题时，周老师很生气，但她以很小很轻的声音批评这个女生：“这个题我上周刚刚讲过，你上课注意听没有？真是不知道操心，也不知道去认真做笔记，下去（下课后）找个同学问问，把它（周末作业题）补上，听见没有？”

另外，在课堂教学中，当老师为巩固课堂某一个知识点而检测学生知识的掌握程度时或完成整体教学目标后经常会给学生留一段时间做随堂练习，在这段时间内教师巡回指导，笔者观察发现教师在巡回单独辅导时也存在社会性别差异。下表是老师在巡回辅导时的社会性别差异情况：

表 8　教师单独辅导的性别差异统计表

有单独课堂辅导的课型							
语　文		数　学		英　语		物　理	
男	女	男	女	男	女	男	女
8	4	7	2	2	6	2	0

从上表可以看出，在老师的单独课堂辅导中，物理、语文和数学课堂，教师对男生的辅导次数多于女生，而英语课堂上，老师对女生的单独辅导机会要多于男生；从整体上来看，女老师对学生的单独辅导频率多于男老师。

就老师在课堂教学中表现出的种种社会性别差异，笔者访谈了该校的几位女老师和男教师。

2. 教师——“师释文化”的社会性别

作为“法定文化”的代表——教师对学生有权威效应，教师积极、肯定、民主、富有启发性的互动行为，无疑会促进课堂教学效果和学生学业成绩的提高，而教师消极、否定、专制、带有注入式的互动行为，将会影响教学效果并阻碍学生学业成绩的提高。[33]

（1）倾听老师的声音

在访谈之前，笔者曾经在调研中进行了教师社会性别意识调查问卷，其中有一个问题是：

您上课时提问的对象是（　　）。

A. 男生回答问题占多数　　B. 女生回答问题占多数

C. 两者之间差不多　　D. 较少提问，没法比较

在所统计的43名教师中，问卷统计结果是89.66%的女教师和50%的男教师[34]都选择“两者之间差不多”（即C），即教师群体中，大部分女教师和一半男教师都认为自己在课堂上是“无论其他地方发生了什么；在这个教室里，我们总是努力让事情变得公开。”但与笔者的听课统计相对比发现，实际的课堂师生问答机会却存在着明显的数字差异，这体现了教师的社会性别意识在课堂中的无意识表现，针对这种现象，笔者对被听课的老师进行了深度访谈。大部分老师认为“课堂上尽量让男女生差不多都能参与问答，但课堂上出现这种现象，主要是由于男生上课爱讲话，不注意听讲，需要通过提问来督促学习或批评其课堂表现，而女生上课比较听话，知道记笔记，不需要教师的提问来督促其学习。”

a. 聪明与踏实：教师对学生的性别期待。

对于语文课堂上，男生回答问题的机会多于女生，邓老师是这样解释的：

邓老师：“男生一瓶子不满，半瓶子晃荡。”

邓老师是七年级（三）班的语文老师，参加工作至今已经15年了，主要从事七年级、八年级的语文教学，业余时间在一小学当托教老师，她对上课提问男生次数多的解释是：

“男生天性好玩，好交朋友，且在家较娇惯，不知道努力学习。有些男生不好说话，不善于交流，又没有眼色儿（方言，意为不会察言观色），你想和他交流时，他就不吭声，所以只好利用课堂时间多提问他了。比如我们班的张××、潘×：聪明，（上课）爱接话茬儿，好表现，你还没说完问题是什么，他就说答案，结果经常是一半对一半不对，典型的一瓶子不满，半瓶子晃荡。当老师吧，你又不能批评，怕打击他们的积极性，对于这类学生上课就会经常提问，既鼓励他好好学习，又能纠正他回答（问题）的知识。再说，女生学习好（语文

[33] 吴康宁. 课堂教学社会学 [M]. 南京：南京师范大学出版社，1999.

[34] 本处的数据是：43为问卷的总教师人数，其中女教师29人，男教师14人。89.66%指女教师选择C项的人数占女教师的总人数之比，50%为男教师选择C的人数占男教师的总人数之比。

考试成绩）的多，平常干事又认真、仔细，学习也努力，卷面[35]也干净。男生语文学习好的不多，（男生）理科较好，理科不要求字迹、卷面多干净，只要过程对就行，但语文就不行，它必做要求字迹工整，干净，而男生缺乏的正是这些，所以要时时监督他。”

关于数学课堂上男生回答的机会多于女生，宋老师这样认为：

“男生聪明，使不到正点儿上。”

宋老师是七年级（四）班的数学老师，四班的数学成绩排名在七年级段经常名列前二位，这也是一位从教多年的数学教师，她曾经从教 4 到 5 年时间的英语学科教学，后来觉得英语不好教，改行从教数学学科，现如今从事数学教学已有 8 年整。根据她的两种从教学科经历，她认为：“男生吧，聪明，外向，反应能力、理解能力强，但懒惰思想严重，不会主动学习，最主要的是不努力、不上心，好动，浮躁。用在学习上，就是聪明使不到正点儿上。例如，我们班的平 ××（同学），上课老发呆，魂儿都跑了，学习浮浮飘飘，上课从来都没有真正听进去，这样的学生男多女少，你说，你要是不提问他，他一节课就啥也没学会，你要是多提问他，说不定他还会给你（老师）挣个及格分呢。在农村，有个娃儿（在我们当地，娃儿专指男孩），都是娇得不得了，有好多娃儿们，找个最小公倍数都不会，学校又不让留级，这个义务教育制度也不好，给农村遗留了太多的差生，将来也是个打工的把式。女生呢，稳重、整洁，爱学习又懂事儿。像贾 ××、张 ××、史 ××，上课虽然没有男生反应快、聪明，但踏实努力，题难一点儿，考试不会有太高分，但只要题稍微容易点儿，抓基础，她们差不多都能考 100 多分，（女生们）没有高 ××（男生）他们聪明，但只要是你讲过的题，她都会，而没有见过的题型，基本上不会做，总体感觉，（女生）没有男生聪明，悟性好（在访谈过程中，宋老师的这句话重复了 4 遍）。”

周老师：“男生是粗而糙。”

周老师是八年级（三）班的班主任兼数学老师，关于“上课提问男生多于女生”的现象，她是这样解释的：“女生上课不好回答问题，但她们也都会。学习好的女生只要是讲过的题考试基本都不会错，男生不行，聪明（重指杨 ×，数学课代表）但上课不注意听，讲过的（试题），上课你一问，他就能答上来，但考试是粗而糙（方言，意为不细心，马虎），后面的综合难题尽管步骤写得丢三落四，但还能做对，就是前面的小题容易错，得分也不高，所以上课要多提问，提醒他注意听讲和写解题过程。”

对于英语课堂的师生互动中，与语文、数学的课堂师生互动完全不同，女生的课堂被提问机会远多于男生，英语老师是怎么说的呢？

b. 成绩好 = 语言天赋 + 勤奋努力：教师的性别成绩。

---

[35] 卷面主要是指在平常的语文考试当中，学生的书写规范、干净整洁。因为在我们当地学校的文科考试中，学生的书写规范和干净整洁程度是要加入学生的考试成绩分数的。当一个学生的考试成绩处于及格与不及格之间时，卷面分数就至关重要，它能为班级增加或减少一个及格人数，提高或拉低班级的及格率从而影响班级的整体考核，所以，文科教师都比较重视学生的书写和卷面的整洁。

王老师："英语绝对是女生学习好。"

王老师是八年级（四）班的英语老师兼班主任，主要从教八年级、九年级的英语教学，是学校的英语骨干教师，她认为："现在的英语教材从七年级开始，就是对话、文章，完全不符合农村学生的特点，因为农村学生的家长根本就不懂英语，又舍不得投资让学生上英语辅导班，虽然学生升上初中了，其实英语水平就是零，所以整体上说，农村学生的英语成绩就比不上城市（学生）。上课，你要用全英讲课，学生就是在听天书，根本不知道你在说什么，你让他（她）掀到某一页，他（她）都找不着。英语，想学好，没别的巧门儿，那就是要张开嘴读、背，可是男生呢，他就是不张嘴读、背（英语），不开口说，懒得背，单词发音也错，要老师逼着他学，他才会学。时间一长，积累的问题就越来越多，形成了恶性循环，老师讲的（内容）就听不懂，跟不上老师的进度，慢慢儿失去了学习的兴趣。女生呢，本身善于背诵、记忆，学习又自觉踏实，语言表达能力强，做题认真，细心，让读就读，课文中的单词、对话，课文基本上都能背下来，且背英语时，发音也比较准确，上课提问女生，她们基本都会，同时也节约时间，能起到榜样和提问的效果。英语的学习天赋＋勤学上进，英语女生绝对学习好。"

而同时，七年级（三）班的英语教师李老师（男）也认为："文科，是女生学习的长项，所以女生一般情况下，平均成绩都要比男生高。"

c. 管理方式：男女教师的性格使然。

针对课堂提问的机会，男教师比女教师使用得少，大部分访谈教师都认为这与老师的个人性格和性别，以及所教学科类别有关。如一位教九年级思想品德的刘老师（男）说："有的老师（特别是男老师）是大撒鹰式管理，作业没有，练习少，上课又扣得不死（方言，意为管理不严格），只要完成教学任务就行，所以课堂提问就少。而女老师一般扣得较死，上课多提问，如果提问你（指学生）不会，就会利用课间、课后让学生到办公室接着问。"而另一位教化学的李老师（女）则说："农村的学生，娃儿们太娇贵，妮儿们没心思上学，家长太护短，来上学就是为了长个儿（方言，意为让孩子长身体），女老师上课，不是班主任，学生都不怎么怕，结果上课纪律性差，你又不敢批，所以就只好提问了，通过提问，既能维持课堂纪律，就能多多少少让他（她）学点东西，也算对起自己的良心。"

而教七年级思想品德的一位男教师则说："将来九年级中招考试，政治是开卷考试，学生只要多看书、资料就行，不需要死记硬背，上课没必要浪费时间让学生起来回答问题，还不如多留点时间，让学生看书呢。"

通过对这些教师的访谈可以看出，每位老师的说法虽然不同，但作为老师，她们的想法却是如出一辙，都是从自己所教学科的特点、考试成绩和学生的社会性别来理解学生回答问题机会的不同：在"自然"认为女生擅长的文科课堂，女生的成绩水平胜于男生或与男生差不多时，多提问男生，以促进班级整体成绩水平的提高；在"自然"认为男生擅长的理科课堂，男生成绩水平略高于女生时，课堂提问仍倾向于男生，以促进班级该学科成绩的优秀率和及格率，保证班级的整体成绩。这里暗含了一个潜规则：在所谓的女生擅长的文科课堂，因为女生学习的认真、踏实、自觉而被置于无声的境地，因为男生的聪明、好动、不知道操心学习而成为课堂的“焦点”，只要老师的时时监督就可以提升班级的成绩。在所谓男生擅长的理科课堂，因为女生的耐心、细心、努力和考试成绩的中间化而被提问忽略，因为男生的机灵、聪明，会举一反三而被时时提问，以提高班级的整体成绩。课堂提问中老师与男生形成了“自然焦点型互动”，与女生形成了“礼貌规避型互动”。这个潜规则在无形中规训：女生不如男生聪明，男生是班级荣誉的关键点，女孩儿就应该安静、听话，做一个老师认为的“好”学生。这让女孩儿的性别体验带着明显的男聪明女勤奋的成绩归因认知。

d. 被保护还是强化：女生是弱势。

就老师课堂评价反馈中，女生获得消极评价的频率远低于男生的现象，不管是男教师还是女教师，他们的回答基本相同：女生是弱势群体，自尊心强，好面子，需要被保护，不能轻易被当众批评。

张老师：“女生好哭。”

张老师（女），从事物理教学已有25年了，根据她的经验，说：“女生嘛，自尊心强，胆子小，好哭，你都不敢大声说一下，她就掉眼泪，有时候想不开，还容易出事儿。平常批评时，没说话太狠（方言，意为严厉），当她不注意听（课）或犯错时，顶多是点下名字、（向她的位置）扔下粉笔或目光注视一会儿。而男生就不同了，脸皮厚，只要是他做错了，课堂上你怎么说他，都没事儿，一会儿，他就忘了，当然自尊心强的男生，也不能上课直接批评，因为他会当场冲撞你，搞得自己下不来台，最好是叫到办公室，单独私谈教育。”

刚从事英语教学的王老师（女）认为对于女生的消极评价不能当面说。

王老师：“有些话当面不好说。”

“对于女生犯错，私下批评最好，要照顾到妮儿们的面子。即使要在课堂批评，也要先表扬后批评，这样容易被（女生）接受。我觉得还是书面沟通要好些，有些话当面不好说。如我们班的刘 ××，化妆打扮、谈恋爱……我就和她书信交流，她就挺感动。”

从事物理教学的班主任周老师（男）：

“女生要办公室私聊。”

“我一般不批评学生，我上课，不管他（学生）听进去没有，他都不敢捣乱，可能因为我是班主任吧，学生都怕我。但（男生）一旦真的惹我生气了，我就揍他一顿，对于女生，我就叫到办公室，说她一顿。一般来说，男生调皮捣蛋的多，所以批评的就多。”

e. 男生要被宠着。

就教师给予学生课堂单独辅导关注不同，且男生被辅导的机会多于女生，老师们给出的解释是这样的，一位教音乐的刘老师（他也是学校的办公室主任）说：“从成绩上说，咱们学校是女生优于男生，如今年考上一高（社旗县的重点高中）少年班的（学生）都是女生。七年级、八年级的期中、期末考试排名，前几十名都是女生，因为女生听话、自觉，课堂上老师讲过的内容她们基本上都会，但男生要哄着、骗着才行（知道学习），课下又不知道利用时间，所以只好在课堂上多辅导下，才能让他学习有点儿提高吧。”语文老师邓老师说：“其实有一部分男生功底不错，但不知道学，好耍点小聪明，如我们班的任××，就是这一类，对这样的学生多辅导，他也会努力进取，让老师看到他的进步，我比较喜欢这样的男生。”教生物的徐老师（女）说：“农村的娃儿们（方言，专指男生），学习不好，主要是底子差，留守儿童多，家庭环境也不行，（家庭条件）要么太好，要么太差，（家庭条件）太好的（娃儿），不用学，能认识几个字，会算账做生意就行；（家庭条件）太差的（娃儿），没人管，根本没把上学当成事，作业不是抄抄应付，就是来个干脆不交，（教育）局的绩效考核要考虑差生率，所以只好（多抽出时间给过差生进行辅导）啦。”

从师生课堂言语互动的时间上来看，老师主要是从男女生的生理性别特点、提高教学成绩和维持课堂纪律的角度来考虑提问，因为整体的男生学业成绩较差和课堂自律性不强，导致老师与男生在课堂的言语互动中总体时间远长于女生，女生在课堂上整体处于不被关注的边际地位，是一种失语状态。有一个有趣的现象，就是男生无论怎么样的表现，都有充足的理由成为老师关注的焦点。如果男生不爱说话，老师就利用课堂时间多提问他。如果男生爱接话茬儿好表现，老师也提问他以提高他对知识掌握的程度。如果男生上课爱走神，老师就利用课堂提问帮助他专心听课。如果男生聪明又粗心，老师就需要在上课时多提问，以提醒他注意听讲和写解题过程。如果男生学习不好，老师更要通过课堂提问辅导他。而比较少评价女生的理由是女生听话、专心听，不需要通过提问来提醒她们听课；女生面子薄爱哭，不能公开批评她们，女生理科没有男生好，所以老师较少提问她们。可见，无论女生表现好不好、学习好不好，老师都有理由在课堂教学中较少提问和关注她们。是否可以得出这样的推论：无论男生、女生表现如何，教师们都有各种充分的理由去关注或者少关注他们。实际上，不是因为男生、女生的不同特点导致老师需要采取不同程度的关注，相反，是因为在潜意识中，教师受到农村重男轻女的社会文化影响，配合家长们对男娃的娇惯和重视，对男生寄予更多的期望与关心，所以才会有各种各样的理由在课堂教学过程中去更多关注和提问、评价男生。无论女生是否听话、自觉和学习好，都没能引起老师足够多的关注和评价。事实上，有一种奇怪的现象，老师对男生的偏爱与关注总是能轻易找到各种充分的理由：成绩好自然值得欣赏；成绩不好更要多辅导；调皮捣蛋也应当引起老师的关注。至于女生嘛，太聪明太听话无须关注，成绩不好自然也不值得关注。

尽管教师在自己的课堂教学中，致力于教学过程的平等，但却从传统社会性别文化的角度解释女生的回应行为缺乏和男生的积极主动，也即是在对待男女学生时教师普遍存在着明显的社会性别定势，即认为：男生聪明、好动、胆大、好表现、学习不操心；女生踏实、勤奋、听话、细心、认真、学习主动、安静。因此，教师在与男女生进行课堂互动时，其目的、互动频率、互动方法和互动内容都明显不同，虽然教师的本意是好的。然而在学生看来，教师对男生的过多关注和投入以及对女生的温情保护，实际上是一种对男女生的不公平对待。教师自身的这种社会性别观念忽视或弱化了女生的利益，把课堂较多的资源分配给心目中能提升班级成绩排名的男生，这加剧了课堂教学中男女生性别的不平等。但由于长期应试教育的影响，教师的课堂教学是以考试为中心，以知识的顺利传授为目的，课堂提问的性别差异也是为了保证知识的掌握和对考试成绩的功利性追求。

教师的“男强女弱”的社会性别偏见，即是社会性别的刻板印象。所谓性别刻板印象，我国学者史静寰教授认为“性别刻板印象”以生理性别为基础，并将其延伸至与生理性别差异并不相关的其他方面。[36]这种延伸被中国台湾学者李美枝称为性别的“过度类化”。“过度类化”未必符合事实，却能合理解释现存的性别不平等，维持对某种性别的偏见或歧视，为男女传统社会性别的再生产提供了性别土壤。

3. 学生——“生释文化”的社会性别

在课堂教学中，学生作为具有独立主体意义的存在，正如库利的“镜中我”一样，他（她）们对自身或他者性别身份的认同、价值判断，不仅以他人为导向获得外在知识，而且个体内在的觉醒的社会性别意识和情感都会参与其中。初中阶段是男女学生进入“第二性征”[37]的敏感期，他（她）们已经觉醒的社会性别意识在传统社会性别文化等诸因素的影响下，促使其社会性别迅速分化演变。学生带着传统的社会性别文化结合对现实世界真实的社会性别体验，借助于课堂教学，不断调整自己接受、内化、认同传统社会文化对其的性别规范和要求。这种规范和要求无限期地规训着男女生走向不同的性别道路。

就教师在课堂教学中表现的“男女有别”，男女学生又有着怎样的不同体验呢?

（1）倾听学生的声音

a. 公平与偏袒：老师与男女生的区别对待。

针对教师在课堂教学中过多关注男生的现象，笔者访谈了个别男生和女生。

男生 1：“老师就是不相信我们。”

七年级（三）班的一位男生在对老师上课过多关注男生的现象访谈时说：“老师上课检查日记时，就只抽查男生的日记，从来不抽查女生，这不明摆着是对男生的不信任，不公平嘛?难道我们（男生）真的不如女生认真（写日记）吗？”

男生 2：“老师光找男生事儿。”

八年级（四）班的一位男生认为，老师不论是课上或课下，都偏袒女生：

“课堂上，男女两个学生说话，老师从来不问事情缘由，不管男生有理没理，老师就只批男生，批完就完事儿，从来不考虑我们的感受。”

女生 1：“老师上课就爱提问男生。”

该女生是八年级（三）班的，其数学成绩基本上稳定在 80 分左右（数学满分是 120 分），在班里，从数学成绩的排名来看处于中等水平。周 ×（男生）数学成绩是整个八年级段的第一名，也是理科老师心中的宝贝儿。

[36] 史静寰．走进教材与教学的性别世界 [M]．北京：教育科学出版社，2004.

[37] 佟新．社会性别研究导论 [M]．北京：北京大学出版社，2005.

“周×、杨×（均为男生）是我们数学老师心中的数学苗子，只要是有听课或有难题（解决），我们老师提问时，先看周×，很少顾及我们，再说数学确实是女生顶尖的不多，老师上课时女生也不好主动回答，所以老师就光找男生（回答问题）了。”

女生2：“我喜欢不被老师提问。”

这个女生是七年级（四）班的，该女生如果从成绩角度来评价，应该是老师心目中的过差生，因为笔者经常听到该班的科任老师在办公室议论她：成绩不好还好打扮、显眼、不像个妮儿们样子……

“我上课就没举手回答过问题，也没有勇气举手，大多是老师叫着起来发言的。我害怕回答错误受到班级同学的嘲笑或老师的批评，我们班级的同学好起哄，我们的数学老师说话可难听了。”

通过学生的个别访谈和课堂观察可以看出，教师无论出于什么样的意图，总是给予男生较多的关注，这些关注中虽然包含了较多的提醒注意听讲、维持课堂纪律、纠正错误答案，但却在嬉笑怒骂中让男生与教师亲密无隔，从课堂教学中获得的信息反馈和情感体验较多，促使男生在思想的碰撞中逐渐成长。

b. 主动与被动：教师和男女生互动的焦点与规避。

学生作为课堂教学的主体，除了被动发言还有个体的主动发言。在课堂观察中笔者发现，初中的课堂教学，师生一对一的课堂问答几乎没有学生主动举手发言，而对教师的集体提问，有部分学生会主动发言。整体来说，从学生上课回答问题声音的响亮程度看，男生的声音明显高于女生；从主动参与课堂回答的人数来看，男生稍多于女生。但在不同年级、不同科目、不同教师的课堂教学中，学生对教师集体提问的应答积极性也存在着性别差异。

从年级上来看，七年级的学生回答教师集体提问的积极性最高，九年级的学生回答教师集体提问的积极性最低。在这些参与回答的学生中，整体上是男生回答教师集体提问积极性高于女生，但随着年级的升高，男生回答教师集体提问的积极性也逐渐下降。

从科目上看，学生在数学、物理、英语、历史等课堂集体提问中回答积极性普遍较低。从具体课堂看，英语课堂上，女生回答积极性高于男生；数学、物理课堂上，男生回答积极性高于女生；历史课堂上，男女生回答积极性均较低。在语文、思想品德、生物课堂上，学生回答集体提问的积极性普遍较高，具体来说，语文、思想品德、生物课堂，男生的回答积极性远高于女生。

从不同性别的教师课堂看，整体上是女教师上课时，学生回答集体提问的积极性较高；男教师上课时，学生回答集体提问的积极性稍低。但无论是男教师的课堂集体提问还是女教师的课堂集体提问，整体上是男生的回答积极性略高于女生。

通过上述的课堂观察，笔者结合在该校做的问卷调查[38]发现，在女生当中有32.35%的女生认为对数学学习有自信心，而在男生当中有56.76%男生认为对数学学习有自信心，比女生

[38] 关于学生问卷抽样的总人数是105人，男生有37人，女生有68人，回收问卷105份。

的自信心高出 24.41 个百分点。这也与上课男生和女生对教师集体提问的主动回答和被动回答现象相一致。对于这种现象，笔者就："课堂上，你是否愿意主动参与一些教学活动，如回答问题、课堂讨论、课堂朗诵、课堂板演等教学环节？你会参与哪些类型的活动？如果不愿意，能说说原因吗？"对个别学生进行了深度访谈，那么学生又是怎样说的呢？

女生 1："我上课基本上不发言，一是怕做错，二是胆子小，站起来回答问题，答错了很尴尬，自尊心会被别人嘲笑，但男生，脸皮厚，胆子大，没皮没脸的，答错了也没事儿。"

女生 2："我通常都是被老师叫起来发言的，没有勇气举手，害怕回答错误受到班级同学的嘲笑或被老师批评，太丢人了。"

女生 3："老师上课刻意偏向男生，平常早自习我们会默写单词和课文，然后让老师检查，每次别人（男生）写的（单词和课文）到英语老师一下就过，而我写的（单词和课文）就不过，后来，我就不让她检查了。"

男生 1："我上课肯主动发言、演板等，只要是老师组织的课堂活动，我都积极参与，反正我们老师不怎么肯批我。"（据说该男生在班级很受老师的宠爱，因为其不但各科目学习好，而且很聪明，关于这点笔者也深有感触，在与该班的科任教师访谈时，不止一个教师在访谈时给我举这个男生作为例子。）

男生 2："我上课也不怎么爱回答问题，但我喜欢参与课堂讨论，大声读书，数学课上经常被老师提问，老师也会单独下来给我辅导。"

针对该男生的回答，笔者又追问了几个问题："既然老师那么重视你，你为什么不爱回答问题呢？是不是有什么顾虑？"

男生 2："没有什么顾虑，题也会，只是不想说。"

在随后与其他男女学生关于这个问题的访谈时，笔者发现，女生被动发言的背后，都可归因于一点：怕说错，怕老师批评，怕同学嘲笑，怕丢面子，而男生主动发言的背后是，要聪明、胆子大、脸皮厚、没心没肺。[39]

男女学生对自己参与老师的课堂提问表述了各自的心声，那么男生和女生之间又是怎样看待自己及彼此的课堂参与呢？针对这个问题，笔者对学生进行了"你如何看待课堂上男生的好表现和女生的沉默"的问题访谈。

c. 女生："男生聪明，理科学得较好"。

张 ××（七年级的一位小女生）："对于我们女生，数学学好的不多，男生数学学好的多。我们女生都不太喜欢上数学课，没兴趣，听起来（数学课）简直是在受罪。我们班的第一名是男生，特别喜欢上数学课，一到数学课，就兴奋，但语文则不咋好，一般考试就是 90 多分。总体感觉，男生聪明，理科好，语文虽不优秀，但只要老师逼着他，不背也得背，成绩也能考个 100 多分。女生上课认真听（讲），下课后也再学习，才能学习好，而男生下课后玩，上

[39] 没心没肺主要是指男生对于教师的批评和同学的哄笑不会在意，或在意但一会儿就忘记了，在这里使用，表面上是贬义，实则暗示男生的心胸大度。

课也没有认真听，但学习也好。女生擅长于学文科，适合于读、背、写作文（女生文采好）。”

张 ××，九年级三班的一位女生，是该校的播音员之一，学习成绩和各项表现都很好，但她也认为：“男生聪明，女生不如男生（聪明），男生的理科好，上课老师问的问题反应快。上课不认真学，但也能学好，如我们班的理科四大才子：申 ×、申 ××、王 ××、王 ×。申 × 上课经常睡觉，但是一考试，数、理、化成绩都优秀，这些课堂就是男生的天下，我们女生只有听的份儿。”

女生眼中的男生是有优越感、聪明、理科好、敢作敢当，那么男生又是如何看待女生的课堂沉默呢？

d. 男生：“人人都聪明”。

姬 ××：“聪不聪明，关键在于动不动脑筋，学不学，每个人都聪明，不过男生做题马虎，学习不如女生踏实认真，上课爱耍小聪明，我刚刚做数学题因为跨步骤被老师批了。女生比较文静，上课也不爱显眼，不像男生那么手贱（方言，意为好没事找事，惹是生非），上课不会只管扯着嗓子大声嚷嚷。”

张 ×：“男生在数学方面聪明，女生在英语方面聪明。我们班数学的前十名中只有一个女生，其余全是男生；女生成绩稳定，语文、英语、数学都能考（试分数）到 100 分左右，副科（指政、史、地、生）都是八九十分，一排总分，女生都占阶段前五名。”

张 ××：“只要是个人，都是一样聪明的，因为人人平等嘛。”

男生眼中的女生虽然也是聪明的，但女生成绩好更多的原因是勤奋、踏实和认真。

（2）讨论与分析

奥地利精神分析学家阿德勒发现，一个有性别偏见的社会，剥夺了女孩对自己价值的肯定，残害了女孩的自信心。现实社会规定的抬高男性、贬低女性的男女行为准则导致了女性的自卑感和低贱感的形成。[40] 课堂上女生的自卑、缺乏自信、被动、害怕致使女生在课堂说话中为规避潜在的尴尬而选择不语。她们的沉默和怕“丢面子”使得教师和女生之间存在玻璃墙的交流效应，结果让女生获得知识、智慧的信息反馈不畅，缺乏与男生相同的情感体验，这增加了女生的性别自卑感，让女生把自己的成就归因于内部稳定的不可控因素，降低女生的自我效能，增加女生的理科学习焦虑。而男生因为好表现、脸皮厚和积极主动，在课堂上与教师形成积极互动，虽有因“不守规矩”而受到惩罚的危险，但这恰恰强化了男生的勇敢、胆大和生为“男性”的自豪感，使其逃离规矩之羁绊，自由中发展其活跃的思维，于是聪明、知识灵活、有创造性思维的男生神话建立起来了。

总之，从课堂观察的整体情况来说，课堂中的师生人际交流互动存在着传统的社会性别偏见，这种偏见包括教师给予男生较多的时间与精力投入、给予女生较多外表和品行的关注、给予男女学生不同的评价回馈和学业成绩期望等。这种按传统性别偏见进行的“教男生做男生，教女生做女生”的教育活动，复制并强化着学生对传统社会性别的认同，使他（她）分别在

[40] 陈新叶. 高等学校中的社会性别偏差问题与性别意识教育研究 [D]. 山东师范大学.

不同轨道上“复制”和发展着自己的社会性别身份。

（三）哥们和闺蜜：性别“催化剂”效应

个体从出生的那一时刻起就生活在各种不同类型和规模的群体中，一旦个体从群体中剥离就将失去社会性，和动物没有区别，不能称之为具有社会意义的“人”。青少年作为“人”的一员，时刻都在群体中相互影响，进行着社会化。因此，本章主要研究同辈群体对男、女学生社会性别的影响。

1. 同辈群体的形成

社会学认为群体是由两个或两个以上的个体因为共同的目标和强烈的认同感而结合在一起形成的集合体，群体内的成员相互作用交叉影响形成“我们”的概念和归属，群体内有共同的文化和独特的群体结构。“同辈群体”是指处于同等社会地位的同代人组成的小群体。在教育社会学研究中，同辈群体几乎完全被用来指儿童及青少年的非正式小群体。

学生为什么会加入各种各样的非正式群体呢？我国学者吴康宁教授认为是为了“满足其在家庭与学校中得不到满足的各种需要，实现其对于平等的期望”。那么同辈群体是如何形成的呢？

（1）“我们”为什么形成同辈群体

群体是个体在满足自己最基本的需要的互动中形成，因此，同辈群体作为学生社会化的主体之一，它独特的功能就是能满足学生的各种需要。

首先，学生交往的工具性需要。心理学家米德尔布鲁克认为，人们倾向于结成群体来达到自己不能单独完成某项任务或通过多个人的共同作用可以更顺利地完成任务的目的，即人们形成群体是为了某种工具性需要。

其次，学生交往的归属性需要。在个体的社会化过程中归属感占据很重要的地位。归属感不仅能促进学生的学习，还可促使其形成健全的人格，而群体可以帮助其成员实现归属感需要，如安全需要、自尊需要、情感需要、地位和权利的需要等。

（2）“我们”群体的特征

首先，同辈群体是一种平等互助的非正式群体，是学生以情感为纽带按照自己的喜好、性别、兴趣等自发、自愿形成的，群体成员之间没有明确的角色义务和权利，他（她）们相互依赖、相互影响，按照一定的认知和思维模式行动。

其次，同辈群体有自己的价值规范标准。群体成员之间有着群内比较一致的共同利益和价值观。他（她）们有着“我们”自己的榜样、语言、消费理念、交往方式和行为模式，这些价值观是学生认识自我、适应社会的“概化他人”，使他（她）们的行为具有高度的一致性。

综上所述可以看到，同辈群体有几个关键词：平等、开放、价值趋同。它们对青少年的性别社会化起着极为重要的作用。

2. 校园场域内的同辈群体交往

校园场域内学生同辈群体的交往主要表现为两种场景，分别是课堂内的学生同辈群体交往和课外活动中的学生同辈群体交往。

（1）课堂中的同辈群体交往

笔者在调研时发现，课堂中同辈群体的交往主要集中在物理、化学的实验操作课和其他课堂教学的分组学习中。

据观察，在物理实验课上，当老师让学生自愿分组进行实验操作时，男女生是绝对严格地性别隔离，即使有时候在分组时因为男女生的人数问题，不能恰好分成三人的同性别小组，但那一个落单的男生或女生也不愿意和异性组合成小组，他（她）会选择主动加入同性的已成为三人组的小组当中使该三人组变为四人组或单独成为一个小组（这种现象男生较多）。

场景 1：物理实验其探究《电流表的使用》

人物：物理老师张老师，九（三）班全体学生。

背景：本节是九年级物理的实验探究课，要求学生在实验室自己动手操作进行实验、记录、分析、总结电流表的使用规则。张老师先让学生自愿分成三人一小组，每组各安排一个小组长，然后到相应的实验台上去操作。

现场实况：学生分为 12 个小组，其中 5 个男生组，7 个女生组，女生组分别抢占在靠讲台的前 7 个物理实验台，而男生组全部在后面的物理实验台，然后各组到相应的实验台开始实验，张老师开始巡回检查、督促、指导学生实验。有的女生组三个人分工明确，一个人作指导，一个人进行操作，另一个人进行记录，有的女生组只有一个人在自做自记录，另两个人在聊天。而男生组基本上是每个人都在“忙”，并不停地进行男生组间的交流，男生组和女生组几乎没有交流。

图 4　学生的分组实验

针对观察到的课堂实录，笔者访谈了张老师和几名学生。

笔者：“张老师您好！从学生的自愿分组中，我看到妮儿们几乎不和娃儿们交流，你认为这种现象正常吗？”

张老师：“青春期的学生就是这个样子，身体的各个方面开始发育成熟，有明显的男性特征和女性特征，男孩和女孩为了自己的形象吧，不愿意在一起，在一起会感到别扭。”

笔者："同学你好，你们上课自愿分组时，为什么不男女生混合？"

同学甲："人言可畏呀，如果娃儿们和妮儿们搅到一起（方言，意为女生和男生当朋友，玩得好），学生们都会说他们在谈恋爱或者什么的，说不定会报告老师，那就惨了。"

同学乙："和妮儿们一起做实验不得劲，妮儿们太磨叽，动手操作也不强，到了（下课）时间，实验也做不完。"

场景2：八（三）班数学课堂上的分组讨论

人物：数学老师周老师。

背景：复习平行四边形的相关知识，并加以综合应用。例题：两个相同的三角形可以拼出多少种图形（这是一个开放题，没有标准的答案，但要求学生尽可能拼出不同的图形）。周老师随机指派前后两个桌子的同学为一小组进行讨论。

现场实况：前后两张桌子的学生都是女生，基本上就按老师的安排，在一起讨论，但前后两张桌子的学生如果是异性的话，则学生会与邻近的桌子的同性学生调换座位后坐到一起讨论。周老师对这种调位的学生一般给予默认。

笔者："老师，您为什么会允许学生私自调换位置？"

周老师："女生跟女生在一起，男生跟男生在一起，有两大好处：一是女生学习踏实，在一起讨论时，效果会好一点。二是，男女生不会说闲话，[41]免得惹是生非。"

笔者："同学，你为什么不愿意和你后边的男生们在一起讨论？"

同学甲："和男生在一起不自在，我们现在都长大了，不是小时候的没心没肺，我们女生在一起有我们自己的话题，和男生在一起没有共同的话题，聊不到一块儿。"

同学乙："从小我们家里就给我说，妮儿们要像个妮儿们样子，不能与男生有太多的接触，不然就会被别人指指点点，在村庄抬不起头，再说，我们从小学到现在可都是男女生不同桌，即使同桌了，也有明显的'三八线'，可能受这些影响吧，我到现在也不多与男生接触，学习、讨论都是和女生们在一起，有一种安全感。"

总之，课堂上性别分离的同辈群体交往强化了男女学生的认知差异，减少了男女学生合作学习、优势互补的机会。这不仅影响到学生当下的发展，而且延伸到学生未来的职业选择和角色定位。

（2）课堂之外他（她）们的"小圈子"：哥们和闺蜜

如果把历史传统留下的社会性别文化视为"前喻文化"，那么"前喻文化"为晚辈确立的某些行为模式、界定的某些限制，仍然在当代社会占据着统治地位，成为当下男、女学生发展多元性别的不可逾越的樊篱。

[41] 这里的闲话并不是通常说的带有贬义的闲言碎语，而是指学生没有抓紧时间学习，在交流一些与学习无关的话题。

图 5　课堂之外他（她）的“小圈子”

学生选择交往的同伴一般是与自己在各方面比较相似的个体。从整体上看，学生主要以性别、个人的兴趣爱好、年龄等为主要依据选择交往朋友。一般情况下，男生和女生各自形成自己的交往圈，只有很少的男女学生会跨界交往形成朋友。如在八（三）班，学习成绩最好的男生并没有和其他学习较好的男生形成好朋友，而是与其同桌（男生，学习成绩较差）关系密切，他们两个的性格很相近。七（四）班有一个女生，虽然有名字，但同学们更多记起她的是她的绰号“好与男生打架的女生”，女生因为她的“好事”而排斥她，男生因为她的非“女性化”而嘲笑她，该女生处于男生群体和女生群体的边际地带，成为一个游离于群体之外的“孤独人”。男女生课堂外的朋友交往可以从他（她）们交往朋友的人数的统计表中看出。

表 9　男女生好朋友人数统计表（以一个 39 名学生的班级作为统计）

朋友圈 人数	男生		女生	
	有男生朋友	有女生朋友	有男生朋友	有女生朋友
0 人	3	17	23	5
1–4 人	7	13	8	16
5–8 人	9	5	2	9
9 人以上	16	0	1	6

通过上表，在本班级内部，大部分男、女学生都有属于自己的朋友圈子，而处于“孤独”状态的学生在男女学生中都只占少数。具体来看，男生的男生朋友远多于女生朋友，男生交往的朋友圈子比较大，男生有 9 人以上的男生朋友的人数共有 16 人，而女生有 9 人以上的女生朋友的人数只有 6 人；男生没有女生朋友的人数有 17 人，女生没有男生朋友的人数有 23 人，这两个数据相差不太大；男生的朋友在 1~4 人之间的人数有 7 人，而女生的朋友在 1~4 人之间的人数有 15 人。

在调研期间，通过对本班学生的观察，发现男生的交往群体多是以共同的体育兴趣、爱好活动和性格特征为标准，只要能开心地玩到一起就行，同时也与他们在班级座位的远近、家庭的居住距离有关系，并且男生之间的交往形成的是一种“弱关系的强度”，也就是说男生的交往圈子比较大，维度比较多，不只局限于几个同学。而女生交往的同学一般是在班级处于横向同一水平级别的女生，她们在兴趣爱好、做事方式、信任程度等方面有着相同的价值观念，并且交往圈子的人数比较稳定，另外在女生同辈群体中，外貌、服饰也是影响她们形成朋友的一个因素。如在九（二）班，有一个女生是校广播站的播音员，外貌很漂亮，穿着打扮也比较时尚，但其在班级却没有什么朋友，该班的一位女生说："她长得太漂亮，让别人会自卑，当她跟一个平凡的女孩在一起玩时，其他女生会觉得这个漂亮女生是故意让那个平凡的女孩作陪衬，哪个女生不爱美，（我们）谁也不想当绿叶。"由于本书中的学校是乡镇的一所中学，大部分学生来自本乡，有很多学生在小学就是同学，据笔者观察，在女生的小圈子中，有一部分女生小学就是好朋友，到初中之后就继续保持了这个友谊，同时又共同交往了一些新朋友，形成了稳定的朋友圈子。这说明女生之间的群体交往更持久和亲密，形成的是一种"强关系的强度"。

男、女同伴朋友交往的"弱关系"和"强关系"对男女生性别社会化有着重要的影响。男生朋友通过"哥们"内互动，交流获得的信息多与体育、责任、社会有关，成长信息也是如何成为小小"男子汉"，保持自己在女生面前的"男性"魅力；女生朋友通过"闺蜜"内互动，交流的信息往往与家庭、亲情有关，成长信息也是如何成为"好"女孩，"不当疯丫头"。性别分化的群体交往会强化男生勇敢、坚强、富有责任心等不应分性别的优秀品质；强化女生温柔、体贴、友好、女子气等"女性"所特有的所谓的"优秀"品质，这会带来二重影响：其一，使男女产生不同的性别期望，巩固传统的社会性别角色定位；其二，影响男女生未来的职业定位，形成工作的性别分离，维持社会职业的性别不平等。

3. 跨越群体交往的樊篱

当然，无论在课堂教学之时还是在课外学生的自由交朋友之时，也有少数男生和女生跨群体交往，但这些跨群体交往的学生通常都是老师和大部分学生都不太喜欢的越性别界限的男女生。

（1）教师对男女生跨群体交往的看法

a. "妮儿们要有妮儿们样"。

宋老师："我不喜欢女生整天在男生堆里混（方言，意为和男生在一起玩），妮儿们就要有妮儿们的样子，要文静，懂事，有礼貌，如果妮儿们整天和男生在一起，与男生疯，骂脏话，与男生厮打，就会染上男生的坏毛病，与老师唱反调，带着捣乱，慢慢就会变坏了，如果男生说脏话还能理解接受，女生就不行（不能接受）。"

b. "女生要学习男生的大气"。

邓老师："女生和男生在一起玩，行，我也支持，但也有个前提，那就是要跟着男生学点男生的优点，像男生的大气、不拘小节，有男生的爽朗、大方、率真，有啥就直说，不藏着掖着，如果整天跟着男生学点子赖话（方言，意为不文明的话），上个网，谈个恋爱，我是坚决反对的。"

c. "男女性格要有区分"。

徐老师："我不太喜欢男生和女生搅在一起，男女的性格本来就不一样，女孩子就要像个女孩样，仪表端庄大方，做事踏实稳当，不能像男孩子那样过激。"

教师对群体交往的性别原则会无形中影响学生加入的群体，初中阶段的学生价值观念尚未定型，容易受到外界影响，为了得到老师和他人的认可，他（她）们会在行动和观念上与老师和他人保持一致，而抑制自己的性别"越轨"，遵从一般人所认同的性别行为模式。

（2）学生对男女生跨群体交往的看法

a."她是半男不女的女孩"。

女生："老师们都叫某某女生是'疯子妮儿'，我们班学生给她起绰号叫'大姐大'。她是一个脾气有点暴躁、整天大大咧咧的女孩，处事比较豪爽，喜欢和男生一起玩，男生也比较喜欢她，但我们女生不太喜欢她，老师也不喜欢（她）。生为女孩，却不像个女孩样子：老老实实，文文静静，不疯势（方言，意为稳当），喜欢穿裙子，经常摆弄头发，注重打扮，笑时要微微一笑。她也看不惯我们，觉得我们太娘，太淑女，整天坐在那里（方言，意为某个地方）摸扭（方言，意为自己做自己的事）。"

b."××是'人妖'"。

男生："我们班××行为很女性化，上课像女生一样好偷偷照镜子，下课好找女生玩，摸女生的头发，带女生的发卡，还问女生'好看不？'走路软软撇撇，有时还会学电视剧《甄嬛传》中的宫女（行为），用手拿手帕向女生脸上搭，和男生在一起挤油[42]时，总是扭扭捏捏的，看着真恶心（方言，意为不喜欢，讨厌）人。我们班男生女生都不喜欢他，有时他自己也很难受。"

c."他比女人还女人"。

女生："你看我们班的××，留着染成金黄色的长头发，带着小耳钉，穿着红色打底毛衣，配着黑色小西装，瘦瘦高高的，走起路来腰笔直（该女生边说边模仿），做起事来婆婆妈妈。要是从后面看你根本看不出他是个男生，他简直比我们女人还女人……"

老师对个别学生"性别越轨"的不认可和纠正，学生同辈群体对"性别越轨者"的排斥，就像福柯所说的"一种严厉态度，一种冷淡，一个质问，一个羞辱，一项罢免"都"能够使儿童认识到自己的过错"[43]以产生可能的社会性别规范的矫正效应。

4. 讨论与分析

由于同辈群体是平等互助的群体，是学生的情感归属，是学生按照自己的喜好、性别、兴趣等自发形成的，所以同辈群体对中学生的性别社会化有着不可忽视的作用，在现代社会同辈群体的影响甚至大到改变传统文化传递方式的地步。[44]

[42] 挤油是北方孩子们冬天玩的一种游戏，就是由一个孩子靠在墙角，其他孩子挨个向靠墙角的这个孩子身上用力地挤紧，主要目的是取暖。

[43]（法）米歇尔·福柯著．规训与惩罚——监狱的诞生 [M]．刘北成，杨远缨译．北京：生活·读书·新知三联书店，1999：202.

[44]（美）玛格丽特·米德著．文化与承诺——一项有关代沟问题的研究 [M]．周晓虹，周怡译．石家庄：河北人民出版社，1987.

（1）同辈群体影响中学生的性别价值观

有学者认为，儿童社会性别角色的社会化分两个阶段：第一阶段是“强迫阶段”，即强迫式的性别角色社会化阶段，它始于个体出生之时，由已完成性别角色社会化的成人根据婴儿的生殖器外形，按照一套约定俗成的社会性别规范给予婴儿以期望。第二阶段是“自我选择阶段”，即儿童根据学校、同辈群体、书籍、大众传媒等众多的社会性别信息提示，进行自我选择而形成个体独特的“性度”和人格类型。

青少年时期的学生正处于性别社会化的“自我选择阶段”，个体根据性别、年龄、态度、阶层、性格或地域的相近性来选择交往的同辈群体，由于同辈群体“并喻行为”的性别榜样作用，学生会因群体直接或内隐的引导或压力而调整个人的性别观念或“越轨”性别行为方式而趋向与其他群体成员相一致，即所谓的群体性别认同。如女生语言“购物、关注外表”等；男生语言“电子游戏、体育运动”等，双方不同的话语及与此话语相应的文化已成为或正在成为个体性别价值观的一部分。正如一些学生所说。

甲男生：“男生比女生强壮，女生柔弱好哭，男生就应该让着女生，男生应心胸宽广，不为小事计较，也不能与女孩子斗。”

乙男生：“男生应宽容，不欺负人让别人乱说（男生没有绅士风度，像个女生样小心眼），把男生看低了（方言，意为被人瞧不起）。”

甲女生：“如果是明事理的男生，应该是心胸宽阔，宽宏大量，遇到事情应多让着女生，这是谦让，是绅士风度。”

乙女生：“比较容易相处的男生，不会随便打骂女生，如果随便打骂别人的男生，我们女生一般是不会理他的，男生应该关心、照顾好女生，而女生要多为男生服务。”

（2）同辈群体影响学生的社会性别角色

角色，社会学认为是社会对群体或社会中某一特定身份人的行为期待。“男性”角色和“女性”角色则是社会对男女两性群体或作为“男人”和“女人”的性别行为期待。学生同辈群体交往中的“男女有别”对其固着“男性”角色或“女性”角色起着“催化剂”效应。这里“催化剂”起着二重作用：要么强化学生的传统社会性别角色；要么抵制学生的“越轨”性别，其效果是一致的。个体和同辈群体的角色影响关系可以用关系图表示：

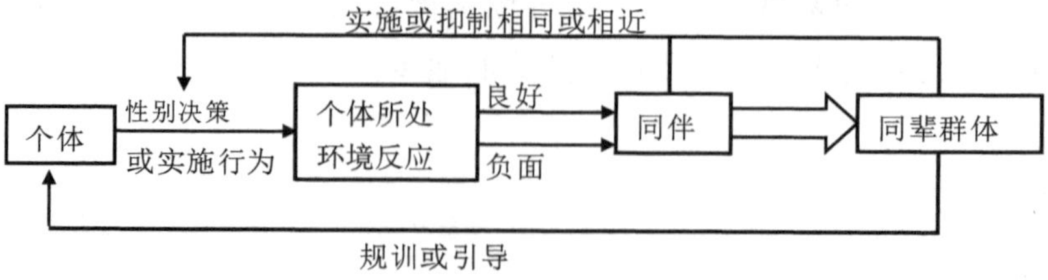

图 6 个体和同辈群体的角色影响关系

正是在个体对同辈群体的适应和同辈群体对个体的反应互动中，学生逐渐习得了适合自己的社会性别角色并形成自我强化。

总之，在中国社会性别文化的传统中，尽管两性“毗邻而居”共同生活，但群体成员的亲密交往仅限于同一性别的群体内部，跨性别的群体很少存在亲密交往。因为个体无法在另一种性别中获得相应的地位、特权和行为准则，所以个体有着非常清晰的自我概念，明确了解自己应属于哪一个群体。于是，男、女生都将异性的行为看作己所不欲，并将其摒弃在具体行动之外，任何逾越社会性别界限的行为——如前面被称为“人妖”的男生的遭遇，都会遭到所属群体的孤立和排斥，最终使其主动“求和”，臣服到传统的社会性别规范之中。随着社会的不断进步，人们认识到以绝对的男性气质与绝对的女性气质去衡量、苛责一切男人或女人其实是对“人性”多样化的客观存在的误解与粗暴的阉割，对某些“非典型性别”的歧视与羞辱实际上是违反性别平等的行为，人们开始对“性别越矩者”持有更多的理解、尊重与包容。

“中国政府在2001年5月22日由国务院正式通过的《中国妇女发展纲要(2001—2010年)》中明确指出：‘……在课程、教育内容和教学方法改革中，把社会性别意识纳入教师培训课程’。在同时通过的《中国儿童发展纲要(2001—2010年)》中规定：‘将性别平等意识纳入教育内容。’”在政府的重视下，中国逐渐加强教育中的性别平等意识。性别平等意识不仅包括打破对男女的刻板印象及传统的角色定位，还包括对某些“性别越矩者”持有更多的理解、尊重与包容。不仅包括保证男生、女生都有平等的受教育机会，并在教育过程中受到一视同仁的机会和待遇，还包括打破性别优越论的偏见和对女性的禁锢与歧视，以及无性别教育中隐藏的男性主义倾向。

三、社会的性别教育

人在成长的过程中，无时无刻都无不受到社会环境的影响。青少年正处于成长发育的阶段，其身心发育不完善，辨别能力差，社会环境中存在的不良风气和价值观念容易给他们造成不良的影响。有封建传统观念比较严重的农村地区，“重男轻女”“男尊女卑”的性别歧视文化依然广泛遗留在村规民约、风俗习惯和网络传播等方面，给农村地区的青少年一代带来社会性别认识上的误导，影响着农村女性的教育机会、教育质量、就业机会和婚姻幸福。

（一）村规民约

“村规民约”是指村民根据有关法律、法规、政策，结合本村实际制定的涉及村风民俗、社会公共道德、公共秩序、治安管理等方面的综合性规定。它是全体村民共同利益的集中体现，是国家法律法规在农村基层的具体体现，同时也是村民之间的契约。

村规民约虽然不是国家的法律法规，但是却在农村地区具有非常强大的约束效力，它是中国传统家族宗法制度在现代社会的延伸。如果说“国有国法，家有家规”，村规民约就相当于一个村落的家规。它时刻左右着村民的思想言行，它既是地方的土政策，又是村民们的日常行为准则；它既是村民们分配利益和调解纠纷的标尺，又是规训教化居民的典范。由于受地理环境的影响，山高地远的农村地区具有较强的封闭性和自治性，村规民约和风俗习惯在农村居民心目中具有不可置疑和不可逾越的神圣地位，如彝族地区有这样一句谚语“祖先定规矩，后代遵从之”。虽然《中华人民共和国村民委员会组织法》中明确规定，村民自治章程、村规民约以及村民会议或者村民代表会议的决定不得与宪法、法律、法规和国家的政策相抵触，不得有侵犯村民的人身权利、民主权利和合法财产权利。但是，全国不少农村地区的村规民约存在严重的性别歧视和侵犯妇女合法权益的条款。当权益受到侵害的妇女提出申诉并得到公正的仲裁书后，维护村规民约的男权们还拒不执行并振振有词地为性别歧视与侵权行为进行辩驳。从小生活在这样理直气壮地歧视妇女的“村规民约”下的农村女童，她们的社会性别教育无非就是把陈腐落后的价值观、男尊女卑的思想以及自卑自贱的人格进行代际传承。某些农村的村规民约不但侵害成年妇女的权益，还未雨绸缪地预先挤兑女童的土地所有权。

调查显示，某省近40%的村规民约中没有任何维护妇女权益的内容。有的村规民约存在侵犯妇女权益的条款。部分村规民约存有制定程序不合法、内容违反法律法规、重要性认识不够等问题，与农民群众和农村妇女的愿望还有较大差距。当地省政府决定在全省开展以维护妇女权益为重点的村规民约修订工作，重点修缮婚嫁落户、宅基地分配、土地承包权、拆迁补偿、村集体经济收益分配、继承权等涉及妇女权益的条款，对与男女平等精神不符的规定，带有性别歧视性的条款予以清除。

一是制定程序不合法，未能真实表达村民和农村妇女真实意愿。《中华人民共和国村民委员会组织法》规定，村规民约的制定主体是村民会议。在实践中，一些地方的农村，村规民约只是村委会干部商定的结果，在村民代表会议上宣读后就生效了，没有经过村民参与制定的程序，或者只是部分村民代表参与了制定。同时，由于妇女在村委会成员中的比例较男性低，在村规民约的制定中难以代表广大妇女的诉求发声，以致妇女的合法权益得不到应有的保护。据统计，该省村委会成员中女性比例仅为19.8%。

二是内容违反法律法规，侵害了村民和农村妇女的合法权益。一些农村的村规民约在内容上与现行法律法规相抵触。“凡是新结婚、生育一孩的，必须按照登记时间推迟9个月，方可生育，提前怀孕、生育的，收社会抚养费3 000至5 000元”“小偷活动期间被发现，行凶作恶被发现者打伤后果自负”等规定，严重违反了相关法律规定，也侵犯了村民的生育权、人身权等。调查显示，近40%的村规民约中没有任何维护妇女权益的内容。有的村规民约存在侵犯妇女权益条款。如规定：“申请建房使用土地的申请者，必须是户主或者年满20周岁的男性青年，每户只能有一块建房使用权土地”，村里在批宅基地时“以男性户主为主”，部分农村直接剥夺妇女的财产权和分配权，“村集体经济组织的收入，妇女没有平等的分配权”。[45]

“村规民约”侵害农村妇女合法权益主要体现在财产所有权，特别是村集体经济组织成员

[45] 郭毅，40%村规民约没有维护妇女权益内容 黑龙江将清除性别歧视性条款 [EB/OL].http://news.enorth.com.cn/system/2011/11/25/008205428.shtml，2011-11-25.

资格和土地承包的权利。借村规民约剥夺农村妇女土地所有权的做法普遍存在于我国各个省份的农村地区，对出嫁妇女及子女、离婚妇女、有女无子户存在土地权益的损害。（1）某些“村规民约”规定，本村女子出嫁后不再享有原来的土地，无论她的户籍是否迁出。这使得那些出嫁后又离婚的农村妇女无论在娘家还是在夫家都没有土地。例如，浙江省乐清市某村的村规民约赫然规定：“已出嫁女青年户口未迁者（包括已生孩子者）不参加分田。”“因离婚将户籍迁回本村的，不享受村一切福利待遇。”“女20岁以上，没有田分。”因为出嫁，娘家所在村已没有她的土地，离异后夫家也没有她的土地。村里给这些失地妇女的答复是：“按照村规，她没有土地”。因为村规民约失去了土地而流浪在城市边沿的农村妇女比比皆是。浙江省妇联原副主席尹某春委员曾指出：“妇女土地权益流失主要在于婚丧嫁娶过程，在于国家征地后补偿分配环节。家庭作为一个经济共同体可以掩盖妇女土地矛盾，而一旦婚姻解体，妇女土地问题就彰显！”[46]（2）某些“村规民约”对未婚女子不分配土地或者给予未婚女子少于男子的土地；强制收回离婚妇女、丧偶妇女的土地等。（3）某些“村规民约”规定，农村土地征收费按照本村人头分配，但已婚妇女却不在分配之列，即使居住在该村组、户口在村组、履行了村组义务，也无法享受到土地征收费分配权益。

匪夷所思的是，诸如此类明显违反有关法律条款的“霸王条款”赫然出现在村规民约或村里的“章程”中，当地土地承包仲裁委员会给予公正的裁决后，却难以到村里兑现公道。“嫁出去的女人不能回村里分东西”，这是农村很普遍的约定俗成。在那些公然侵占农村妇女合法权益的男人们眼里，这种性别歧视是天经地义的。“一位村干部说，如果是一锅粥，分的人多了，分到每个人手上的一定要少了，村里的福利待遇分配也是同样的道理。那些将来要出嫁的、已经出嫁、离婚回来的，在农村一般被视为‘外人’，怎么能来分村里的财产。”[47]他的意思很坦白，就是说如果不把妇女排除出去，男人们的粥岂不是要被女人分去了？由此可见，所谓的性别歧视，其实也不过是男权主义和既得利益集团用来剥夺女性群体合法权益、欺压弱小群体的荒蛮借口。

（二）风俗习惯

农村的风俗习惯中存在相当多性别歧视的陈规陋习。乡村社会中，无论婚丧嫁娶、生儿育女、宗教仪式、传统节日、生产活动乃至日常生活等方面都带有强烈的“男尊女卑”的色彩，时时处处强调男性的尊贵地位与不可替代性。

“丁口制”。根据农村民间习俗，家庭中男性称为“丁”，古人言：“不孝有三，无后为大”，这“后”仅特指“丁”，一个家庭只有诞下“丁”才算是完成“香火有继”的重要使命。而家族中的族谱也只有男子才有入谱登记的资格，而女子是不得被载入族谱的。农村家庭的户主

[46] 王怡．浙江一些地方“村规民约”侵害农村妇女合法权益 [EB/OL].http://jsxww.zjol.com.cn/jsnews/system/2010/01/14/011754600.shtml.2010-01-14.

[47] 王怡．浙江一些地方“村规民约”侵害农村妇女合法权益 [EB/OL].http://jsxww.zjol.com.cn/jsnews/system/2010/01/14/011754600.shtml.2010-01-14.

绝大多数为男子，其他家庭成员所承包的土地份额全都登记在男性户主名下，一旦女儿长大出嫁，原来她所拥有的土地份额便被剥夺。如果夫妻离婚，那么以家庭为户的土地承包权、宅基地、农村集体经济的分红以及其他财产，因为本来就登记在男性名下，当女方要求分割夫妻共同财产时，女方自然处于劣势。

“从夫居”。农村的风俗习惯中随处可见以男性为尊的陈旧观念，“从夫居”就是“嫁鸡随鸡，嫁狗随狗”的典型体现。中国大部分农村妇女出嫁后就落户居住在夫家，“生是夫家人，死是夫家鬼”，对于娘家而言，她是出阁的“外嫁女”，出嫁后就应该收回她原先在家中拥有的土地。即使结婚后夫妻发生争吵，这个“外嫁女”赌气跑回娘家，过了几天后，娘家人也会亲自把她送回夫家。

“埋胎盘”。登封市西窑村有一个习俗是生孩子之后要举办一个“埋胎盘”仪式，但埋男孩胎盘还是女孩胎盘位置的选择有着天壤之别，在当地的传统习俗中，要把男孩的胎盘埋到院子中间，希望男孩长大后顶天立地，而女孩的胎盘则要埋在厕所边，因为女孩长大后，早晚是别人家的人，不能与自家兄弟换占福地。

“天价彩礼”。旧时农村多是父母包办的买卖婚姻，养女嫁高门，男方必须要付彩礼，而且彩礼越高越有面子，因为“地无亩数有埂，人无价款有比”，如果彩礼要少了说明自家姑娘不值钱不如人，所谓“养女不强，倒回杀羊”，既冤枉又没面子，如果有思想开明女孩为了爱情嫁人而不要彩礼，遇到思想保守的婆家还会质疑这个女孩身份低贱、行为轻浮，即便不要彩礼也要倒贴嫁人，娘家人也会被别人嘲笑“养女是个赔钱货”。因此，女方家会根据本村周围嫁女所索彩礼的均价再追回一点，所谓“宁可要得跑了，不可要得少了”，这样在互相攀比的过程中就形成农村出现“天价彩礼”的现象。有的农村父母还存有依靠嫁女儿发家致富的观念，嫁女时索要数额不菲的彩礼，因为“养羊采粪，养女接困”。

中国农村传统婚嫁的陋习沿袭至今依然没有根本性的改变，近些年来，随着人们对物质生活的不懈追求，以及受外来思想的冲击，现在有部分人都喜欢以财富论英雄。特别是由于计划生育政策使得农村男女比例失调，娶妻难已经成了农村普遍存在的现象。在这种情况下，由传统婚嫁习俗升级而成的“天价彩礼”“要车要房”在农村屡见不鲜。农村男孩子结婚，不少地方需要准备十几万的彩礼，甚至是几十万，有的女方不仅要彩礼，而且还要求买车买房。

尤其在封建落后思想根深蒂固的农村，“天价彩礼”的现象包含了把女儿当作商品待价而沽的封建思想，女儿被视为家庭的财物而非独立人格的生命，这实质上是物化女性和践踏女性人格的行为。

目前，农村婚嫁活动中盛行的“天价彩礼”，不但给农民带来了沉重的经济负担，还影响了农村经济的发展和女性的婚姻幸福。据澎湃新闻报道，河南一位农村男青年前订的婚，2020 年阴历三月十九的婚期，当时结婚彩礼给了 18 万 8 千，家里面有盖好的三层楼，女方要求在县城有房子，然后订婚前男青年又在县城首付 13 万多买了套新房，双方就把婚期定下了，可是年前突然女方又提出要求在市区买套房子，本来为了儿子结婚都已经掏空家底，欠了很多外债，这次东借西借才凑了十来万，确实是没招了。问女方为什么又变卦了？说是女方父母说她们庄的闺女结婚，娘家都在市里买房子了。她们不少胳膊不少腿的，又不傻又不瘸的凭什么要比人家差。[48]原来只是听说农村彩礼攀比严重，没想到这“天价彩礼”的高度还确实令人震惊！细算起来，这个河南农村男青年想结婚，光是彩礼就要60万，这个数额放到城里一般工薪家庭也是承担不起的，更何况是农村呢？要这么高的彩礼，给人感觉好像不是嫁女而是卖女。

出现“天价彩礼”深层根源还因为在传统观念里有“养女儿赔钱”的思想，这种思想如此之根深蒂固，以至于连视独生女为掌上明珠的父亲也会非常担忧地哀叹“养女儿赔钱”“以后老了女儿嫁人了就没人管我们了”之类的话，让他的女儿听了很寒心。事实上，生活在我们周围的很多老人，虽然儿女双全但是喜欢跟着出嫁女一起居住养老，或者即使独居养老也是女儿照顾父母比她的兄弟更多的案例并非少数。令人百感交集的是，明明是女儿在照顾、孝顺父母上比儿子付出更多做得更好，父母还是执迷不悟偏爱袒护那个不孝之子。可见潜藏在中国传统婚嫁习俗中根深蒂固的性别歧视令千千万万的女性深受其害，从某个角度而言，传统习俗对人的影响可能比教育规训更具权威与效力，因为传统习俗是以真切的实践迫人就范，与之抗拒者将会面临残酷无情的惩罚和强大的舆论声讨。

（三）网络传媒中的性别歧视

近年来，随着现代科技的进步和农村生活水平的不断提高，电视、电脑和智能手机已经广泛进入中国农村的千家万户，成为改变偏远农村信息闭塞、文化贫乏、娱乐单调的重要媒介。但是，由于网络文化鱼龙混杂，农村家长对新媒体信息缺乏辨识力，以致电视、网络上一些封建糟粕、腐朽思想、色情文化等不良信息对生活在村庄中这些天真无邪的少男少女产生强烈的冲击，严重伤害了他们的身心健康和对社会性别的正确认识。

村庄文化生活向来比较单调，大人们在农忙之余的最常见的娱乐活动是打牌，小孩们则喜欢待在家里从早到晚看电视，大一点的孩子就跑出去上网。电视与网络的普及使村庄生活空间由原来的集体化变成私人化，过去大家都喜欢串门或聚集在广场上热热闹闹地谈天说地、玩游戏。而现在那些仅几岁的小孩天天待在家里从早到晚一集不落地看电视，只要是动画片一集也不会遗漏。有的小孩看儿童不宜的成人电视眼睛都不眨，有的小孩玩大人的手机或者整天上网冲浪或打游戏。农村小孩看电视、上网普遍没有家长的引导和监督，不仅是由于家长忙着干农活顾不上小孩，还因为农村家长缺乏监管小孩接触网络媒体的意识。电视网络里铺天盖地的色情广告、暴力镜头、消极议论以及性别歧视强烈地冲击着这些毫无辨别力的青少年，给他们的健康成长带来不良的影响。尤其是电视和网络上存在很多男尊女卑和歧视妇女的信息，对不谙世事的男、女儿童建立正确的社会性别观非常不利。虽然我国宪法与主流意识形态强调男女平等，但从电视广告、儿童节目、电子游戏到网页，潜伏在网络传媒中的

[48] 澎拜新闻．再见了，农村“天价彩礼”[EB/OL].https://www.thepaper.cn/newsDetail_forward_10121325.

性别歧视无处不在，通过大众传媒的权威很容易对受众产生“男尊女卑”天经地义的误导。网络传媒中的性别歧视主要表现为：强调男性的中心地位、恶意贬低侮辱女性形象、把女性定位成家庭妇女与配角、过分宣扬女性的青春、美貌与性特征，强调女性满足男性观赏性与性幻想等方面。

① 强调男性的中心地位，恶意贬损女性形象。

新闻媒体背后隐藏着不易觉察的性别歧视。虽然新闻一向宣传“男女平等”的思想，但是受传统观念、现实生活事件以及潜意识的影响，新闻媒体在选择内容和报道方式等方面仍然不经意地潜藏着性别歧视。

调查表明，在新闻人物中女性只占19%，男性占81%；在发言人、专家和评论者的比例上，女性都仅占10%左右，将近一半的男性新闻主题所报道的男性年龄在50岁以上，而出现在新闻中的女性将近四分之三的年龄不到50岁，且以明星等为主，另外被描述为受害者的女性概率是男性的两倍。而作为家庭角色出现的女性是男性的三倍多。中国女记者同样比男性更多地报道女性新闻人物（27%对20%）。有5%的报道强化了性别不平等，而挑战性别不平等的报道只占1%。

难道现实生活中值得报道的女性新闻人物只有19%吗？这明显与现代社会生活中“妇女半边天”的客观现实不相符。“在发言人、专家和评论者的比例上，女性都仅占10%左右”，并非女性不善评论，若说语言表达能力方面，女性其实比男性更有优势。不是女人“头发长见识短”，而是男人以“头发长见识短”的借口剥夺女性在社会生活中的话语权。

青少年沉迷的电子游戏普遍存在污蔑女性的内容。电子游戏开发者大多数为技术男，玩家最初被设定为男性，特别是宅男和科技男，几乎没有女性玩家。因此，电子游戏中充斥着战争、暴力、犯罪、色情、厌女、性幻想等男性元素。随着网络科技的不断进步，网络游戏中女性玩家不断增加。据统计，目前电子游戏的女玩家已占全部玩家总数的47%，但是在这个一向被视为男性专属的空间里，女性代表着“脆弱、天真、稚嫩”，到处遭受着来自男性的恶意和歧视。大多数游戏里的女性角色被开发者刻画成蛮不讲理的泼妇、恬不知耻的妓女和碌碌无为的家庭主妇等负面形象。游戏任务更是隐含着对女性人格的极端侮辱，例如在《侠盗飞车5》中，有一个游戏的任务是飞车追赶女演员一路狂奔，然后强迫她在自己家里与男人发生关系，玩家在完成此任务后就能获得游戏奖品。即便电子游戏存在如此明目张胆的歧视妇女的内容，开发者还不愿意接受测评者对它进行客观公正的批评。

Bitkom（德国信息技术和通信新媒体协会）根据调查发现，在网络游戏中，描绘的女性角色给女性带来了形象上的损害。82%的女性玩家认为游戏中的女性形象既不得体也不符合时代潮流。在男性玩家中，这一呼声并不强烈，但也有相当部分男性玩家（52%）赞同这一观点。根据调查，许多用户希望对女性形象的描绘能够不带偏见。49%的女性和38%的男性希望女性角色可以更强大一些。之所以游戏里的女性形象经常受到批评，通常是因为她们普遍基于片面的、带有性别歧视的描述，甚至还有对色情滥用行为的淡化。[49]

[49] 吟啸前瞻．网络游戏中的女性往往被歧视 [EB/OL].https://www.163.com/dy/article/EN9ITH3H0531A305.html.

女性玩家在游戏过程中会受到男性玩家的嘲笑与辱骂。奇怪的是，这并非因为“她”技不如人，而是因为“她”是女生，男生认为女生天生不会玩电子游戏。一旦他们这个观念遭到挑战就气急败坏地辱骂女生，以安抚男性那颗受到伤害的自尊心。一位玩王者荣耀的女生一上场就遭到男玩家们无理由的谩骂，骂各种不堪入耳侮辱女性的话。有时当她打得好时，会得到游戏大神的夸奖。但一旦她的性别被识破，气氛就突然变得很尴尬。男性玩家会言不由衷地说：“呃，原来有的女生天生擅长玩游戏哦。”与此同时，仍然有很多技术不如女生的男玩家，会躲藏在阴影的角落里对女生进行性幻想，或发表恶毒的人身攻击。客观事实是在电子游戏中确实存在一些操作能力强的女生。

② 引导女生扮演专职家庭妇女的角色。

在电视广告中，凡是关于洗衣机、洗衣粉、食用油、抽油烟机、冰箱、电饭煲等家电、家具、清洁用品、厨房灶具餐具等家用商品广告，大多是由女性代言，并且有意无意地暗示使用这些家庭日常用品的对象是女性。如方太牌油烟机：“没有油烟味，只有女人味”，广告的性别意识昭然若揭：“只有围着灶具做饭菜的女人才有女人味”。1997 年版的汰渍洗衣粉广告中，使用洗衣粉给孩子洗衣服的人物全是清一色的女性（共有 7 位之多），而只有推销员一位是男性。在 bilibili 版的汰渍洗衣粉广告中，使用汰渍洗衣粉的还是清一色的女性，不过阵容变得更加宏大，由去年的 7 位女性增加到整整两排的女性。不过汰渍洗衣粉偶然也用男性作广告，例如张艺兴版的《汰渍之家》就打破了洗衣粉由女性垄断代言的局面。不过，这个可爱俊秀的小男生并不需要像那些阿姨一样洗洗刷刷，他只需迈着潇洒的舞步脱去脏外套即可，这就是男人与女人截然不同的待遇。当这些具有明显性别倾向的广告频繁出现在电视和网络上，自然会对年轻的观众产生错误的性别导向。

游戏设计中存在明显的性别偏见，游戏开发者为女生打造的游戏就预先设定好女生应当热衷于穿衣打扮、制作美食、打理家务。打开 360 导航，游戏→ 4399 小游戏→女生，在“最新好玩女生游戏”中，共有 45 个游戏，其中内容为打扮游戏、美食游戏、家务游戏分别有 18 个、16 个、4 个，共占所有女生游戏的 84.4%，而关于上学、画画和运动的游戏仅 5 个。如果长期令女生沉迷这些所谓的好玩女生游戏，无形中给女生灌输性别偏见：女生应该学会化妆打扮以便获得男人的青睐，女生应该从小学会做家务和精通厨艺，否则，就不像一个女孩子。男女的社会分工或许应当有别，但是有没有想过：如果过早地把女生限定在家庭妇女、男性配偶和欣赏对象上，如何培养女性独立人格和广泛兴趣？如何开发智力并训练科学文化方面的技能呢？如何增加女性自信心和生存能力以改变她们生来就遭受性别歧视的命运呢？

奇怪的是，打开网络游戏页面只设有“女生”专栏，并没有设“男生”专栏。也就是说，男生是游戏世界的主要玩家，他们除了不玩“女生”游戏外，其他游戏全部都是为男生设计的。相比之下，男生游戏可是五花八门、包罗万象：动作、益智、体育、合辑、射击、休闲、冒险……这样的设计与安排仿佛暗示了男生天生比女生具有智力与心理上的优势，所以从小兴趣广泛，喜欢冒险探索，头脑聪明能够开发智力。这不就是封建社会“女子无才便是德”在 21 世纪电子游戏中的死灰复燃吗？如果我们的社会从小就把女生束缚在家庭妇女和男性配偶的狭小天地里，压制女生对大千世界的好奇与探索，忽略对女生智力开发与科技素养的训练，又怎么能够保障女生具有与男生同等综合素质的发展机会呢，又怎能不让女性遭受性别歧视的命运不断地轮回呢？

③ 强调女性的青春和外貌的价值，把女性作为男性观赏对象和性对象。

现代网络有一个非常低俗的弊端，那就是过分放纵人的原始本能和生理欲望，网络如同一片人类欲望释放的汪洋大海，鱼龙混杂，色情广告、性感身材、暧昧的眼神、挑逗的表情、不堪入目的视频，掀起一波波火辣的热浪，使懵懂无知的青少年看得脸红耳赤的同时，更对网络上女性“自轻自贱”的形象产生鄙视，在错误地巩固了“男尊女卑”的观念的同时，更把女性钉死在性感的玩偶这个十字架上，使广大女生在社会性别上误入歧途。

当我们打开电脑上网时，性感美女图片比比皆是，它们有一个共同的特点，那就是具有非常典型的女性特征，身体曲线前凸后翘，长得丰腴饱满、腰细臀翘并且肤白腿长。例如当我们打开 360 浏览器，扑面而来的是令人血脉偾张的性感美女和色情广告。

“iu 这些惊艳的照片，绝对让你心跳加速，真的是世间绝色的美人。”

“街拍：丰腴饱满的紧身打底裤美女，倾心靓丽，风姿迷人惹人爱！”

“女人身材丰满，就要多穿紧身衣，腰细臀翘，迷人女人味挡不住。”

“性感女神柳岩最新写真，干练优雅，身材超棒，充满成熟女人的魅力。”

“蚂蚁腰、西瓜臀，沙漏型身材，健身努力没有白费。”

为何要大肆宣扬这一类型的性感美女呢？因为这种特征的美女符合男人们的审美标准与性幻想。而女人要想获得男子的欣赏和喜爱就要努力打造这样的极致身材：“好的身材，配上紧身衣，前凸后翘，显身材之余还迷倒万千男人。”

网络上对女性美的标准传递着非常强烈的性别歧视观念。第一，网络完全站在男性的角度去欣赏和评判女性，片面选择符合男性审美趣味的女性形象。第二，网络把女性美片面地限定在其身材和性感上，其实，女性美除了性感，还有含蓄之美、知性之美、优雅之美、温柔之美等，但网络只突出女性生物意义上的性感美，这就是直接把女性物化了。换言之，就等于直接把女性当作欣赏的花瓶、性幻想的对象或者是生育的工具。第三，网络上出现诸多性感美女的图片，既非为天生丽质的自然容貌，也不符合健康指标，其中有些是没有辨识度的网红脸，有些需要通过整容、节食才能获得，这样就会损害女性的身体健康。此外，对于大部分长相普通的女性，无论如何，她们也难以达到性感美女的标准，这样就导致大部分女性都为自己的天然容貌感到羞愧和自卑。第四，过分夸大外貌与性感对于女性的重要性，其实就是在宣扬女性需要依附男性而存在的错误观念，这必然会阻碍女性培养独立自主和探索世界的精神，女性很难掌握生存技能并提高综合素质。

④ 把女性作为商业营销的手段。

当现代人进入消费社会后，商业交易活动频繁，促销手段五花八门。其中有一个明显特征就是把女性作为商业促销的手段。或许有人说，这不是对女性美的高度推崇吗？但是如果这种营销手段只是靠出卖女性的色相以博取消费者的眼球，从而达到刺激消费欲望的目的时，这种商业营销其实已经把女性的性感作为商品的附加值馈赠给潜在消费者了，这还能说是尊重女性吗？

专家发现广告存在着“以女性作招徕”和“女性是性对象”的问题。女性更多地被表现其性特征。中国社科院新闻与传播研究所张祺副研究员曾发布她所主持的项目——“电视广告中的两性形象”的研究报告。研究从北京、上海、广州、沈阳和兰州五地的10家电视台，2005年8月至11月晚间播出的电视广告中抽取了4 935条广告样本，又采取等距抽样的方法，从中获得了999条广告样本。在涉及性别观念的931条广告中，分别有573条（61.5%）和246条（26.4%）广告存在着“以女性作招徕”和“女性是性对象”的问题。监测发现电视广告偏爱使用女性角色（70.5%的广告中出现了女主角，只有47.5%的广告中出现了男主角），尤其是年轻（83.1%）美貌（81.8%）的女性角色；女性更多地被使用特写镜头，或者被表现其性特征。广告中的男性在家庭里的娱乐休闲活动比女性高，而从事家务劳动的比例明显低于女性；14.7%的男主角出现时，强调了他们的较高社会经济地位，女主角的这一比例只有5.8%。

特别是最近风靡一时的汽车模特更令人觉得莫名其妙。明明是推销汽车为什么非得让性感妖娆的美女站在旁边搔首弄姿呢？在汽车展销会上，观众的吸引力全都集中在那些性感美貌的车模身上，大家好像不是来了解汽车的，倒像来欣赏模特大赛一样。而且越是名贵的豪车所配备的车模越是年轻美貌，这样的场景容易使人联想到“香车美人，男人的标配”这样的广告语，这不但把女性物化了——当作商品展示于人，而且还把女性视同男性的附属品和消费品。这是对女性的极端不尊重和歧视。

第四章

教育资本与农村女性社会流动

当代中国社会阶层分化的常见机制是劳动分工、权威等级、生产关系和制度分割等。至今，有关当代中国社会分层与社会流动最权威的研究，仍属由陆学艺主编、中国社科院社会学研究所课题组撰写的《当代中国社会阶层研究报告》和《当代中国社会流动》，前一报告将当代中国社会分为十大阶层，由于十大阶层在劳动分工、权威等级、生产关系和制度分割中处于不同位置，它们拥有不同的组织资源、经济资源和文化资源，其中排在第九位的是农业劳动者阶层（拥有很少量的三种资源）。[1]

社会流动，指人们获得一定的社会地位或从一种社会地位转移到另一种相同或不同的社会地位。社会流动解释框架，由四类基本的、独立的变量及一类综合性变量组成：先赋性变量、后致性变量、经济－社会结构变量、制度－政策安排；具有综合性的“社会资本”（或关系网络）。后致性变量包括个人的受教育水平、生存和发展能力和努力、实际工作成绩和劳动绩效以及政治表现等因素。[2] 在社会学中，社会流动的一般规则有先赋性规则与后致性规则两种基本类型。农村女性处于最低的社会阶层——农业劳动者阶层，她们的先赋性变量和社会资本存在先天不足的缺陷。在五种社会流动的变量中，“后致性变量”对于个体而言更容易通过努力争取改变，而教育正是一种十分重要的后致性变量，它对农村女性社会流动起到非常重要的作用。

如果说农民处于社会的较低层，而农村女性则比农村男性地位更低一些，是名副其实的“弱势中的弱势”。笔者所在的课题组选择广西桂林、南宁、玉林与河池等市，对当地 438 名农村女性的家庭背景、教育状况与社会流动情况进行问卷调查和访谈等深入研究，发现：相对于城市女性和农村男性，农村女性向上的社会流动之路十分艰难。借助 SPSS Sattistics 17.0 的 Crosstab 对调研材料所作的数据分析显示，教育资本是农村女性实现社会流动的重要因素，不同学历层次的农村女性在升迁性流动水平、就业结构与就业层次、职业流动速度、报酬待遇等方面迥然不同。

农村女性社会流动的主要原因有经济利益、城乡二元化带来的文化教育卫生等差距、市

[1] 陆学艺 . 当代中国社会阶层研究报告 [M]. 北京：社会科学文献出版社，2002.

[2] 陆学艺 . 当代中国社会流动 [M]. 北京：社会科学文献出版社，2004.

场经济发展带来的用工需求、婚嫁等。经济利益驱动是农村女性社会流动的最重要原因。随着城镇化建设的不断推进，农村大部分耕地都被征用，传统的农耕模式已被改变，大量的农村剩余劳动力需要转移到城市，其中也包括众多农村女性。此外，同等劳动力在城市务工普遍要比在农村劳动获得更高的经济收入。现代化的繁华都市成为农村女性的向往之地，毋庸置疑，城市的文化生活、教育质量、医疗水平和公共设施等方面都远远比农村优越，从农村进入城市，意味着享有更优越的生活品质。随着市场经济的高速发展和产业结构不断调整，劳动力市场产生大量适合农村女性的服务型职位，吸引了大批农村女性向城市流动。异地通婚是农村女性社会流动的一个客观原因，而现代网络、通信和交通技术的迅猛发展，又极大提高了异地通婚的可能性。

在社会转型的背景下，我国农村女性社会流动的频率和规模不断加大，社会流动的途径也愈趋多元化。农村女性实现社会流动的途径主要有外出务工、结婚、升学就业、社会关系等。外出务工是农村女性实现社会流动的普遍途径，在农村劳动力大规模转移的社会背景下，外出务工成为农村女性实现社会流动最常见、最便捷的方式。但是，这种社会流动往往既短暂又有限，等到她们结婚生子或年长以后就会回流，更难以实现向上社会流动。婚姻是农村女性实现社会流动常见途径，“做得好不如嫁得好”，婚姻也是农村女子改变自己命运的现实选择。但是除了少数年轻美貌的农村女子，能幸运地通过婚姻跳出“农门”外，大多数农村女性只能门当户对地嫁给农民，她们通过婚姻获得的社会流动大多数是水平流动，而向上的社会流动的概率一般比较小。通过教育提升人力资本获得良好的就业机会，从而摆脱农民身份成为一名城市职业女性，是农村女性实现向上社会流动最积极稳健的途径。此外，还有通过人际关系实现社会流动的农村女性，她们通过亲友老乡的介绍来到城市打工，但若要谋得理想的工作实现向上社会流动，则必须具备过硬的家庭背景。对于大多数农村家庭而言，所能利用的社会资源往往又比较稀缺。

一、教育层次对职业流动的影响

（一）教育层次对谋职能力的影响

按照陆学艺等人的社会分层的观点，当代中国社会阶层由高到低可分为十个层次：国家与社会管理者阶层；经理人员阶层；私营企业主阶层；专业技术人员阶层（教师、律师、会计、医生、护士等）；办事人员阶层；个体户工商户阶层；商业服务业员工阶层；产业工人阶层；农业劳动者阶层；城乡无业失业半失业者阶层。[3]

（1）受教育程度与第一份职业的关系。

农村女性受教育程度越低，毕业后第一份职业所属的社会阶层越低，反之亦然。受教育

[3] 陆学艺 . 当代中国社会阶层研究报告 [M]. 北京：社会科学文献出版社，2002.

层次为没上过学、小学、初中、高中、大中专、本科和研究生的农村女性，毕业后从事第 9 层次、第 8 层次、第 4 层次、第 1 层次的比例如图 1 所示。

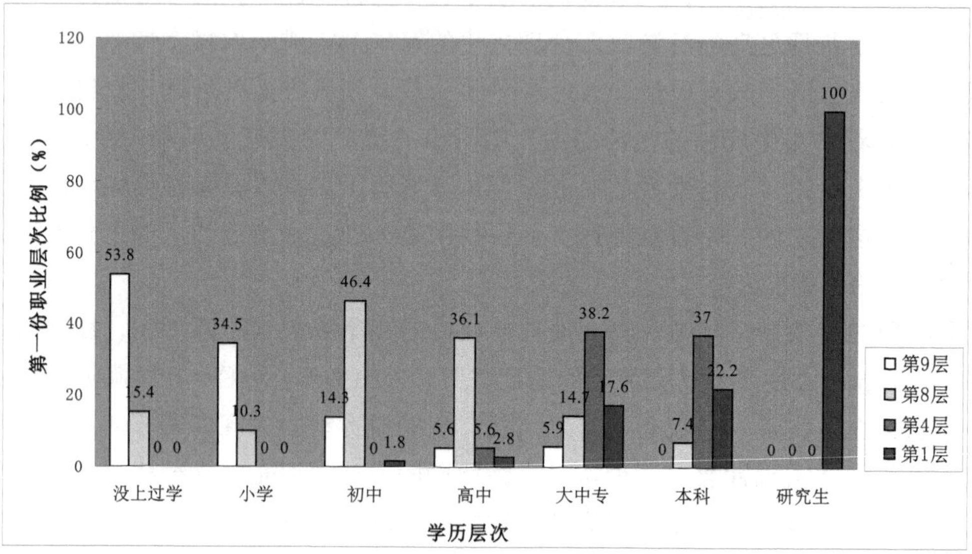

图 1　学历层次与第一份职业层次关系

调查统计显示，[4] 农村女性受教育层次与毕业后第一份职业的社会层次呈“正比”分布，即受教育程度越高，毕业后第一份职业的社会层次也越高。受教育程度为小学以下的农村女性，第一份职业只能屈居于较低的四类职业，其中从事最低层次（农业生产）比例最高，几乎不能涉足层次较高的四类职业。学历为初中、高中的农村女性，第一份职业也集中在较低的四个层次，且以商业服务业居多。学历为大专和中专的农村女性，第一份职业几乎分布所有层次，主要集中在第四层（教师、律师、会计、医生、护士等专业技术人员），其次是最高层（国家与社会管理者）。而学历为本科以上农村女性，第一份职业几乎绝缘于层次较低的四类职业，大多集中在第四层和最高层，明显高于大专和中专学历。至于学历最高的研究生，第一份职业就可抵达社会地位的最高层。

（2）受教育程度与目前职业的关系。

调查统计显示，大中专以下的农村女性，受教育程度越低，毕业后第一份职业的层次与目前职业层次的差距越小。小学以下学历的农村女性目前职业几乎停留在最低的四类职业，职业向上流动性最少。初中、高中学历的农村女性目前职业主要集中在层次较低的四类职业，能晋升第四、第一层次的比例略有小增，总体职业流动较为活跃。大中专学历的农村女性，目前职业流动最为活跃，除在第四、第五层维稳外，从事最低层人数的比例为 5.9%，第四层

［4］本章的调查数据，除了特别注明，主要来源于课题组（本人所主持的教育部人文社科项目）的实地调查。课题组选择了广西桂林、南宁、玉林与金城江等市，对当地 438 名农村出身女性的家庭背景、教育状况与社会流动情况进行问卷调查和深度访谈。

比例为 38.2%，第一层的比例为 17.6%。学历为本科的农村女性，有较强的择业主动性，不再从事最低的第八与第九层职业，并稳居第一层，只在第四至第七层之间流动。至于研究生学历，则一直稳驻最高层。

小胡，29 岁，侗族，初一学历。读书时完全靠爷爷奶奶提供生活费，因生活贫困初一便辍学回家帮奶奶务农。17 岁南下广东打工，进工厂做手工活，大部分以计件为主，常年加班，常常是早上 7 点上班，中午吃完饭休息一会就开始工作，晚上常加班到 11 点，累得晕头转向，一个月只有 3 天休息，食宿都在厂里，环境非常艰苦。工资虽然很低，但她每月都在领工资的次日就去邮局汇钱回家。小胡说："我没什么文化，根本进不了写字楼，挣不了高工资，也找不到轻松的活，在冰冷的现实中，只有它选择我，从没有我选择它的余地。我深知文化的重要性，但无法弥补了，只有拼命地工作啊加班啊……"广东打工五年后，小胡回到南宁，依然是打工，帮别人卖手机卖家电，店主不管吃不管住也不为她缴纳保险。

小嫒，28 岁，侗族，本科学历，龙胜县平等镇。初二时父亲因矿难去世，曾经因为家庭困难想辍学，但母亲坚持再艰苦也要送小嫒和妹妹上学。在好心人的资助下，小嫒顺利完成了初中、高中以至大学的学业。大学毕业后，她通过人才招聘找到了自己喜爱的工作——在县城一家医院当医生。

可见，农村女性受教育程度与谋职能力成正比。学历层次低的农村女性只能在社会层次低的职业中艰难谋生，很难再向更高层次的职业晋升。而学历层次高的农村女性，一开始就能占据较高层次的职业，多年后仍能坚守优势地位，具有充裕的晋升空间与机会，并且能在中间的几个层次自由流动。

（二）教育与职业发展的关系

著名社会学家马克斯·韦伯早就指出："今天，教育文凭已经变成了一块敲门砖，而在过去，至少是在贵族仍然掌权的地方，则是以世系门第作为进身之阶梯：学历证书不但成为确保人们生而平等的一个必要前提条件，而且也成为人们获得教职和官职的一个资格证书。"[5]

（1）教育与外出务工能力、务工范围与职位升迁的关系

教育是农村女性实现职业流动的重要因素。调查显示，不同学历的农村女性在外出务工能力、务工范围、职业流动与职位升迁等方面均存在显著差异，各项指标呈现出随着学历层次的提高而增长的趋势。

在高中以下学历的农村女性中，学历层次与外出务工的能力存在极其显著差异（p=0.000），其外出务工的比例随着学历层次的提高而增加。学历为没上过学、小学、初中、高中的农村女性，其外出务工的比例逐渐增多，分别为 46.2%、48.3%、83.3%、89.3%。

农村女性的学历层次与外出务工的范围同样存在极其显著差异（p=0.000），就高中以下学历的农村女性而言，其学历水平与务工范围基本成正比。没上过学的农村女性务工的范围限

[5] 转引自戴维·格伦斯基. 社会分层（第二版）[M]. 北京：华夏出版社，2005.

于本村的比例高达 46.2%；小学学历的农村女性务工距离比没受过教育的要远，限于本村的比例减少到 19%，到本乡、本县务工的比例比没受过教育的分别高出 3%、14%。当学历提高到初中、高中，其务工距离变得更远，能够走出本省的比例分别为 41.1%、38.9%。

农村女性的学历与职位升迁存在极其显著差异（p=0.000），学历层次与职业升迁可能性成正比。农村女性职位升迁可能性随着学历层次的提升而提高，学历为没上过学、小学、初中、高中、大中专、本科的女性，她们认为职业升迁机会“很多”的比例分别为 1.3%、1.7%、5.4%、2.8%、5.9%、7.4%；认为职业升迁机会“比较多”的比例分别为 0.0%、1.7%、1.8%、11.1%、14.7%、25.9%。

（2）教育与收入水平、社会保险待遇的关系

不同教育层次的农村女性的收入水平、社会保险待遇存在极其显著的差异（p=0.000）。农村女性的收入水平与受教育层次成正比，各学历层次中比例最高的收入档次，小学以下学历的收入水平人数最多的是“低于 560 元 / 月”，没上过学和小学学历的比例分别高达 30.8%、44.8%；初中学历各收入档次人数最多的是“低于 560 元 / 月”和“821–940 元 / 月”，比例各占 25%；高中学历的收入水平人数最多的是 1 507 元以上 / 月，占本学历总人数的 25%；而大中专、本科、研究生学历的收入档次集中在最高一档（1507 元以上 / 月），比例分别高达 70.6%、63%、100%。

农村女性的社会保险待遇随着教育层次的提高而增加，她们享有社会保险的比例随着学历的提升而增加：学历为没上过学、小学、初中、高中、大中专、本科、研究生的比例分别为 7.1%、7.6%、9%、16.7%、55.9%、55.5%、100%；而没有任何社会保险的农村女性比例却随着学历层次的提高而减少，比例分别为 69.2%、67.2%、57.1%、38.9%、18.5%、5.9%、0。

可见，农村女性的收入水平和社会保险待遇随着教育层次的提高而提高。

（3）教育层次、学历满意度、职业满意度之间的关系

农村女性的教育层次、学历满意度、职业满意度三者之间呈正比关系。

a. 教育层次与学历满意度的关系。

农村女性的学历水平与学历满意度呈正比关系，学历越低的农村女性的学历满意度越低。61.5% 没上过学、74.1% 小学毕业的农村女性对自己的学历“很不满意”，50% 学历为大中专的农村女性对自己的学历“有一点满意”，本科学历的农村女性对学历的满意度最高，其中 18.5% 感到“很满意”，37% 感到“比较满意”。

b. 教育层次与职业满意度的关系。

不同教育层次的农村女性的职业发展满意度存在极其显著的差异（p=0.000），学历水平较高的农村女性，其职业发展满意度也相应较高。对自己职业发展感到“很满意”的农村女性，学历为没上过学、小学、初中、高中、大中专、本科的比例分别为 0.0%、0.0%、5.4%、2.8%、11.8%、11.1%；对自己职业发展感到“比较满意”农村女性，学历为没上过学、小学、初中、高中、大中专、本科、研究生的比例分别为 15.4%、5.2%、8.9%、2.8%、55.9%、

55.6%、100%。

c. 学历满意度与职业发展满意度的关系。

农村女性的学历满意度与职业发展满意度存在极其显著的差异（p=0.000），学历满意度较高的农村女性，其职业发展满意度也相应较高，反之亦然。在对自己学历“很满意”的农村女性中，50% 对目前自己的职业发展感到“很满意”，25% 感到“比较满意”。而对自己学历“很不满意”的农村女性中，对目前自己的职业发展感到“很不满意”的比例也最高，为 33.7%，比其他高出 20~30 个百分点；另有 15% 感到“基本不满意”。

（4）教育层次与未来规划的关系

不同教育层次的农村女性在未来规划上存在极其显著的差异（p=0.000）。小学以下学历的农村女性更倾向于回家乡发展，没上过学和小学学历打算未来回家乡发展的比例分别高达 46%、48%，而学历为大中专、本科、研究生的农村女性选择未来回家乡发展的比例分别只有 2.9%、14.8%、0.0%，学历高的农村女性更愿意选择在城里发展，学历为大中专、本科的农村女性选择在城里发展比例分别高达 79%、70%；而学历处于中间水平（初中和高中）的农村女性，对未来规划不确定的比例最高。

（5）教育培训与职业发展的关系

小梁读书时家里很困难，当时还没有生活补助政策，初二下学期就辍学在一家制衣厂上班，工作很辛苦。虽然错过了读书的最好时光，但她仍然坚信知识和技术可以改变命运，经常要求换到其他生产线工作，积极参加职业培训，有目的地学习，掌握了车衣技术。五年后她回到村里开了一家车衣店，从帮别人缝补衣服做起，从缝衣服到缝被套，从接订单到卖成衣，从村里做到县城，目前经营着一家制衣店，生意不错。

小谭和孪生姐姐因交不起学费和住宿费在初三那年辍学，在南宁当保姆。在辛苦和委屈的眼泪中，她们想到只有通过知识才可以改变命；意识到如果想要获得经济独立、财务自由，就必须自己做老板。于是她们把四年里当保姆的工资积累下来，参加职业培训，学习美容、厨艺和酒店管理。回乡后，她们从开米粉店做起，慢慢扩展成餐馆，现已扩展成一家小有规模的酒店。

（6）不同学历的农村女性的求职途径

不同学历的农村女性的求职途径存在极其显著差异（p=0.000）。高中以下学历的农村女性，主要求职途径为自己找和亲友介绍；而大中专以上学历的农村女性半数以上通过正规人才市场求职，学历为大中专、本科、研究生的农村女性通过正规人才市场求职的比例分别为 50%、59.3%、100%，极少通过非正规中介求职。高中以下学历的农村女性仅有 8% 以下的人能够利用正规人才市场求职，没上过学的则无法走此途径。可见，教育能使农村女性借助正规的信息渠道，凭借知识技能在激烈的职场竞争中生存发展。

二、农村女性的职业发展空间

作为社会阶层中最底层的弱势群体，农村女性在职业发展上承受着双重的不公平，一是来自城乡发展差距所带来的不公平；二是来自传统男权社会根深蒂固的性别歧视。

（一）农村女性就业概况

由于长期受社会分工、城乡二元化体制、性别歧视和受教育程度的影响，农村女性的就业竞争力相对较弱，一向处于就业市场的最低层。从事技术含量低、劳动强度大、劳动报酬较少的工作。往往是城里人不愿意干的活，农村人干；农村男人不干的活，农村妇女干。近年来，农村妇女的就业情况存在农业生产女性化、农村女性非农转移年轻化、农村留守妇女家庭劳动强度大、社会就业不充分、居家附近就业、劳动报酬水平低等特点。

① 农村妇女成为农业生产的主力军

自从 20 世纪 80 年代我国农业人口大规模向城镇转移，农村男性率先脱离农业生产，留下大量妇女留守家园承担繁重的家务和农活。从事农业活动的女性比例大幅超过男性，在某些地区女性从事农业生产的比例高达 80%。据全国妇联统计，中国妇女劳动力占农村劳动力 60% 以上，已经成为新农村建设的主力军。而广东省妇联的数据显示，广东农村妇女占农业劳动力 65% 以上。“根据下村调研了解到的实际情况，这一比例应该达到 70% 或更高。”调研人员称。[6] 与从前农活主要由男性承担不同，现在单独承担农活的农村妇女高达 20% 以上，农村留守妇女已经替代男人成为农业生产的主力军。她们大多时间在自家的田地上辛勤耕作，从事农、林、渔、牧业，农闲之余就在附近大型种植场、养殖场或者加工厂做工，或者加工农副产品，除了种地、种果、施肥、打药、养殖等普通农活外，她们有时也需要承担开荒、挖地、挑担和修建农渠等粗重农活。

② 农村留守妇女家庭劳动强度大

众所周知，传统的农业生产即使对于身强力壮的男人而言也并不轻松。丈夫常年在外，农村留守妇女既要独自包揽繁重的农业生产劳动，料理烦琐的家务，还要伺候老人、抚养子女，特别到了农忙季节，更是疲惫不堪。她们柔弱的身躯承受着沉甸甸的生活重担。“起早贪黑，两手忘累；眼睛一睁，忙到熄灯”“每天从地里干活回来，累得直接倒在床上不想动”“公公婆婆难伺候”“一个女人挑起整个家”成了许多留守妇女的生活写照。被调查的对象中，50% 的农村留守妇女认为当前面临的第一大困难是劳动强度大，几乎家中所有粗活、重活、忙活都全部压在了她们的肩上。调查显示，90% 的“留守妇女”主要做的农活是种地，而感觉到体力上最不能承受的也是种地和挑抬活。除此之外，“留守妇女”还得包揽几乎所有的家务活，对于那些身体不好或者生病的留守妇女，面临的压力和困难更加大。

③ 女性农民工年轻化、所占比例低于男性农民工

［6］统计：中国妇女劳动力已占农村劳动力 60% 以上 [EB/OL].https://www.chinanews.com/gn/2015/03-09/7112472.shtml,2015-03-09.

在农民工群体中也存在明显的性别差异，女性农民工的比例远低于男性农民工，而且女性农民工年龄结构相较于男性农民工偏低一些，虽然农民工半数人属于40岁以下的青壮年，但是女性农民工呈现出更为年轻化的特征。据“智研咨询”报告，在全部农民工中，男性占64.9%，女性占35.1%。女性占比比上年提高0.3个百分点。其中，外出农民工中女性占30.7%，比上年下降0.1个百分点；本地农民工中女性占39.4%，比去年提高0.8个百分点。从年龄结构看，40岁及以下农民工所占比重为50.6%，比上年下降1.5个百分点；50岁以上农民工所占比重为24.6%，比上年提高2.2个百分点，近五年来占比逐年提高。[7]由于女性存在婚姻和生育的特殊性，其社会流动的年龄大部分集中在25岁以下，呈现出明显的年轻化特点。据不完全统计，女性农民工年龄16—18岁的约占60%，19—25岁的约占30%，25岁以上约占10%，85%人员未婚，一般在外打工2-3年返回原籍。之所以出现女性农民工年轻化的明显差异，是因为部分企业在招聘启事上设有“隐性”条件：“25周岁以下，男性”或者“25周岁以下，未婚女性”，为追求经济效益，大部分企业并不喜欢招聘女工，因为女工休产假期间会影响到正常的生产但又需为其保留岗位。高达90%的女性农民工的年龄集中在25岁以下，这个年龄段是人力资源中最富贵的黄金年龄，对于那些文化技术水平较低的农村女子而言，唯有青春是她们最大的资本。而那些大龄未育女性在劳动力市场上几乎没有就业机会，“不年轻、学历低、没技能，能选择的工作太少了。”一位女性农民工告诉《工人日报》记者。企业这些对女性农民工不友好的规定，极大地限制了农村妇女的社会流动。

④ 农村妇女就业趋势以非正规就业、非技术性职业为主

根据中华人民共和国人力资源和社会保障部解释：未签订劳动合同，但已形成事实劳动关系的就业行为，称为非正规就业。非正规就业是目前中国农村已婚妇女就业整体发展趋势。因为受城乡二元化经济发展限制，大部分中大型企业集中在沿海及南方经济发达地区，农村地区以小微型企业为主。小微型企业规模小、效益低，为了降低用人成本，部分小微型企业使用农民时不签订劳动合同，也不为他们缴纳社会保险。而农村已婚妇女文化水平低，缺少专业技能，在就业市场中处于劣势地位，只能在小微型企业从事临时工以及一些低端的体力活。非正规就业为促进农民工就业发挥了积极作用，但由于企业没有与劳动者签订劳动合同，劳动者的合法权益得不到法律的保护。第一，劳动关系不稳定。由于没有签订劳动合同，劳动关系随时可能中止，非正规就业人员经常面临失业的风险。第二，劳动条件差、工资待遇低。非正规就业由于缺乏劳动监察部门的监管，经常存在工作环境恶劣，缺少必要的劳动保护，超过法定工作时间，没有休息日，劳动报酬低以及拖欠工资等侵权现象。第三，非正规就业往往未能缴纳社会保险，一旦面临工伤、疾病、失业等处境便没有任何社会保障可以依赖。

农村妇女的文化层次和技术水平较低，又缺少职业培训和专业技能，只能从事非技能性的工作。《2019年农民工监测调查报告》数据显示，84.2%的农民工集中在制造业、建筑业、批发和零售业、居民服务修理和其他服务业、住宿餐饮业、交通运输仓储邮政业。其中，女

[7] 智研咨询发布的《2020-2026年中国人力资源服务机构行业市场前景规划及市场盈利预测报告》.

性农民工又因为身体素质所限，只能从事一些劳动强度相对较低的工种，例如手工业、批发和零售业、居民服务修理和家政服务业、住宿餐饮业等。调查显示，多数农村妇女是农业生产者和家庭主妇，少数农村妇女能够获得社会就业机会，主要在工厂上班，其次做家政服务员、住宿餐饮业、销售员、保洁员等，小部分是个体劳动者，极少数成为私营业主。她们的就业层次相对较低、收入待遇较低、工作稳定性较差，随时都有可能面临失业的风险。

⑤ 农村妇女经济收入较低

无论是务工妇女还是留守妇女的经济收入都普遍较低。普通劳动力的报酬分为社会工作报酬和家庭劳动报酬，由于农村妇女文化程度较低，学习能力和职业技能弱，大部分只能留守家庭从事农业生产，即使小部分能够从事非农业生产，也只能从事一些技术含量低的手工活或服务行业，例如工厂流水线上的女工、服务员、售货员、保姆、清洁工等。务工农村妇女每天工作 8 至 9 个小时，长时间待在工作线上。务工妇女收入低于全国农民工的平均收入，也普遍低于她们外出务工丈夫的收入，“务工妇女对家庭收入贡献较低，占被调查者 69.9% 的妇女对家庭收入的贡献率在 30% 以下，贡献率超过 50% 的只占被调查者的 9.8%。”[8] 留守妇女的劳动收入也同样偏低，据左小川在湖南岳阳地区的调查表明，41.1% 的留守妇女年纯收入不足 2 000 元，29.8% 的年纯收入在 2 000—4 000 元，纯收入 4 000—8 000 元的有 20.1%，8 000 元以上只有 8.2%。

（二）教育层次与农村女性职业发展空间分布

虽然农村女性出身低微，但是贫瘠的土壤并不能阻止她们的成长，部分优秀者甚至脱颖而出成为枝繁叶茂的栋梁之材。农村女性在成长的过程中会遭遇什么障碍，又是什么因素造就了她们的凤凰涅槃？本书深入广西龙胜等地，对当地多名农村女性的家庭背景、教育水平与职业状况进行问卷调查和深度访谈，关注并探讨农村女性的职业发展，以期帮助更多农村女性冲破成长道路上的瓶颈，找到通往平等幸福的出路。

目前中国农村女性的职业发展空间比较狭窄，尤其是对于受教育程度较低的农村女性而言，在家务农、外出打工、结婚生子几乎就是她们职业发展与人生轨道。仅有少数教育程度较高的农村女性能够通过知识改变命运，通过拼搏获得较大的职业发展空间。

（1）务农、打工与家庭妇女

农村女性受教育程度越低，所从事的职业及所处社会地位就越低。调查统计显示，农村女性受教育层次与毕业后第一份职业的社会层次呈相互对应的金字塔分布，即受教育程度越高，毕业后第一份职业的层次也越高。小学以下学历的农村女性，第一份职业只能从事社会层次较低的四类职业：农林牧渔水利生产、建筑工人、商业餐饮服务业和个体工商户，其中从事最低层次的农林牧渔水利生产比例最高，几乎不能涉足于层次较高的职业。学历为初中、高中的农村女性，第一份职业也集中在较低的四个层次，但以商业餐饮服务业居多。对于地

[8] 沈茂英等 . 农村妇女就业现状和就业对策研究——以成都为例 [J]. 西北人口 .2008（4):37-42.

位最高的第一层次（国家机关、党群组织、事业单位负责人），高中以下学历的农村女性基本无缘。也就是说，对于绝大多数高中以下学历的农村女性，她们今后职业定位普遍只限于打工、务农，或做家庭妇女。

值得关注的是，高中以下学历的农村女性，由于过早结束学业踏入社会，她们大多比同龄女性更早结婚生子。她们所受的教育不多，见识与阅历非常有限，社会经济地位也相应较低。因此，她们在婚恋中往往处于被动与劣势地位，婚姻也更容易出现危机。

小佩，27岁，高中毕业，龙胜平等镇人，现为酒店职员。从小爱读书，父亲病逝后，家里经济更拮据。常常借钱交学费，看到累得腰杆都挺不直起来的母亲，她多次提出辍学，但都受到母亲的反对。好不容易挨到高中毕业，小佩选择了南下打工。刚出社会，小佩不知道该做什么好。经表姐介绍，她在深圳一家美容院工作。女孩子外出打工很苦很寂寞，她交到了男朋友，交往不到半年就怀孕了。没有来得及举办像样的婚礼，小佩就匆匆忙忙出嫁了。孩子出生后寄养在奶奶家，她跟丈夫继续一起外出打工。没想到丈夫很快有了外遇，小佩不想维持这样的婚姻，办了离婚。最让她伤心的是，婆家夺走了孩子的抚养权，对此自已毫无办法。

19岁的小芳，初二那年弃学跑去广东打工，因为未成年，老板不敢招用，她只得回家。后来到县城发廊打工，工资相当低，除了交房租都不够生活费，于是转到工地帮人做饭。在那里，得到了老板娘的同情与关心。老板娘有一个儿子，是建筑工人，比她年长五岁。单纯的小芳仅凭对方外表长得帅就喜欢上了他，并很快结了婚。婚后才发现丈夫性情暴躁，游手好闲，对家庭不负责任，小芳痛苦失望，追悔莫及。

（2）自由创业

很多低学历的农村女性通过打工积累了一定的资金、技术和经验，历尽艰辛奋力拼搏到最后自由创业，实现从打工妹逆袭为企业主的华丽转身。调查显示，几经磨砺最终能成功创业的农村女性，无论什么行业，她们身上通常都拥有一些常人远不能及的信念和优秀品质，那就是奋发向上的强烈愿望，坚持不懈的毅力，吃苦耐劳的品质，乐观自信和坚强不屈的性格。

小梁，25岁，壮族，初二文化，龙胜伟江乡人。自从母亲患上偏头痛的病，家里经济更加困难，为了给母亲治病，小梁初二便辍学，和姐姐一起外出打工。姐妹俩同在一家制衣厂上班，尽管流水线上的活儿很累很苦，她们却有意识地学习，主动要求换到不同的生产线工作，这样，姐妹俩在五年之内就基本掌握了制衣过程的全部技术。小梁说："都说知识可以改变命运，我相信，但我已错过了读书的最好时光，我相信技术也同样可以改变命运。"于是，姐妹俩利用打工期间积赚的工资，回村开了一家制衣店。她们从缝补衣服到定做衣服、被套，从接订单到卖成衣，制衣店从村里迁到县城，最后发展成初具规模的制衣厂，现在小梁已成为当地小有名气的制衣厂老板。

小谭，34岁，壮族，初二文化，龙胜县瓢里镇人。当年和孪生妹妹一起上初中后，因为要寄宿制学校，姐妹俩读书的费用近一千元每学期（教育附加费按人口计算），这对于只是靠耕种为生的农家来说已经是十分沉重的经济负担。姐妹俩在初三那年不得不放弃读书，到南宁给别人当保姆。当保姆很辛苦，而且主人家很苛刻，小姐妹为此流了很多泪。因为在不同的人家做保姆，小谭第一次和妹妹分开生活，彼此牵挂。在短暂的相聚里，姐妹俩商量：如果要独立自由，就必须自己做老板！她们想到了“只有知识才能改变命运”。于是，她们把四年当保姆的工资一分分地积攒下来，去参加各种职业培训班，拼命学习美容、厨艺、酒店管理等，学习过程十分艰苦，但她们有坚定的信念。回乡后，她们先开了一家小米粉店，几年内扩展为一家餐馆。后来妹妹嫁了一个福建商人，小谭独自将餐馆扩大经营成一家酒店，并成为这家酒店的老板。

（3）专业技术者、公务员与稳定职业

调查显示，学历为大专以上的农村女性，才有可能具备较强的择业主动权，找到一份收入可观而相对稳定的职业。她们很少从事较低职业层次的农林牧渔水利生产、商业餐饮服务业等。据本课题组的调查，大专、本科、研究生学历的农村女性居于高层次职业的比例分别为17.6%、22.2%、100%，可见，农村女性的学历越高，越有可能在较高层次的职业谋职。

学历为大专的农村女性，第一份职业主要集中在第四层（教师、律师、会计、医生、护士等专业技术人员），其次是最高层（国家机关、党群组织、事业单位等）。学历为本科以上农村女性，第一份职业几乎绝缘于层次较低的四类职业，同样也是主要集中在第四层和最高层，且在最高层的比例明显高于大专学历。至于研究生学历，则一直稳居于职业最高层。

小蒙，34岁，大专文化，龙胜县泗水乡人。上初中时赶上了政府的好政策，有幸进入女童班，并顺利考上了大学。大学毕业后进入县委组织部做办事员，因为政府重视培养女干部，被调到泗水乡政府，开始担任委员，现任主管教育的副乡长。

（三）农村女性职业发展空间的制约因素

1. 农村女性的社会支持网络薄弱

社会支持网络有正式支持网络和非正式社会支持网络之分，正式的社会支持网络是由政府、社会组织、学校、社区和企业等社会公共力量塑造而成的一种规范的支持体系，非正式的社会支持网络则是指人们在生产与生活中遇到困难时可以借助的私人社会关系网络和社会资本。对于中国社会而言，非正式的社会支持多指向人脉资源，对于个体而言，一个人所拥有的学历水平、家庭背景、职业身份、经济地位以及与此相互交织而形成的社会关系网络，都会大大影响个体社会成员所获得的社会支持总量。农村地区一般都是相对封闭传统的乡土社会，驻留农村的女性缺乏可靠的信息资源渠道，同时也要承担繁重的农业生产与家务劳动负担，无暇关注政府、社会组织和社区等社会力量组建的妇女援助平台；此外，农村女性的社交圈子一般仅局限于三三两两的邻边妇女，社交网络的狭窄使得农村女性无法获取正式社会支持网络和业缘、地缘和朋友构成的非正式社会支持网络，这些都加剧了农村女性职业发展空间的脆弱性。

2. 农村义务教育水平局限

实行“新机制”后我国已将农村义务教育纳入公共财政，长期困扰西部农村地区的辍学和失学现象得到历史性遏制，农村义务教育覆盖率接近100%。但教育的城乡差距仍然令人担忧。农村学校教学和办公环境、教学仪器、试验设备、图书资料和城市相比有天壤之别，很多农村学校的校舍年久失修，房屋漏水，卫生条件状况很差，现代化的教育环境离他们还很遥远。农村学校师资力量薄弱，教师待遇差，青年骨干教师流失严重，教育质量无法得到保障。农村女生接受义务教育的质量同样受到限制，影响到她们今后的升学及就业问题。清华大学公开资料显示，2019年在内地招生的3 400名学生中，农村及贫困地区的学生数量，占比19.3%，这个数量是656人，而其中学校通过自强计划和国家专项计划录取的学生，共有379人，也就是说如果没有针对贫困地区的自强计划和国家专项计划，清华的农村生源比例只有不到一成，[9]北京大学公布的2021年本科新生各类数据显示，在总录取数4 402名学生当中，内地学生数为2 931人，“农村户籍”学生数为442人，农村学子占总录取人数的10.04%，占内地学生总数的15.1%。[10]

统计数据显示，中国适龄儿童入学率性别差异由1995年的0.7缩小到2004年的0.04，同期女童小学辍学率由1.52%下降到0.04%。而到2006年，男女童入学率发生根本性变化，男女童净入学率分别达到99.25%和99.29%，女童反超男童0.04个百分点。[11]农村女童的教育权得到极大保护，但是，女童教育同样跳不出应试教育的桎梏，许多地方把加强女童们的文化课教育、提高升学率当作“女童教育”的全部。农村女童教育未能跟上女性教育新思想的步伐，没能从农村传统的男尊女卑、依附男性等旧思想中彻底解放出来。值得关注的是，部分农村女童受不健康网络文化的毒害，形成错误的性观念，过早步入早恋、同居，遭遇身心伤害甚至误入歧途。在2020年针对陕南秦巴山区农户家庭的调查研究显示，受家庭条件和传统的“男尊女卑”观念等因素的影响，陕南秦巴山区农村女性户主的受教育程度普遍低于男性，受访的337户女性户主家庭中，多数农村女性户主的文化程度仅限于小学或初中，[12]这就使得农村女性的认知能力有限，更进一步导致农村女性在农业生产经营、把握市场行情以及抵御经济风险能力等方面均低于男性，从而局限了农村女性的职业发展空间。

3. 农村职业教育水平有待提高

对于中学毕业即务农或进城务工的大部分农村学生（尤其是女生）而言，职业教育具有

---

[9] 网易新闻．历年北大清华大一新生中，农村学生比例令人心酸，这是为什么？ [EB/OL].https://www.163.com/dy/article/FC1IQ5S4053681JK.html.

[10] 网易新闻．农村学子占比15%！北大2021级新生数据出炉：寒门出贵子有多难？ [EB/OL].https://www.163.com/dy/article/GITEOQSU0536IBGS.html.

[11] 项开来．中国女童教育取得历史性进展，净入学率反超男童 [EB/OL].http://news.sohu.com/20080522/n257008750.shtml，2008-05-22.

[12] 段塔丽，李玉磊，王蓉，任灵．精准扶贫视角下贫困地区农村女性户主家庭能力脱贫实现路径探析——基于陕南秦巴山区农户家庭的调查数据 [J]. 陕西师范大学学报（哲学社会科学版）,2020,(6):40-53.

更加重要的现实意义。目前我国农村职业教育主要存在的问题有以下几个方面：第一，未能得到国家和社会的应有重视，农村职业教育的政策、法规不健全；第二，农村职业教育体系不完善，未能充分整合各种教育资源；第三，职业教育的方法过于陈旧落后，难以获得劳动力市场及广大农民的认可。应该建立以培养职业技术能力为中心，主动适应区域经济产业结构和就业结构发展特点的职业教育模式。

4. 务工女性遭受就业中的性别歧视

女农民工除了遭受城里人对农民工的就业歧视外，还遭受着男人对女人的性别歧视。就业中的性别歧视表现在五个方面：一是进城就业机会不平等。农村女性为了照顾孩子、老人需要而牺牲进城机会，变成留守妇女。二是女性农民工的就业机会明显少于男性农民工。许多企业在招聘时明确限定男性，或明确规定女性农民工在聘用期间不得结婚或怀孕生育。女性农民工只能从事家政、保洁、服务等环境恶劣、技术含量低、劳动强度大而报酬少的职业。三是待遇歧视。在从事等值工作情形下，女性农民工获得的报酬和福利待遇较男性农民工要低。调查显示，工资差异中 37%来源于受教育程度等人力资本差别，而其余 63%则是因为性别歧视。[13] 四是怀孕和生育歧视。女性农民工经常在怀孕或哺乳期间被无故解聘，或以各种恶劣手段逼迫她们主动离职。五是性侵害与性剥夺。女性农民工在进城务工过程中经常遭受人身伤害，主要是来自雇主的性骚扰和性强暴，为了保全工作岗位和个人名誉，她们被迫选择忍气吞声。农村女性因为进城务工长年忍受夫妻两地分居的痛苦，并提高了第三者介入导致婚姻破裂的潜在风险。

三、教育程度对农村女性婚姻状态的影响

婚姻交换理论（Edwards，1969）和择偶梯度理论（Burchinal，1964）认为，婚姻通过种族、教育、职业等方面的配对，为社会阶层的稳定提供支持，成为阶层延续和变化的主要机制。对于处于社会底层的农村女性而言，婚姻被看作是向上层社会流动的最重要渠道。[14] 缺乏教育所形成的人力资源劣势，不但使农村女性在职场上面临着机会、待遇、权利等方面的不平等，向上流动机会渺茫，而且还对她们的婚姻质量产生某些消极的影响，婚姻这个社会流动的渠道同样也会受到阻碍。

笔者所在的课题组曾深入广西各地农村与城镇，对 400 多名农村女性的教育水平与婚姻状况进行了问卷调查和深度访谈。研究发现，整体而言，教育程度在某种层面上影响着农村女性的婚姻质量。教育程度较低的农村女性，对婚姻满意度也相对较低。没受过教育的农村女性比受过教育的农村女性更容易对婚姻感到不满意，小学学历的农村女性比初高中、本科

[13] 滕兴才 . 女性农民工平均月工资比男性低 200 元 [N]. 中国青年报，2008 — 05 — 10.

[14] 韦艳，蔡文祯 . 农村女性的社会流动：基于婚姻匹配的认识 [J]. 人口研究，2014(4):75-86.

学历的农村女性更容易对婚姻感到不满意。学历为文盲、小学、初中、高中的农村女性对婚姻感到不满意的比例分别为30.8%、15.5%、12.5%、8.3%。

（一）教育程度与配偶收入

不同教育程度的农村女性的配偶收入存在极其显著的差异（p=0.000）。教育程度低的农村女性的配偶收入水平普遍比较低，而教育程度高的农村女性的配偶收入水平普遍较高。配偶月收入低于820元的农村女性，学历为没上过学、小学、初中、高中、大中专、本科的比例分别为30.8%、67.2%、37.5%、19.5%、2.9%、7.4%。配偶月收入1 507元以上的农村女性，学历为没上过学、小学、初中、高中、大中专、本科的比例分别为15.4%、5.2%、8.9%、19.4%、67.6%、51.9%。

农村女性教育水平与其配偶收入的关系并非完全对应。中等偏上程度的教育水平可以帮助农村女性嫁到经济条件较好的家庭，但是过高的教育水平（本科以上）并没有绝对增加女性嫁给收入更高的男性的机会。参考国外相关研究（Smitset. al，1998；Ultee and Luijkx，1990），一个假设性的解释是，教育程度更高的女性具有更好的人力资本，经济独立能力相对越强，面对婚配时关注的维度多元化，寻求收入更高的配偶的愿望并非十分强烈。[15]

（二）教育程度与配偶户口

教育水平越高的女性越容易将农村户口转为城市户口，也越容易嫁入城市。不同教育程度的农村女性的配偶户口存在极其显著的差异（p=0.000）。总体而言，教育程度越高的农村女性，其配偶为城镇户口的比例越高；而教育程度越低的农村女性，其配偶为农村户口的比例也相应越高。初中以下学历的农村女性的配偶是农村户口的比例明显较高，而高中以上学历的农村女性的配偶是城镇户口的比例明显较高。数据统计显示，学历分别为初中、高中、大中专、本科学历的农村女性，其配偶为农村户口的比例分别为83%、52.8%、41.2%、29.6%。

在户籍附加着公共资源与社会地位的背景下，对于可控资源本身就极其有限的处于社会底层的农村女性，户籍身份在起点上限制了其“上迁婚姻”的机会。而只有作为“后致变量”之一的教育程度的提高，能够使农村女性在婚姻市场上获得较好竞争力，从而打破户籍壁垒成功实现“上迁婚姻”。

（三）教育程度与家庭地位

妇女家庭地位概念比较一致的说法是妇女在家庭中享有的威望和拥有与控制家庭资源的权力。[16]

[15] 韦艳，蔡文祯．农村女性的社会流动：基于婚姻匹配的认识 [J]. 人口研究，2014(4):75–86.

[16] 龚继红等．教育背景对农村妇女家庭权力行为和家庭地位满意度的影响研究——以荆门市某村为样本的典型调查为例 [J]. 浙江学刊，2009(2):181–186.

虽然不同教育程度的农村女性的家庭地位并不存在显著的差异，家庭地位并不完全与学历成正比，但是，文化层次低的农村女性在家中处于较低地位的情况更为普遍，而文化层次较高的农村女性在家中更有可能享有话语权与较高的地位。调查统计显示，家庭生活由公公婆婆做主的农村女性，学历为没上过学、小学、初中、高中、大中专、本科分别为15.4%、8.6%、7.1%、8.3%、2.9%、3.7%；由丈夫做主的农村女性，学历为没上过学、小学、初中、高中、大中专、本科的比例分别为46.2%、58.6%、37.5%、30.6%、32.4%、22.2%；而享有民主决策权或话语权的农村女性，学历为没上过学、小学、初中、高中、大中专、本科的比例分别为23.1%、13.8%、41.1%、33.3%、44.1%、63%。可见，对于农村女性而言，学历在很大程度上决定她们在家庭中的地位与话语权。

（四）教育程度与夫妻关系

1. 教育程度与夫妻感情

教育程度较低的农村女性对待婚恋的态度比较草率、幼稚，在夫妻关系中也更为被动。相比之下，学历较高的农村女性，对待婚恋更为谨慎、成熟，并能主动配合与帮助丈夫，对丈夫的影响力也更大。高中毕业的小刘，在外出打工时感到艰苦而寂寞，在此期间她结交了一男友，交往不到半年就怀上对方的孩子，小刘没能举行像样的婚礼，就草草领了结婚证。孩子出生后不到一年，就把孩子寄养在奶奶家，继续跟丈夫一起外出打工。这时，她意外地发现丈夫有外遇，又无奈地离婚。大学毕业的小侯，在某县职业中学任教，丈夫在柳州一家电脑公司工作，夫妻长期两地分居。孩子出生后，她见丈夫的电脑公司经营良好，就停薪留职到柳州帮忙打理公司，两年后又返回某县一所初中当教师。无论是结婚还是离婚，小刘都显得那么草率与被动；相比之下，小侯凭借电脑技能不但可经济独立，还可以成为丈夫的得力助手，她在处理工作与婚姻关系时显得进退自如。

2. 教育程度与家庭暴力

在我国，家庭暴力发生普遍存在，尤其是农村地区。我国部分农村地区家庭暴力发生率为65%，精神暴力最为常见，其次是躯体暴力，性暴力发生率相对较低，分别为58.3%、29.8%、16.9%。[17]教育程度的提高，在一定程度上可帮助农村女性避免家庭暴力。教育可使农村女性积累一定程度的人力资源，从而拥有较强经济能力与职业地位，正是这些实力减少了家庭暴力产生的可能性。研究显示，夫妻间收入的差距对男性实施肢体暴力具有显著影响，与夫妻收入相同的男性相比，收入低于妻子的男性实施肢体暴力的可能性会降低。女性从乡村走向城市，从家庭走向社会后，经济独立使她们的自尊和平等意识迅速增强，相对于传统的农村女性，她们更敢于与传统的男性权威相抗衡。[18]

可见，受教育程度较低的农村女性，由于经济不独立，对婚姻与丈夫的依赖性更大，在

[17] 郭素芳. 农村地区家庭暴力发生情况及影响因素分析 [J]. 中国公共卫生，2007(1):4-6.

[18]李成华等. 夫妻相对资源和情感关系对农民工婚姻暴力的影响：基于性别视角的分析 [J]. 社会,2012(1):153-172.

家中没有话语权，对丈夫的协调力与影响力相对较小，婚姻更容易出现危机甚至家庭暴力。教育程度的提高，能够有效帮助农村女性促进夫妻感情以及提高婚姻质量，降低家庭暴力发生的概率。

3. 教育程度与婚姻危机

随着农民工大量涌入城市，留守妇女的婚姻家庭问题普遍存在，相当一部分家庭存在夫妻感情不和、时常发生家暴、夫妻没有身体与心灵的交流、缺乏正常性生活、出现第三者、互相猜疑、财产纠纷等种种问题，婚姻危机一触即发，离婚现象逐年上升。教育程度直接影响了农村妇女处理婚姻危机的能力。

调查发现，处于婚姻危机下的农村妇女 65.3% 有离婚的想法，却由于诸多因素难以实现。一是收入原因。教育程度较低的农村妇女，大都从事低层次工作，收入较低，经济上不独立。同时，不了解丈夫的经济收支情况，没有家庭经济支配权。二是房产原因。离婚诉讼中涉及的拆迁安置房，由于房屋土地性质问题，一般采取调解。调解处理中，女性常常因为教育程度较低而有理说不清，不能借助法律武器来保护自己的权益，折腾到最后终于离婚了，但是婚后夫妻共同财产得不到合法的分配。三是观念原因。乡村社会对男性出轨宽容度较高，对女性出轨零容忍。而教育程度较低的农村妇女更容易受此影响，即使出现婚姻危机也忍气吞声，长期在离婚边缘游荡。

婚姻危机下的农村妇女，若选择不离婚，境遇同样比较艰难，而教育程度低更加剧了这种困境。一是生活困顿。有的丈夫恶习难改，导致家中债台高筑，妻子却要承受极大的经济压力。二是家暴不止。经常性而又隐蔽的家暴，使得有些农村妇女常年处于恐惧、悲愤中，教育程度较低的农村妇女更倾向于忍受而不是寻找援助。因此，教育程度较低的农村妇女，不离婚更容易遭受精神和物质上的双重折磨。

离婚后的农村妇女同样面临各种压力。首先是生存压力。离婚后打工的微薄收入要负担整个家庭日常开销，教育程度较低的农村妇女，生活的压力更大。其次是舆论压力。农村是熟人社会，一旦离婚就闹得满城风雨，女方在离婚后承受的舆论压力远远大于男方。教育程度较低的农村妇女，抗压能力相对较低。最后是子女压力。在调查走访中发现，离婚后孩子或多或少都会受到不同程度的影响，年龄越小的孩子承受能力越弱。而教育程度较低的农村妇女，更缺乏对孩子进行心理辅导的能力。可见，教育程度影响农村女性承受婚姻变故的能力。

（五）教育程度与幸福感、人生追求

虽然不同教育程度的农村女性的幸福感并不存在显著的差异，但是教育却使她们更有可能获得幸福感和创造力。借助 SPSS Sattistics 17.0 的 Crosstab 进行差异分析，本科学历的农村女性生活“很快乐”和“较快乐”的比例均明显比其他低学历的农村女性高，而小学以下学历的农村女性“基本不快乐”和“根本不快乐”的比例明显比其他高学历的农村女性高。对生活感到“很快乐”和“较快乐”的农村女性比例，存在随学历层次的升高而增长的趋势。

而对生活感到“基本不快乐”和“根本不快乐”的农村女性比例，总体上存在随学历层次的升高而降低的趋势，详见下图。

值得一提的是，高中学历的农村女性，似乎日子过得平和而知足，她们感到“很快乐及较快乐”的比例为44%；感到“一般”的比例在所有学历层次中最高，达47.6%，而“基本不快乐及根本不快乐”的比例却是最少的，恰恰应验了知足常乐的中庸之道。

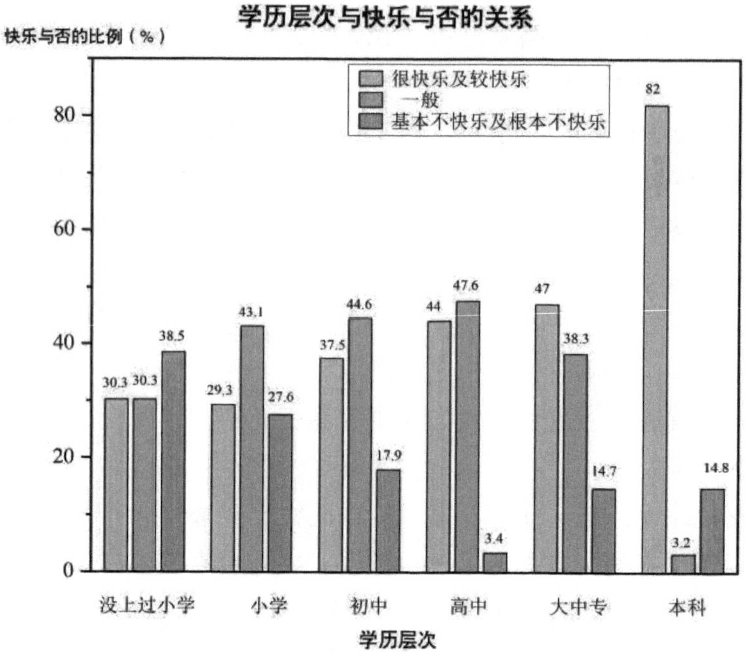

图 2　学历层次与快乐与否的关系

教育的差异使农村女性的人生追求产生一定程度的差异。没上过学的农村女性，除了将孩子作为生活重心外，选择其他项作为生活追求的比例均等；小学以下学历的农村女性渴望文化知识的迫切程度与对其他方面的追求同等重要；初中以下学历的农村女性，她们的生活首先以小孩为重心，希望孩子健康成长、考上理想学校，将来能过上好生活；高中以上学历的农村女性开始有独立人格的觉醒，不再将孩子作为全部生命的价值追求，她们将工作、事业视为人生最大追求的比例最高，排在第二位的是钱和健康；而本科学历的农村女性对人生价值的理解更为成熟与睿智，她们已摆脱传统女性相夫教子的单一角色定位，开始以独立人格与自信心实现更高层次的人生价值，她们更大程度地选择以追求人生幸福为生活重心，其次是工作事业的成就、财富的积累、家庭与小孩。可见，教育可帮助农村女性摆脱传统的社会性别分工的桎梏，促进她们拥有实现个体价值和追求幸福生活的能力。

四、农村女性的婚姻地位与婚姻观念

随着现代化的快速发展和城镇化的快速推进，我国农村剩余劳动力出现大规模、持续性向城市流动的现象。在打工浪潮的冲击下，农村妇女按能否外出务工进行二元分化：留守妇女和务工妇女。留守妇女多为年纪偏大而学历偏低的农村已婚妇女。陕西省妇联权益部调查显示，截至2014年，陕西省的农村留守妇女约121.4万，其中14%的妇女留守时间在10年以上。农村留守妇女90%年龄在35岁以上，其中45岁以上的占75%。85%以上的为初中及以下学历，年龄与受教育程度呈反比，而务工妇女大部分为农村青年女子。

因为经济独立能力与受现代工业文明影响程度的不同，留守妇女和务工妇女的婚姻地位和婚姻观念存在非常显著的差异。

（一）老一代留守妇女

由于农村已婚妇女受文化水平、职业技能和家庭分工等因素的影响，她们大部分成为留守妇女，长年与进城务工的丈夫过着分居两地的婚姻生活。“留守婚姻”于是成了中国城镇化建设进程中，农民婚姻生活出现的一个普遍性现象，它对非农转移人口的婚姻质量特别是农村留守妇女的身心造成巨大的冲击与挑战。

1.“留守婚姻”成为农村妇女婚姻生活的常态

2018年农民工总量为28 836万人，比上年增加184万人。在全部农民工中，男性占65.2%，女性占34.8%。女性占比比上年提高0.4个百分点。其中：外出农民工中女性占30.8%，比上年下降0.5个百分点；本地农民工中女性占38.6%，比上年提高1.2个百分点。在全部农民工中，未婚占17.2%，有配偶的占79.7%。其中，外出农民工有配偶的占68.1%，比上年提高3.6个百分点；本地农民工有配偶的占90.8%，比上年提高0.6个百分点。[19]数据显示，农村劳动力人口大规模迁移以已婚青壮年男性为主，大部分农村已婚妇女没能伴随丈夫外出务工，而是遵循着几千年的“男主外女主内”的社会性别分工的模式留守在农村，成了留守妇女。自从20世纪80年代以来，随着农村劳动力人口的持续迁移，农村已婚女性成为留守妇女逐渐演变成为农村婚姻生活的新常态。2015年，我国留守人口总数超过1.5亿，其中农村“留守妇女”人数已达4 700万，相当于韩国人口总数。农村“留守妇女”面临“三重”“四少”“五偏”的难题，“三重”即体力劳动重、抚养任务重、精神负担重。“四少”是社会活动少，世面见得少、经济开销少、夫妻见面机会少。“五偏”指年龄偏大、文化程度偏低、教育子女能力偏差、身体及心理状况偏差、婚姻幸福感偏低。

2.留守妇女家庭负担倍增，家庭地位并没有提升

农村妇女在丈夫长年外出打工的背景下，独自承担繁重的农业生产和家务活。白天要务农种地，做各种原本是男人做的体力活，晚上回家还要照顾年迈生病的老人和年幼的孩子，包揽了一个农村家庭的全部重担。表面看来，农村留守妇女独自承担起农业生产、赡养老人

[19] 国家统计局发布的《2018年农民工监测调查报告》.

和抚育子女重任，应该会提高她们在家庭生活中的地位与决策权，但由于农村婚姻生活“从夫居”的模式依然存在，进城务工丈夫在家庭中的核心地位屹立不动。其次，进城务工丈夫的经济收入普遍比留守妇女的务农收入高得多，丈夫的经济收入决定了他在家庭生活中的核心地位。此外，长期的城市生活使务工丈夫的思想观念、科技信息与生活习惯发生了巨大的变化，迅速拉大了留守妇女与务工丈夫之间现代文明程度的差距，从而进一步固化了农村留守婚姻的性别不平等。

3. 留守妇女的婚姻稳定性面临挑战

由于农村已婚青壮年男性长年累月外出务工，大量的农村夫妻陷入了长期分居、聚少离多的生活状态，夫妻双方长期处于隔离与性压抑的状态，缺乏安全感和亲密关系，精神变得十分空虚苦闷。活色生香的城市生活到处都充满各种诱惑，独自在异乡打拼的丈夫难免会结识其他女子，而一个正常的男人难免也会存在婚姻生活的渴望。因此，农村已婚男子容易发婚外性、婚外情甚至非法同居等越轨行为，给本来就有名无实的留守婚姻带来巨大的冲击。长期在外务工的丈夫容易背叛留守家园的糟糠之妻而另结新欢。务工丈夫出现婚内出轨后有两种态度，一是冷暴力。出轨丈夫不主动提出离婚，但是长年不回家也很少寄钱回来，对留守农村的妻子和孩子不闻不问，好不容易回来一趟就跟妻子吵架。二是硬暴力。铁石心肠的负心汉为了逼迫留守妻子离婚，不惜对糟糠之妻大打出手，农村家庭因为闹离婚而发生家庭暴力事件时有发生。农村妇女遭受家庭暴力时往往采取隐忍的态度，在婚姻权益方面经常受到损害而得不到法律的保护。一旦农村婚姻关系出现裂痕，男人远走他乡一走了之，留下伤心的女人独自收拾婚姻残局，或继续独守空房，在沉重的生产劳作和精神压力下煎熬。因为婚姻生活受到长期分居两地的威胁，大多数留守妇女的婚姻幸福感受到限制。

4. 留守妇女的精神长期受到压抑

劳动强度大、性生活匮乏、文化娱乐短缺以及婚姻关系危机导致农村留守妇女的精神长期处于压抑之中，不但降低了她们的婚姻幸福感，还对她们的身心健康造成不良影响。农村社区的娱乐设施不完善，妇女们整天困守在土地与家庭之间，加上收入较少，大多省吃俭用，精神文化生活比较单调。在这样的生存环境中，农村妇女本来文化水平相对较低，再加上每天超负荷地从事农活和家务，难免出现教育子女方式简单粗暴，对待老人态度冷淡的情况。面对生活困境，离婚、逃婚只是极少数妇女能够做出的自主性选择，更多的留守妇女仍然在艰难地维系着家庭的完整性，“隐忍”成为她们应对婚姻危机的主要方式。一位留守妇女说：“我们结婚 23 年了，他在外边打工也有 20 年了，5 年前他在外边有人了，我俩也吵过，我给他生儿育女、照顾老人，没想到会换来这样的结果，但是我不会跟他离婚的，一旦离婚两孩子咋办呢？自己忍忍一辈子就这样过去了。”每当婚姻出现裂痕，或遭遇丈夫背叛，即使内心悲愤欲绝，但是为了孩子的健康成长仍要咬着牙拼命维持一个完整的家。也正因为她们选择忍辱负重对抗命运的不公与生活的巨大压力，她们的情绪得不到宣泄，精神长期处于抑郁的状态。这种长期沉重的压抑对她们的身心造成极大的伤害，但另一方面，农村妇女对这种空心婚姻的消极隐忍虽然以牺牲自己的幸福来换取一个家庭的安稳，却又纵容了某些务工男人的始乱终弃与薄情寡义，继而进一步固化了农村婚姻生活中男女不平等的传统。

（二）新生代农村妇女

1. 新生代农村妇女婚姻主导权与婚姻地位

从法律上讲，婚姻权利是指婚姻当事人依法自主缔结婚姻、行使配偶权、解除婚姻的民事权利。[20]婚姻自主权是反映妇女婚姻自由和家庭地位的重要标志，从封建社会沿袭的以“父母之命，媒妁之言”为特点的包办婚姻，到现代社会兴起的自由恋爱婚姻，是妇女解放和性别平等取得进步的一个重要里程碑。在婚姻对象选择的问题上，现在大多数农村妇女已经改变从前的父母包办婚姻形式，而是采取比较慎重而理性的做法：在征求父母意见的同时，由自己作主，而不是全部由父母作主或完全由自己决定。这样既能尊重父母的意见，降低遇人不淑的风险，又能够遵循本人的意愿，从而保证有比较可靠的婚姻基础。农村女性婚姻自主程度、初婚年龄都与受教育程度密切相关。受教育程度越高，越能拥有较高的婚姻自主权，也越趋于晚婚。另外，现在年龄越轻的农村妇女婚姻自主程度也相对越高。这可能是因为年龄越轻，受教育程度越高并越可能受到现代社会新婚姻观念的影响。可见，提高农村妇女的教育水平，对于提高其婚姻自主权、慎重选择婚姻对象以及提高婚姻质量有很大的帮助。

虽然农村妇女在家庭生活中的地位比过去有了很大的提高，但是男女不平等现象在农村婚姻家庭中依然存在，她们在家庭生活中仍然缺乏平等的话语权和决策权。在生育问题上，本来妇女更具有生理上优势，对其拥有决定权，但是，实际上农村妇女的生育决定权远小于其丈夫，在一般农村家庭中，关于“要不要孩子”“什么时候生孩子”“生几个孩子”等重大决策普遍还是由男方定夺。传统的婚嫁模式在当今农村仍然占主导地位。婚前男方要给女方送彩礼，而且在相互攀比中不断上涨。婚后女方还是普遍依照“从夫居”的传统模式嫁到男方成为夫家的人。在家庭重大事务上，虽说是由夫妻双方共同决策，但主要的决策权仍牢固地掌握在丈夫手中。令人惊讶的是，大多数留守妇女对这种男尊女卑的婚姻地位已经习惯并且认同，只有极少数觉醒的农村妇女才会对自己低微的婚姻地位感到不满。

2. 新生代农村妇女婚姻观念的嬗变

二十世纪八九十年代，市场经济还没兴起，在经济与思想观念方面农村还是一个相对闭塞落后的乡土社会，人们的婚姻观念依然遵循“父母之命不可违，媒妁之言不可无”的传统，“父母之命”替代结婚双方的“你情我愿”，“媒妁之言”使婚姻的缔结具有合法性。婚姻首先被视为是家族之间的联盟或者是传宗接代的大事，而不仅是个人终身幸福的私事。而男娶女嫁的婚姻模式又把出嫁的女子重新编排进入丈夫的家族。因此，家庭对于农村妇女而言，是一个生存的依附和归宿，一旦离开家庭，农村妇女将失去经济保障和生活的归宿。因此，传统农村妇女婚姻观念具有被动接受父母媒妁安排、婚姻道德感强、家庭责任感强、物质要求不高、

[20] 刘引玲 . 论我国婚姻权利体系的构建 [J]. 法商研究，2005（2）:130-135.

缺乏婚姻幸福追求、婚姻维权意识薄弱等特点。

传统农村妇女在婚姻问题上更多倾向被动接受而不是主动选择的心理，对于婚姻的际遇上更多持随遇而安而非抗争与重组。生活的目标更多地指向“维持家庭安稳、履行相夫教子责任”，而非指向“追求个人幸福”。

在择偶观念上，她们对物质的要求不高，更注重婚姻对象的出身、家庭背景和人品，而非结婚对象的物质条件。

在婚姻的性观念上，传统农村妇女持保守、内敛和克制的态度。一方面她们认为女人应当满足丈夫的需求和维持家庭的完整而牺牲自己的个体感受；另一方面她们认为女人追求婚姻中性生活的和谐和乐趣是羞耻和淫荡的。因此，农村妇女在婚姻生活中只是将性作为女人应尽的义务与责任，而非视为一个已婚女性的正常生理需求和婚姻生活幸福的一个重要指标。

在婚姻家庭维权意识方面，传统农村妇女缺乏应有的维权意识，在面临自己的合法权益受到伤害甚至遭受家庭暴力行为时，也往往采取沉默忍让的态度以求息事宁人。

在离婚观念上，传统的村庄文化认为女性再婚是一件很不光彩的事，离婚妇女不但本人连娘家人都要承受极大的社会舆论压力，离婚后的妇女被认为有“瑕疵”，要“降格”才能将就再嫁，即便能够再次结婚也很难在夫家村落里抬头做人。已婚妇女普遍把家庭和母亲的责任放在个人的幸福之上，她们更愿意为了家庭的安稳与孩子的成长而牺牲自我的个性追求。很多农村妇女婚后即使发现丈夫好吃懒做不负责任，或者夫妻关系不和谐，为了顾及小孩与颜面也不会轻易提出离婚，除非日子实在是过不下去了。

2000年以后，打工浪潮拓宽了农村妇女的生活空间和视野，也打破了从前以乡村和土地为基础的封闭僵化的生活状态。大量的农村青年进城打工，他们的思想观念与生活习惯发生了翻天覆地的改变。现代都市生活唤醒了农村妇女的个人意识，她们开始明白女性也应该独立自主地追求个人的价值，而“追求个人幸福”被认为是婚姻生活应有的目标。城市成为妇女重新社会化的空间，城市的生活方式构成农村年轻妇女的参照系，城市的流动性和陌生化使得原有的乡土规则在很大程度上失效，妇女的生活目标和意义指向在奔向城市的过程中潜移默化地发生了改变，即从传统的以“过日子”为核心向“追求个人幸福”转变，由此，婚姻的合法性基础发生了改变。[21]

新生代农村妇女的择偶观与离婚观念也发生了巨大的变化。新生代农村妇女婚姻自主性增强、婚姻道德感和家庭责任感淡化、婚姻的功利性与物质性增加、注重个体感受和婚姻质量。

在择偶观念上，新生代农村妇女变得更加现实与功利。在市场经济和消费社会的影响下，新生代农村妇女越来越重视结婚对象的物质基础，更加注重婚姻生活的质量与幸福感。计划生育政策带来的男女婴儿性别严重失衡的后果，以及打工经济加快农村女性的外流，使农村女性在婚姻市场上身价倍增，表征之一就是近年出现天价彩礼。据调查，近几年农村彩礼动

[21] 李永萍，杜鹏．婚变：农村妇女婚姻主导权与家庭转型——关中J村亲婚调查[J]．中国青年研究，2016(5)：86-92.

辄六七万，华北地区农村竟然攀升到三四十万。虽然天价彩礼确实有急功近利的嫌疑，更给农村的男方家庭带来了沉重的经济负担，但这也从另一方面体现了农村妇女在婚姻领域地位的提高，因为彩礼高的新娘体现出更高的结婚成本，在嫁入夫家后因为身价高而显得腰杆硬，反而比彩礼低的新娘在夫家享有更高的地位和话语权，夫家人因为娶之不易也不敢轻易嫌弃。此外，在传统的婚姻中，一旦发生婚变，受伤害和损失最大的往往是妇女，从这个角度来看，可观的彩礼作为婚姻的风险保险金更能有效降低女性在婚姻生活中潜在的未来风险。可见，新生代农村妇女比起老一辈来说，其婚姻观念更趋于物质化、功利化，同时也显得更加理性。

在离婚观念上，新生代农村妇女变得更为开放与随意，她们挣脱“从一而终”传统思想的束缚，敢于大胆追求自己的婚姻幸福。2000 年以来，随着打工经济的兴起，新生代农村年轻夫妻的离婚现象逐渐增多，离婚夫妻的婚姻持续时间较短，与以往情况差异较大的是离婚提出方不再多数为男方而是多数为女方；以往女方通常为了孩子而忍受并维持不幸的婚姻，现在的农村妇女不再为了孩子而把自己捆绑在痛苦的失败婚姻之上，她们对婚姻与孩子的关系看得更为通透，她们认为:“如果我的一生都过得不幸福，更加无法给孩子更好的未来。”当感觉婚姻不如意时，她们更能果断地提出离婚。而不是像她们的前辈一样采取隐忍的态度。以前离婚往往都有明确的原因，新生代农村妇女的离婚原因变得模糊化，有时并非男方有什么过错，而只是自己觉得现有婚姻不满意，或者遇到更为合适的结婚对象。新生代农村妇女已经跳出了传统社会强加给她们的贤妻良母的固定角色，迈出了从家庭走向社会的脚步。

第五章

贫困女性化与农村女性继续教育

一、贫困女性化与妇女扶贫

（一）“贫困女性化”概念

世界银行（2003）认为，贫困是人们想逃避的一种生存状态，贫困意味着饥饿、缺医少药、失业、无上学机会以及权利和自由的丧失。[1]美国学者 Janice Peterson 在对美国贫困现象分析时发现，二十世纪六七十年代，美国以男性为户主的贫困家庭的数量由 320 万降至 260 万。而在同一时期，以妇女和儿童为户主的贫困家庭的数量却增加了三分之一，从 180 万增至 270 万，针对这一变化，他首次提出了“贫困女性化”概念，认为贫困女性化是女性在全球贫困人口中所占比例失衡的一种现象。[2]“贫困女性化”可以这样理解，由于受社会性别差距的影响，妇女在劳动力、人力资本、生产性资产、家庭关系和社会资本等资源财力上处于比男性更劣势地位，在遭受生存环境变化时比男性承受更高的“易受损害性”，从而使妇女更容易陷入贫困。“社会性别差距”（gender gap）是指在任何领域内，在参与度、获得资源的机会、权利、能力和影响力以及工资报酬和福利等方面存在于男性和女性之间的差距。

从社会性别需求的角度看，妇女贫困的界定有两个分析维度：一是从实用性社会性别需求的维度看，妇女贫困主要包括两个方面，即妇女在就业机会、收入、财产、社会保障、医疗和保健等生活条件贫困；二是从战略性社会性别需要的维度来看，妇女贫困主要是指妇女在家庭地位、劳动分工、参政议政、权利和控制权等平等权利贫困。从实用性社会性别需要和战略性社会性别需要两个维度来分析妇女贫困具有非常重要的意义，这样可以清晰而理性地剖析妇女贫困的根源，并根据不同的根源制订不同的扶贫政策和措施，从而提高妇女扶贫的有效性。

贫困女性化现象是全球长期存在的社会问题。由于“社会性别差距”是人类有史以来存

[1] 史蒂芬·M. 博杜安 . 世界历史上的贫困［M］. 北京：商务印书馆，2015.

[2] 王乐 . 习近平总书记扶贫论述对南疆农村妇女脱贫意识转变的若干思考 [J]. 边疆经济与文化，2020(7):50-53.

在的普遍现象，而贫困女性化产生的根源是“社会性别差距”导致妇女比男性具有更少的资源财力。因此，贫困女性化并非某些国家或者地区偶然出现的现象，而是全球范围内长期存在的社会现象。只要男女不平等以及妇女从属地位一天不改变，贫困女性化现象就会存在。研究贫困女性化产生的社会历史原因，对于探索消除贫困措施、提高妇女的经济地位以及实现性别平等具有非常重要的意义。

（二）妇女贫困现象

妇女贫困是一个全球面临的共同问题。由于长期存在的“社会性别差距”导致妇女比男性具有更少的资源财力，即使在和平年代，世界各国妇女贫困现象也是一种比较明显的普遍现象，一旦遭受自然灾害、流行疾病、金融危机等严峻挑战，妇女应对生存环境变化的能力普遍比较弱，因此更容易受到贫困的威胁。联合国妇女署和联合国开发计划署 2020 年 9 月 2 日发布《从见解到行动：新冠疫情暴发后呈现的性别平等问题》报告说，新冠疫情对全球消除贫困的努力产生全面影响，对妇女的影响更大。到 2021 年，新冠疫情将导致 9600 万人陷入极端贫困，其中 4 700 万是女性。这将使生活在极端贫困中的女性人数增至 4.35 亿。报告认为，妇女多受雇于如住宿、食品、家政等行业，受新冠疫情影响最大，特别容易失去生计。联合国妇女署执行主任姆兰博 · 努卡说：“妇女承担了照顾家庭的大部分责任。她们收入更少，储蓄更少，工作更不稳定。总体而言，女性的就业风险比男性高 19%。”[3]

中国是妇女人数最多的国家，消除妇女贫困一直以来都是中国政府扶贫工作中努力突破的重点。在脱贫攻坚主战场上，“半边天”力量竞相迸发、巾帼风采生动展现，贫困妇女精神面貌焕然一新、致富之路越走越宽广，党的十八大以来实现脱贫的近 1 亿贫困人口中妇女约占一半。中国妇女扶贫减贫的巨大成就，是中国共产党领导和中国特色社会主义制度优越性的重要体现，是男女平等基本国策在扶贫减贫领域的生动实践，为我国决胜全面建成小康社会、决战脱贫攻坚注入了强劲动能，也为促进全球妇女减贫进程乃至全球妇女事业发展贡献了中国智慧和中国经验。[4]正如中国农业大学人文与发展学院教授陆继霞所言：“中国女性减贫脱贫的经验和故事在世界范围内具有非常重要的影响力，可以与世界上其他国家，尤其是发展中国家进行分享，从而与其他国家一道，共同建设‘妇女免于被歧视的世界’，促进性别平等和全球妇女事业的发展。从全球范围内来看，贫困女性的数量远远高于男性。中国自 1995 年世界妇女大会之后，便从多个领域、多个层面采取多种措施，为妇女减贫和促进妇女发展事业积极贡献中国智慧和中国方案，在很大程度上，为女性在政治、经济领域获得权的提升和在家庭地位的提高而努力，效果显著，向世界展示了中国贫困妇女发展风采的同时，也极大

[3] 新华网 . 联合国报告：新冠疫情将使妇女贫困率上升 9.1%[EB/OL].http://www.xinhuanet.com/world/2020-09/03/c_1126448053.htm，2020-09-03.

[4] 中共全国妇联党组 . 新时代妇女扶贫减贫的中国经验 [EB/OL].http://www.qstheory.cn/dukan/qs/2020-12/16/c_1126857517.html.

地彰显了中国特色社会主义制度的优越性和独特性。”[5]

（三）妇女贫困政策分析方法

造成妇女贫困现象的原因是有不同的社会性别需要，不同的社会性别需要导致的妇女贫困问题要求采取不同的政策分析方法去解决。而对于同样的妇女贫困问题，如果采取不同的政策、路线、方针，会收到不同的解决效果和社会反响。妇女贫困政策分析方法有六种：

第一条是福利路线。这是最早的路线，产生于1950—1970年。此路线以重视妇女的生育角色的方式将妇女纳入发展当中，把妇女视为发展的被动参与者。通过政府自上而下给予的实物补助，以保障妇幼营养和计划生育来满足妇女的实用性社会性别需要。因为此路线从妇女原有的社会性别及最基本的生育角色出发，因而受到社会各界的广泛欢迎。

第二条是公平路线。原为妇女参与发展路线，应用于1975—1985年的“联合国妇女十年活动”期间。旨在关注妇女的公平待遇和合法权利，将妇女视为发展的积极参与者，在承认妇女社会性别传统的生育、生产和社区管理三重角色外，努力通过妇女行动直接为妇女争取政治、经济自主权，减少男女不平等的地位，满足妇女的战略性社会性别需要。公平路线对改变传统社会性别分工对妇女的束缚和性别压迫极具挑战性，被批评为西方女权主义，并认为其威胁到传统社会秩序，因此不受政府欢迎。

第三条是反贫困路线。为妇女参与发展的第二条路线，从20世纪70年代开始一直被采用。此路线承认妇女的生产角色，认为妇女贫困根源是生产力落后而不是妇女从属的社会地位。此路线的目的是设法提高妇女的生产力和经济收入，以满足她们的实用性社会性别需要。

第四条是效益路线。为妇女参与发展的第三条路线，自20世纪80年代债务危机以来一直被各国普遍采用的路线。这条路线承认妇女的三重角色：生育、生产和社区管理，以延长妇女的工作日、提高她们的工作成效来补充社会服务事业的力量，从而提高妇女对经济发展的效益，以满足妇女的实用性社会性别需要。效益路线是目前较为流行的路线。

第五条是赋权路线。这是由第三世界妇女提出的最新路线，认为妇女贫困的根源在于其从属地位，不仅由于男女不平等，还由于殖民主义和新殖民主义的压迫。消除妇女贫困的策略是通过自上而下地给妇女赋权，改变妇女的从属地位，保障妇女的合法权益，以达到满足妇女实用性社会性别需要以及间接满足妇女战略性社会性别需要的目的。此路线对传统的男权社会存在挑战性，也较为激进，除第三世界非政府组织外，不受欢迎。

第六条是平等路线。它强调平等是一项重要的人权，把男女平等的关系和权力共享视为可持续发展的先决条件。此路线的目的是满足妇女战略性社会性别需要。[6]

这些妇女贫困政策分析方法对于从事妇女扶贫工作非常重要，它使我们能够清楚地识别造成某些妇女贫困的主要根源、项目的措施以及目的，从而对妇女扶贫项目的可行性和实效

[5] 左琳.女性脱贫是彻底消除贫困的重要组成部分|中国扶贫方法论[EB/OL].https://www.sohu.com/a/439747323_818314.

[6] 徐午，许平等.社会性别分析：贫困与农村发展[M].成都：四川人民出版社，2000年7月第1版：25.

性进行科学的评估。既然妇女贫困的根源主要是实用性社会性别需要和战略性社会性别需要两方面的匮乏，那么解决妇女贫困的科学策略，应当既要设法提高妇女的生产力和经济收入，以满足她们的实用性社会性别需要，又要通过为妇女争取政治、经济自主权，减少男女不平等的地位，以满足妇女的战略性社会性别需要。因此，切实有效的解决妇女贫困的策略不仅要提高妇女的生活条件和经济收入，更要努力提高妇女的政治与社会地位。

（四）妇女发展的政策路径

社会性别与妇女发展问题成为现代社会进步不可回避的重要问题，怎样把妇女发展政策很好地落实到社会生活中的各个方面是个非常艰巨的难题。因为它不仅是一个科学理论的问题，也是一项操作技术，涉及实践的策略与具体完整的操作程序问题。妇女发展政策路径主要有两种，一是把妇女发展作为一个单独问题来探讨，制订一套独立、系统的妇女发展政策，并建立一个专门行政机构来将这些政策变成实践。二是把社会性别意识和妇女发展理念普遍融合到各个领域、部门、工作和项目的程序中去，没有单独的妇女发展政策，但是妇女平等发展的理念会在社会生活的各个领域和各项工作中广泛实施。这两种政策有很大的区别。前者偏重于宏观调控与整体政策，有利于从国家的层面制订、推行妇女发展政策，并对妇女发展工作进行有效的推进、管理与监督，但同时又存在妇女发展理念难以被各个部门理解与支持，妇女政策在各项工作中的推广和实践的力度不够的弊端。一方面后者偏微观与技术性的实践，有利于妇女发展政策在各项工作中的实践与落实，但另一方面又因为没有专门的妇女工作管理机构而缺乏对各个部门、各个项目的协调与监管。这两种妇女发展政策操作方法，适合不同的政策实践阶段和环境。在妇女发展政策的制订、协调与监督环节，适合采取“独立项目式”政策路径；而在妇女发展政策的推广和实践环节，则适合采用“纳入理念式”政策路径。最好的方法是“独立式”与“纳入式”相结合的政策路径，这样可以使两种政策的操作方法扬长避短、相得益彰。

在每条政策操作路径下，还有一个具体实践的方法问题，即如何将社会性别与妇女发展政策机制化？根据卡罗琳·摩塞的观点，社会性别与妇女发展政策机制化策略大约有三种：第一种是建立专门的妇女发展管理机构（相当于“妇联”），负责制订妇女发展政策，领导组织开展各项妇女工作，这是在现有的组织机构内的机制化。第二种是组织社会性别与妇女发展研究领域的专家，把社会性别意识、男女平等观念以及妇女发展政策变成社会大众普遍接受的理念，并将其归入社会生活的各项工作当中。第三种是在社会性别与妇女发展专家指导下，由更多的具有社会性别意识的工作人员参与，对各个部门、各项事业工作的从业人员进行社会性别意识的培训，以保证社会各界人士能够在各个领域开展各项工作中能带上社会性别意识并积极维护妇女合法权益、促进妇女的公平发展。

（五）中国妇女扶贫经验

在习近平总书记的领导下，中国妇女扶贫工作取得巨大成就，为我国决胜全面建成小康社会、决战脱贫攻坚注入了强劲动力，也为促进全球妇女消除贫困的进程乃至全球妇女事业发展贡献了中国智慧和中国经验。

坚持用党的光辉思想指引妇女扶贫减贫的前进方向。中国拥有世界上最大规模的妇女群体。习近平总书记站在巩固和扩大党执政的阶级基础和妇女群众基础的政治高度，站在中国特色社会主义事业发展的全局高度，重视和关怀妇女与妇女工作。习近平总书记在一系列国内外重要会议场合中，就妇女扶贫减贫作出了系统阐释和全面部署。一是把妇女作为脱贫攻坚的重点对象，强调我国农村贫困人口、城市困难群众、进城务工人员，农村留守妇女、儿童、老年人、残疾人，都是特别需要关爱的群体，全党全社会都要关心他们、帮助他们、爱护他们。二是将促进妇女发展作为中国特色减贫之路的重要经验，指出："坚持政府主导，把扶贫开发纳入国家总体发展战略，开展大规模专项扶贫行动，针对特定人群组织实施妇女儿童、残疾人、少数民族发展规划。"三是把妇女作为脱贫攻坚的主体力量，强调打好精准脱贫攻坚战是当前全党全国的重要任务，广大妇女应该在其中激扬巾帼之志、凝聚巾帼之力、彰显巾帼之美。四是明确妇联组织在打赢脱贫攻坚战中的职责任务，要求妇联组织大有作为，抓实做实"巾帼脱贫行动"，格外关心贫困妇女、残疾妇女、留守妇女等困难妇女，为她们做好事、解难事、办实事。五是揭示消除贫困对于实现男女平等、促进全球妇女事业发展的深远意义，呼吁各国关心贫困妇女、老龄妇女、残疾妇女等困难群体，制定更加科学合理的发展战略，确保妇女平等分享发展成果，推动广大妇女参与经济社会发展。

坚持把促进妇女脱贫发展纳入党和国家工作大局。据国家贫困监测抽样调查，2010 年国家扶贫工作重点县的女性人口贫困发生率为 9.8%，比男性高 0.4 个百分点；女性劳动力中文盲占 15.7%，比男性高 10.2 个百分点；女性劳动力接受职业技术培训的比例、外出就业比例和收入状况、社会参与程度等均明显低于男性。党中央注重在战略谋划时统筹全体人民的共同利益和妇女群体的特殊利益，注重在顶层设计上突出妇女重要关切，不断强化促进妇女脱贫发展的制度保障。一是把妇女脱贫发展纳入党治国理政的总体框架。二是把妇女脱贫发展纳入经济社会发展全局。三是把妇女脱贫发展纳入国家精准扶贫战略。四是制定实施促进妇女发展的国家行动计划。

坚持完善党委领导、政府主导、各方参与、协同推进的妇女扶贫工作格局。坚持全国一盘棋，调动各方面积极性，集中力量办大事是我国国家制度和国家治理体系的显著优势。一是健全工作机制。习近平总书记亲自挂帅、亲自出征、亲自督战，自上而下建立健全脱贫攻坚责任体系，严格执行一把手负责制，省、市、县、乡、村五级书记一起抓，强化中央统筹、省负总责、市县抓落实，成为妇女脱贫发展的关键推动力。二是完善政策措施。党中央出台了《关于在扶贫开发中做好贫困妇女脱贫致富工作的意见》《关于在脱贫攻坚战中大力推进小额贷款促进建档立卡贫困家庭妇女脱贫致富的通知》《关于加强农村留守妇女关爱服务工作的意见》等一系列指导性文件，支持贫困地区妇女发展。三是持续加大投入。在健康扶贫上，2009—2018 年中央财政投入 32 亿元、地方财政投入 40 亿元。到 2020 年底，中央彩票公益金共拨付 19 亿元，加上全国妇联募集的社会资金，累计为 19.22 万名贫困患病妇女实施救助。金融支持上，2009—2018 年累计发放妇女创业担保贷款 3 800 多亿元，获贷妇女 650 多万人次；2015—2019 年发放的扶贫小额信贷中贷款主体是妇女的为 136 万人，贷款金额为 635 亿元。四是动员全社会力量参与。把妇女扶贫减贫纳入东西部扶贫协作和对口支援机制，通过劳务互助、产业帮扶、消费扶贫等多种方式，为西部贫困地区妇女精准脱贫提供帮助。

坚持发挥广大妇女在打赢脱贫攻坚战中的主体作用。贯彻习近平总书记重要指示精神，新时代妇女扶贫工作将扶贫同扶志、扶智结合起来，贫困妇女脱贫致富内生动力极大激发。坚持教育为先，充分利用各种载体和渠道，广泛开展政策宣讲、励志教育、技能培训、典型示范等活动，为贫困妇女赋权增能，引导贫困妇女摒弃等靠要思想，树立自力更生、勤劳致富的理念。“半边天”作用在脱贫攻坚中充分彰显。妇女已占我国农村劳动力的 60% 以上，在特色种养、农产品加工、休闲农业、乡村旅游、电子商务等多元化产业发展中大显身手，发挥创业增收生力军作用。

坚持把妇联组织作为党开展妇女扶贫工作的有力助手。妇联组织是中国共产党亲自缔造并领导的群团组织，是世界上覆盖面最广、规模最大、组织网络最完备的妇女组织，全国妇联牢记习近平总书记嘱托，主动担当作为，突出思想引领，加强教育培训，配合做好贫困女童控辍、保学工作，资助大龄女童接受职业教育，帮助贫困妇女增强技能提高素质。扶持特色产业，以实施“家家幸福安康工程”为抓手，把党的关怀和社会主义大家庭的温暖送到贫困妇女儿童身边。[7]

综上所述，中国妇女扶贫工作取得显著成绩得益于党和政府创新了的妇女减贫政策——“国家战略妇女扶贫”“协同推进妇女扶贫机制”“福利路线”和“反贫困路线”相结合的妇女扶贫政策。

“国家战略妇女扶贫”是中国妇女扶贫工作最值得称道的扶贫政策，就是从党和政府的高度由上而下地领导与推进，把扶贫开发纳入国家总体发展战略，并把妇女作为脱贫攻坚的重点关爱对象。此外，这样就保证了妇女扶贫工作占据国家战略的政治高度，能够最大限度地调动全社会各界参与的积极性，获得经济发达地区浑厚的人力物力的支持，非常有效地弥补了妇女资源财力稀缺这个重要的致贫因素，因而使得中国妇女扶贫工作在短期内收到显著的效果。

“协同推进妇女扶贫机制”就是让经济发达地区和各个政府机关、事业单位和企业与某些贫困村、贫困户结对，并从各单位委派优秀干部到贫困村挂职，长年进驻到贫困村带领当地开展扶贫工作。使扶贫工程分包到各条战线、各个单位，成为考核单位领导政绩的一个重要指标，这样就明确了责任人和扶贫工程对象，增加了扶贫派出单位的责任意识，也使扶贫对象的资源财力获得了持续稳定的增加。

“福利路线 + 反贫困路线”。“福利路线”体现在扶贫派出单位通过赠送物资、劳务扶贫、

[7] 中共全国妇联党组．新时代妇女的中国扶贫减贫经验 [J]. 求是 ,2020（24）：42–48.

消费扶贫等形式给贫困妇女分发生活物资、提供劳务，或促进农产品的销售，通过健康扶贫为贫困患病妇女实施救助；“反贫困路线”就是帮助贫困妇女创业、提供就业机会、组织技能培训、专门给贫困妇女提供小额贷款等，提高贫困妇女的职业技能、生产能力和经济收入。

中国特色的妇女扶贫工作取得成功的宝贵经验，主要体现在能够充分发挥我国国家制度和国家治理体系的显著优势，注重在顶层设计上关注妇女贫困需要，为促进妇女脱贫和发展提供强劲的制度保障。把妇女脱贫发展纳入党和政府治国方针的总体框架，把妇女脱贫发展纳入经济社会发展全局，把妇女脱贫发展纳入国家精准扶贫战略，为促进妇女脱贫和发展建立了全国联动机制。实施促进妇女发展的国家行动计划，动员社会各界广泛参与，集中力量办大事，为促进妇女脱贫和发展提供了雄厚的资源财力。

（六）妇女扶贫中的社会性别意识

贫困女性化是世界各国普遍存在的社会问题，它并非单纯是贫困问题，也不仅仅是妇女问题，而是人类长期以来形成的社会性别文化导致男女在社会经济发展过程中的差异。为什么贫困长着一副女性的面孔？主要因为传统的男权文化思想形成了一个根深蒂固的男尊女卑的社会秩序，使妇女一直处于依附男人的地位，妇女的人格尊严、合法权益和发展机会受到男性的压迫与剥夺，导致妇女比男性具有更少的资源财力从而陷入贫困境地。只要男女不平等以及妇女从属地位一天不改变，贫困女性化的现象就会继续存在。换言之，妇女贫困是标，而社会性别差距是本。只有根除社会性别差距这个因，才会消除妇女贫困现象这个果。但是由于传统观念的影响，我们在开展妇女扶贫工作的过程中，往往只着重改变妇女经济贫困问题而忽略了导致妇女贫困的社会性别差距。诚然扶贫首先要从物质经济入手，通过帮助妇女增加经济收入、提高妇女福利待遇，会在短期内立竿见影地帮助妇女摆脱困境，但是项目结束后，那些脱贫的妇女又很容易地出现“返贫”现象，其中的原因就是还没有根除导致妇女贫困的社会性别差距这个根源。

大量的妇女扶贫实践证明，缺少社会性别意识的扶贫项目往往治标不治本，还会使扶贫效果受到限制。“福利路线”式的扶贫策略在实践中确实充分发挥了妇女参与发展的主体作用，使妇女的经济收入和生产能力有显著的提高，但是由于社会性别意识还没有广泛被社会各界共享，导致在制定相关的扶贫政策和措施中未能充分考虑到性别平等、妇女的发展机会与合法权益等主题，结果使得很多的政策和措施只对男性有利，即使是开展妇女扶贫专项，但是参与项目的成员缺乏“社会性别”和“妇女发展观念”，某些扶贫项目对于提高妇女的经济收入及社会地位没有达到预期的效果。例如小额信贷扶贫项目，最早是孟加拉国乡村银行推行的专门限定妇女为主贷人的一项妇女扶贫项目，目的是为有创业计划的妇女提供金融贷款以帮助她们提高经济地位。后被杜晓山引入中国后，在实施中把原来妇女作为主贷人的限制放宽到所有建档立卡的贫困户，这样虽然使全部的贫困户获得了金融扶贫的资助，但是这个原来专门为妇女扶贫设立的项目不但失去了解决“妇女贫困”的意义，而且在客观上还进一步拉大了经济领域的社会性别差距，真正贫困的妇女得不到小额信贷，相对富裕的男性反而获得了信贷。真正用于发展产业、增加收入的妇女得不到信贷，而获得信贷的男性往往把贷款用来盖房子、娶媳妇、还债或者吃喝玩乐等。可见，缺乏“妇女发展观念”的扶贫项目起不到消除因社会性别差距导致的“相对贫困”现象，不仅不能改善贫困妇女的经济处境，还有可能使这种性别之间的“相对贫困”变得更加严重。此外，缺乏针对性的金融扶贫更增加了贷款回收的风险。

我们在扶贫上大力提高妇女的主体作用，使妇女们在扶贫工作中发挥聪明才智，但是在农村大部分地区，女性在出嫁前没有娘家的财产继承权，出嫁后在夫家仍然没有财产支配权，离婚后也不能分到夫妻的共同财产。农村妇女一旦离婚就会变得一无所有，她们仍旧需要依附男人而生存，妇女在家庭财产方面依旧是贫困的。虽然农村女性比从前享有更多的农业科技培训与继续教育机会，但如果继续教育缺乏社会性别意识，继续教育的内容和方法没有考虑到农村女性的文化基础、学习方式以及承担繁重生产与家务的特殊性，还是遵循传统习惯默认以农村男子为主体安排继续教育的内容、时间与方法，即使今天农村妇女已成为农业生产的主力军，也将因顽固的性别歧视被农村继续教育边缘化，难以缩小在人力资源方面与男性的差距。

我们的扶贫攻坚工作已经在消除绝对贫困上取得举世瞩目的成就，下一个阶段将会进入解决“相对贫困”的阶段。由于中国的特殊国情，妇女贫困是我国“相对贫困”的主要问题。因此，在扶贫进入消除相对贫困的阶段中，应当把妇女脱贫发展纳入国家精准扶贫战略和国家行动计划，在社会各界广泛宣传，使“社会性别”和“妇女发展观念”能够在各级政府以及各项社会工作中得到正确的理解与实践。

二、农村女性的继续教育

继续教育对于农村女性的脱贫与发展具有非常重要的意义。由于长期受传统社会性别的影响，农村女性在社会地位、家庭地位、财产分配、教育机会和就业机会等方面与男性相比明显处于劣势地位。而继续教育可通过提高农村女性人力资本有效增加其资源财力并缩小与男性的社会性别差距，从而提高农村女性的经济收入和家庭、社会地位。

（一）农村女性继续教育存在的问题

1. 农村妇女文化程度低，继续教育缺口大

第七次全国人口普查数据显示，我国文盲人口约 3 775 万人，其中女性人口为 2 823 万人，其中文盲人口占 15 岁以上人口下的比重为 3.26%。这些文盲绝大部分分布在农村，尤其

是在西部地区，而其中一大半是女性。近年来，在党和政府的重视下，我国妇女扫盲成效显著，女性文盲率下降幅度高于男性。但由于中国是人口最多的发展中国家，成人文盲数量仍居世界前列，其中一大半是农村女性文盲。中国近几年在降低失学率方面取得了显著进步，但是不断加大的城乡教育差距同时也在阻碍整体教育水平的提高。联合国教科文组织 2011 年 3 月发布的报告称，在全世界文盲率最高的十个国家中，中国的成人文盲数位列第八，这十个国家的成人文盲总数约占全世界文盲总数的 72%。中国成人文盲人数仍排世界前列。[8] 数量庞大的成人文盲成为农村女性贫困的致命因素。近年来，我国非常重视在农村地区普及农村九年义务教育，但是在广大的农村地区，无论是经济发展较好的地区，还是老少边穷地区，农村女孩的失学和辍学现象依然存在，特别是近年来受商品经济浪潮和大学生就业困难的影响，新一轮读书无用论思潮重新涌现，不少农村女孩无心读书，过早地辍学进城打工或在家务农。农村妇女普遍教育程度偏低，甚至存在数量众多的文盲、半文盲，这使农村妇女继续教育变得任重道远。

2. 农村妇女继续教育的参与率低

农村妇女不但受教育程度明显低于农村男性受教育程度，而且接受继续教育的比例也比农村男性低。据调查，未上过学的农村妇女人口比例为 3.8%, 比农村男性高出 2.2 个百分点；受过小学、初中教育的农村妇女人口比例为 92.3%, 比农村男性高出 10 个百分点；而受过较高文化层次教育（高中、中专）的农村妇女人口比例为 3.8%，比农村男性低出 3.3 个百分点，即接受初中及以上教育的农村女性比例均低于农村男性，小学、未上学的农村女性比例均高于农村男性。与农村男性相比，农村妇女近三年参加培训或进修的比例较低，为 17.9%, 比农村男性低 14.9 个百分点；而近三年没有参加培训或进修的农村妇女比例高达 82.1%, 比农村男性高出 14.9 个百分点。因此，从继续教育的机会和受教育的实际结果来看，农村妇女均低于农村男性。[9]

3. 农村妇女继续教育的积极性低

虽然农村妇女受教育程度普遍比较低，但是由于各种原因，她们参加继续教育的积极性也偏低。各地政府经常为农村提供各种科普培训，但农村妇女参与科普活动的积极性较低。一般情况下由丈夫参加科普培训，只有在丈夫没时间的时候才让妻子去参加。

河北省威县地属冀南低平原，是华北地区重要的产棉基地，种植棉花和蔬菜大棚是该县农业的经济支柱，该县地少人多，大量剩余劳动力转移到城市务工，农业女性化现象较为突出。

[8] 团团 . 全国文盲率降至 4% 以下，女文盲是男文盲的 3 倍？此省文盲率全国第一 [EB/OL].https://baijiahao.baidu.com/s?id=1696375095085253029&wfr=spider&for=pc，2021-04-07.

[9] 王春艳、杨奎 . 湖北农村妇女教育现状及影响因素 [J]. 中华女子学院山东分院学报，2005（3）：64.

为了帮助农民掌握农业生产知识，村里平均每年要举办4~5次科普活动，主要包括农用机械使用、农作物种植、果树栽培、农畜饲养、土壤改善、病虫防治、安全生产、养生知识等培训。据调查，问及每年参加村里举办科普活动时，47.3%的受访者表示没有参加；在参加过培训的受访者中，每年参加一次的占样本总数的22.5%，每年参加两次的占18.6%，三次及以上的仅占11.6%，该县每年提供的科普培训活动，只有很少的农村妇女能够每次都参加。[10]

4. 农村妇女继续教育的效果不理想

我国农村妇女继续教育在内容上存在供需脱节的矛盾。继续教育内容陈旧，脱离农村生活现实，未能及时跟上新农村建设与现代科技发展的脚步，也未能满足农村妇女的实际需求。农村继续教育普遍停留在扫盲和传授基础农业生产知识的阶段；继续停留在从前以男子为农业生产主力的模式。在偏重农业生产技术和职业技能培训的同时，忽视了农村妇女婚姻家庭生活、科学育儿、子女教育问题、医疗保健、社会保险、法律知识、精神文化等方面的需求。即使是定期开展的科普活动也与农村妇女的实际期望不相符。据调查，目前开展的科普活动主要以农作物种植培训和病虫害防治知识培训，其他内容的科普培训较少。但实际上，普遍农村妇女还想获得蔬菜种植、家禽养殖、手工制作、食品加工、直播销售、网络技术等新兴产业知识和技能培训。农村继续教育忽略了新农村发展、农村妇女社会性别差距和多样化需求等问题。

农村继续教育在教学方法上仍旧采用传统的课堂讲授式，教师照本宣科地灌输知识，缺乏形象生动的演示、实验，缺乏师生之间的互动交流，缺乏多媒体教学设备与手段，也没能根据妇女的兴趣和特点做到因材施教和寓教于乐。对于文化水平普遍比较低的农村妇女，她们更喜欢教师结合农村日常生活进行深入浅出的讲解；喜欢科普人员下乡指导以及专家能手进行现场示范，喜欢在田野现场真实地观摩和实践每一步操作流程。她们不喜欢听抽象难懂的理论讲授，枯燥呆板的继续教育方法只会使农村妇女对继续教育失去兴趣。

组织渠道的农村继续教育存在内容陈旧、教学方法落后、未能满足农村妇女的特点与需求，影响了继续教育的效果，组织渠道的继续教育对于农村妇女继续教育所起的主要作用还有很大的提升空间。农民继续教育的渠道主要分为组织渠道、人际渠道和大众传媒渠道三种渠道。其中，组织渠道包括农民夜校、政府科技培训、农业技术推广等；人际渠道包括专家学者、技术能手、熟人社会等；大众传媒渠道包括电视、广播、网络、手机、书报等。组织渠道和大众传媒渠道本应成为农村妇女继续教育的主要渠道，但是在实践中这两个主要渠道对帮助农村妇女提高文化素质、获取农业生产知识效果还存在不足。目前农村妇女掌握农业生产知识主要来自两方面，一是通过本人日常生产实践的经验积累；二是通过向技术能手或亲朋好友学习。

[10] 王海莉，李一．社会性别主流化视角下对农村科普机制运行状况的考察及分析——基于对河北省部分农村的实证调查 [J]. 科普研究，2013（4）：7.

（二）影响农村妇女继续教育发展的主要因素

1. 受教育程度是影响农村妇女继续教育的先天因素

农村妇女偏低的文化水平限制了她们参与继续教育的学习能力和学习效果。中国成人文盲人数仍排世界前列，其中大部分为农村妇女，年长的农村妇女普遍受教育程度为小学到初中。对于数量庞大的农村女性文盲与半文盲，她们继续教育的首要任务是扫盲和对基础教育的补课，那本来是小学阶段就应该完成的任务。因此，农村妇女文化基础薄弱使得她们对职业技能和农业新科技的理解与掌握变得十分困难，从而影响到她们参加继续教育的积极性和培训效果，也不利于农业新科技在农村地区的普遍推广。

2. 繁重的家务和生产劳动成为阻碍农村妇女继续教育的客观因素

农村妇女历来承担生育、生产和社区管理三重角色。近年来，随着全国大规模的农村劳动力迁移，大部分农村男性青壮年离开农田进入城市务工，留守家园的农村妇女实际上已成为农业生产的主力军。传统社会的男耕女织变成了新时代的男工女耕，而农村妇女的三重角色依然没变，只是生产劳动的强度变得更沉重了。这样一来，农村妇女在家里既要当爹又要当妈，上有老下有小；既要伺候年迈的公婆，又要照顾年幼的儿女，操持家里的衣食住行和盐油柴米。在田地里，农村妇女独自承包了所有原来男人干的粗重农活，从耕地、犁田、播种、插秧、施肥、打药、收割、打谷到修渠、运输、砍树、养猪、养鸡和种菜，一样都不能少。在访谈中一些农村妇女说，白天到田里干了一整天的农活，晚上回到家累得衣服也顾不得脱就蒙头大睡了。在长年累月超负荷的劳动强度下，农村妇女难以再有剩余的时间和精力参加继续教育。

3. 缺少主体意识成为妨碍农村妇女继续教育的主观因素

由于长期受到传统社会性别意识的影响，农村妇女习惯将自己定位为依附于男人和家庭而存在的贤妻良母，她们心甘情愿为成全家庭的繁荣稳定而牺牲自己的人生追求。她们主体意识微弱，自我期望和成就动机比较薄弱，缺乏自信自尊自强的精神，没有养成自主学习的习惯，参与继续教育的意愿和积极性普遍不高。调查表明，农村女性参与继续教育的成就动机与积极性普遍比农村男性低。即使有接受继续教育的意愿，一旦客观困难与家庭利益发生冲突时，大多数农村妇女就会毫不犹豫地放弃继续教育和个人发展。

4. 经济条件与培训收益成为限制农村妇女继续教育的经济因素

当农村妇女的基本生活需求还没有充分满足的前提下，对继续教育的需求还没来得及提上日程。在经济发展落后以及边远的农村地区，部分农户正努力奋斗在脱贫致富的路上，解决温饱问题和增加经济收入是摆在农村妇女面前的头等大事，继续教育还没有成为农村妇女日常必需开支，绝大多数妇女都不愿意因为自己的继续教育而增加家庭负担，而且继续教育的收益并不是立竿见影的，更何况农村家庭的财务支配权普遍掌握在男性手中。因此，家庭经济困难抑制了农村妇女接受继续教育积极性，而贫困女性化又剥夺了农村妇女继续教育的机会。

由于现阶段我国大部分农村地区的生产力还是比较落后的，普遍采用传统的农业生产方式，农业新科技还没有普及，一些技术培训项目依然停留在基础层次，缺乏与区域经济发展相适应的农业新科技培训项目。农村继续教育的科技含量与经济效益并不高，对于希望参加短期培训就能迅速致富的农村妇女，花大量时间、精力和学费参加不能马上增加收入的继续教育培训认为缺乏经济效益。

5. 培训项目缺乏社会性别意识成为影响继续教育质量的文化因素

没有将社会性别意识纳入培训项目，没有考虑到男女不平等的传统观念所产生的消极影响。 虽然在新的农村发展阶段，劳动力结构已经发生了巨大的变化，农村妇女已经替代农村男性成为农业生产的主力军，实际上大部分的农业生产主要由妇女独立完成。但是由于受传统社会性别的影响，培训项目设计者还是执着地认为“男主外，女主内”“男人才是农业生产的主力军，女人只做配角和家务活”。在培训内容上，习惯性地根据男人的特点来设计培训项目，有意无意地忽略女性的特点与需求。在培训对象上，习惯性地把男性作为培训对象，再由丈夫传授给妻子，虽然现代农业技术的主要实践者是妇女，她们也没有直接学习的资格。在培训时间安排上，默认根据男人的时间节奏，根本不考虑妇女要承包生产和家务劳动所导致的时间限制。在培训方法上，习惯采用男人的思维方式去教学，完全不考虑农村妇女在文化基础、抽象思维、操作能力等方面的弱势，导致农村妇女继续教育质量没能达到预期的效果。

（二）提高农村女性继续教育质量的措施

1. 完善农村妇女继续教育的法律法规

相比基础教育、高等教育和职业技术教育等其他类型的教育，我国农村妇女继续教育发展比较缓慢，主要原因之一就是缺乏完善明确的农村妇女继续教育的法律法规。目前农村妇女继续教育没有受到应有的重视，只是停留在一些零散的知识和技能培训上。国家应该出台“农村妇女继续教育法”，以法律的形式保障农村妇女享有接受继续教育的权利和义务，以法律的形式保障农村妇女继续教育专项财政经费来源，建立健全农村妇女继续教育体系，建立农村妇女继续教育专业师资队伍，根据农村妇女的文化基础和接受能力探索出适合农村妇女的继续教育方法。以健全法律法规的形式保障农村妇女的教育权益，改变农村妇女继续教育停滞不前的状况。

2. 把农村妇女继续教育纳入国家发展战略和扶贫工作

贫困女性化是一个全球普遍的现象，我国农村人口基数巨大，农村妇女贫困现象无论从人数还是程度都比农村男性更为严峻，解决农村妇女贫困问题是我国脱贫攻坚战进入“相对贫困”阶段将面临的艰巨任务。而加强农村妇女继续教育，能够有效地提高农村妇女的人力、物力和财力，帮助她们掌握生产技术、就业技能和文化素质，从而增加经济收入。习近平总书记说，脱贫攻坚是场持久战，要强化扶贫与扶志、扶智相结合，持续用力，久久为功，标本兼治，从思想上拔除“穷”根。精准扶贫不能仅仅“授之以鱼”，更要“授之以渔”，不能简单地采取救济等扶贫方式，这样的扶贫缺乏可持续性，消除深度贫困，要勇于突破常规思维，变“输血”为“造血”，增强造血功能。增强农村妇女继续教育机会就是增强“造血功能”。在继续教育过程中要提高农村妇女的参与性，改变以往继续教育把农村妇女置于被动灌输的地位，提高农村妇女在继续教育中的主体意识和参与性。就农业科技推广来说，参与性包括村民参与决策过程，参与项目实施，分享共同利益并评估；参与性是一个行动过程，通过这一过程，受益者或受益团体影响项目的方向和进程，包括提高收入及有关的福利，促进个人成长、实现资源控制或其他有价值的方面。

3. 因材施教，对农村妇女开展分类分层的继续教育

《论语·卫灵公》:“子曰:‘有教无类。’”意思是指，不应贫富、贵贱、智愚、善恶等原因把一些人排除在教育对象之外，对谁都应进行教育。“有教无类”当然包括农村妇女。为了使继续教育能够满足农村妇女的不同起点和需求，教育部门应该加强调查研究，在开展扫盲、培训或科普活动前，要对农村妇女的文化层次、继续教育需求、授课形式、时间安排和授课地点等方面进行翔实调查。根据受教育的文化基础和需要层次，农村妇女继续教育可分为五大教学领域：一是扫盲类教学。针对农村文盲和半文盲，相当于小学程度的教学内容，主要是识字、写字、朗读和简单的计算、生活常识和法律基础等，根据农村妇女日常生活基本需求选择教育的内容。二是家庭生育类教学。针对已婚的农村妇女，以满足她们生育角色的需要，帮助她们学习各种家务劳动的技能，提升经营婚姻家庭的素质和能力。开设保健护理、优生优育、营养搭配、烹饪技巧、社会保险、家庭理财、法律常识等课程。三是生产技术类教学。满足农村妇女生产角色的需要，对年轻的妇女开展进城务工的职业教育；对留守妇女则根据当地的自然环境、产业结构和区域经济发展的战略，开展有地方特色的生产技术、科普活动和职业技能培训，帮助农村妇女学习科学种田的技术和方法，提高农业生产效益；帮助她们掌握过硬的职业技术，参与到本地的产业发展和中小企业工作中。四是微型创业类教学。针对教育程度比较高、有一定的经营和创业基础、富有开创精神的青壮年农村妇女，帮助她们掌握微型创业的策略和方法，从而提高农村妇女的经济收入。开设微型企业管理、直播销售、网络营销、承包种植养殖、家庭旅馆餐馆经营等，为农村妇女创业搭建智力服务平台。 五是文化修养类教学。为满足农村妇女精神文化生活的需要，提高闲暇生活质量，开设妇女心理健康、说话技巧、家庭伦理、音乐美术、电影欣赏等课程。

4. 把“性别平等与女性发展”作为农村妇女继续教育的核心课程

受几千年封建思想的影响，农村妇女本身也受到男尊女卑错误观念的影响，严重地抑制了她们自我发展、参与社会生活并争取合法权利的自主性。因此，非常有必要把性别平等当作农村妇女继续教育的重要课程，只有妇女觉醒起来挣脱性别不平等的思想禁锢，才有可能获得真正的解放和发展。第一，要在全社会普及社会性别意识教育，把男女平等这项基本国策深入贯彻到社会生活的各个方面，并通过电视、广播、报纸、网络、微信、文艺节目等所有媒体共同宣传，在全社会广泛形成性别平等观念的舆论导向。第二，要求各战线认真查找存在性别歧视的现象并加以纠正。第三，编撰“性别平等与农村妇女发展”的专门教材，体现通俗易懂、深入浅出、形象生动的要求，符合农村妇女的认知特点，以弥补目前农村妇女继续教育在社会性别意识方面的欠缺。第四，聘请女性教育研究专家就社会性别、性别歧视、性别平等与妇女解放等专题进行授课，并通过远程教育、网络直播或网络课程的方式，对全国农村妇女进行网络教学。第五，鼓励农村妇女学以致用，首先在家庭生活中争取男女平等的地位，例如争取合法的财产继承权，已婚妇女在集体经济的所有权以及婚后夫妻共同财产的分配权等；积极参与社区生活和村民管理委员会的活动，提升农村妇女参政议政的意识与能力，帮助她们树立自尊自强自信的精神。

5. 增强继续教育中社会性别意识，贴合农村妇女的特点和需求

目前，大多数的农村继续教育和科普活动忽略了学员的社会性别差异，但是实际上却默认以男性作为学习的主体，即使是针对农村妇女的继续教育活动也是如此，结果降低了农村妇女继续教育及科技项目推广的效率。我们应该在农村继续教育和科普活动中加强社会性别的敏感性，不仅要关注目前妇女从属于男性的社会性别结构，还要考虑到农村妇女的性别需要以及在现阶段农业生产中的主体地位。第一，在继续教育和科普活动的内容编撰上，首先要进行广泛的社会调查，了解农村妇女实际需求和建议，其次要建立交流与参与机制，创造机会让农村妇女表达意见，提高她们对继续教育和科普活动的参与性。第二，在继续教育和科普活动的形式上，要考虑到农村妇女的文化水平和接受能力。避免传统的理论灌输和课堂教学模式；用简明扼要的语言讲抽象深奥的理论；用形象生动的事例讲晦涩难懂的道理；以请专家能手到生产基地进行现场示范替代长篇大论的课堂说教；用活泼有趣的实践活动替代枯燥艰难的作业。第三，在继续教育和科普活动的时间安排上，要考虑到农村妇女每天起早摸黑，兼顾生产劳动、家务和照顾孩子和老人的繁忙节奏，只有在农闲期间才能抽出一些细碎时间的特点。因此，尽量把继续教育和科普活动的时间安排在农闲时间或者是晚上，并且要做好提前报名，分期分批进行培训，并采用累计学习积分的形式鼓励农村妇女采用灵活机动的时间参与继续教育。第四，考虑到农村妇女继续教育有利于提高农业生产效率并促进农村脱贫，建议对积极参与继续教育和科技推广活动的农村妇女进行经济鼓励，政府设立专门的农村妇女继续教育奖金，并颁发证书。

第六章

解决农村女性社会流动困境的对策

教育因成为农村女性争取男女平等、提高经济能力与社会地位以及获得婚姻幸福的主要手段而具有特殊的社会学意义。提高农村女性的教育程度，能够帮助农村女性打破社会性别的禁锢，培养独立自主的人格和自尊、自信、自强的精神，唤醒她们实现自我价值和追求个人发展的愿望。提高农村女性的学历层次和人力资本，帮助她们提高就业竞争力从而实现社会流动。加强农村女性的继续教育与农业科技培训，帮助她们掌握劳动致富的技能从而增加经济收入。提高农村女性的教育程度，能够帮助农村女性提高社区管理能力、参政议政的能力从而提高她们的政治地位。提高农村女性的教育文化水平，帮助她们摆脱对男人的人身依附并获得处理婚姻关系的能力，从根本上提高农村女性的家庭地位与婚姻质量。

一、大力提高农村女性受教育水平

调查发现，那些能够继续升学并学有所成的农村女生，都是在优胜劣汰的竞争中脱颖而出的佼佼者，或是赶上好政策、遇到好心人资助的幸运儿。她们从小聪慧灵秀、勤奋学习、意志坚强、吃苦耐劳、乖巧懂事。她们是通过十年寒窗苦读奋力飞越大山的金凤凰。

（一）义务教育

九年义务教育制度是我国现行最重要的教育制度。《中华人民共和国义务教育法》（自2006年9月1日起施行）第一章第二条规定，国家实行九年义务教育制度。义务教育是国家统一实施的所有适龄儿童、少年必须接受的教育，是国家必须予以保障的公益性事业。实施义务教育，不收学费、杂费。

受《中华人民共和国义务教育法》的保护，广大农村子弟普遍顺利完成从小学到初中阶段的教育。《中华人民共和国义务教育法》将义务教育的均衡发展纳入了法制的轨道，将均衡教育思想作为《中华人民共和国义务教育法》的根本指导思想。但由于各地经济、文化水平的差异，使得我国的义务教育阶段出现了地区之间、城乡之间乃至学校之间较大的发展差距。随着经济的发展，这种差距越拉越大。由于受家庭经济条件限制，部分贫困的农村孩子读完初三就不能再升上高中了，但这种情况在城市基本不会出现。出人意料的是义务教育资源相对丰富的地区，义务教育资源配置的城乡差距反而越大。

小芳，20岁，初中学历，广西壮族自治区龙胜各族自治县瓢里镇人。妈妈重度残疾，爸爸只能在附近打些短工补贴家用，还要供小芳和妹妹两人读书，家里经济十分拮据。上初中后班主任帮她联系到好心人士的赞助，读初三时申请到国家下发的“寄宿生生活补助”，在国家和社会的资助下小芳好不容易读到初中毕业。因为中考时没考好，只考到一个计划外招生的高中名额，这就意味着小芳高中期间每年要比正规生多花费七八百元钱。考虑到读高中不属于国家义务教育阶段，而且妹妹再过一年也要上高中，姐妹俩都上高中家里负担不起，为了能让妹妹安心读书，小芳无奈地放弃读高中的机会。小芳现在一家婚纱店打工。

2020年全国教育事业发展统计公报数据显示，2020年全国高等教育毛入学率为54.4%。但农村大学生的比例在逐年下降，越是重点大学、名牌大学比例越低，这已经成为不争的事实。例如近年来考入北京大学、清华大学的农村大学生只占15%左右，浙江大学、南京大学、中国农业大学均低于30%。当城市普及高中教育已司空见惯的时候，因为家庭贫困而失去读高中机会的农村女孩依然存在。考虑到目前城乡经济收入水平以及教育资源存在较大的差距，为了减少城乡教育的巨大差距，增加对农村地区教育的倾斜力度，是否可以尝试将农村地区的义务教育年限延长至高中阶段，并进一步加大各级政府对农村教育财政投入的比例?

（二）国家教育扶持政策

自20世纪90年代以来，我国政府非常重视农村女童教育及民族教育。小学设“女童班”，初中设“女子班”，高中设“民族班”。“女童班”“女子班”配备所在学校最好的师资。女生们每学期都能获得国家提供的生活补助，以及社会各界的大力资助。令人欣慰的是，不少成材的农村女性，当年都曾得益于“女童班”或“女子班”。

广西壮族自治区龙胜各族自治县从2004开始实行“两免一补”，即“免杂费、免课本费、补助寄宿生生活费”。2004年9月，一项名为“两免一补”的政策开始在该县实施，时至今年春季学期全县共发放“两免一补”资金1 000多万元，让该县农村义务教育阶段家庭贫困学生全部享受免杂费、免费教科书及补助生活费政策，有近50 000人次贫困生从中受益。[1]在义务教育阶段，少数民族子女上学不但不必缴纳学费、杂费，而且每月还能享受一定生活补助，如每月有30斤米的饭票、50元左右的菜票，基本上能满足学生一个月的生活费。近年来国家更加重视民族地区教育，国家的教育优惠政策使广大农村女孩（尤其是少数民族女孩）进一步获得平等的教育权利，产生比较显著的教育效果。那些当年获得国家优惠政策的女生，大部分都学有所成，并且成为知识改变命运的成功典范。

小凤，27岁，大专，壮族，龙胜各族自治县平等镇人。七岁那年父亲因为家贫染上酗酒

[1] 舒华钰．龙胜“两基”：让山里娃娃上好学．桂林教育信息网．2007-5-25.

恶习，经常醉后打骂母亲出气，母亲忍受不了长期的家暴带着年幼的妹妹离家出走。母亲出走后，父亲也外出打工了，但挣不到钱回来养家，小凤只能靠年迈的爷爷奶奶供养上学。小凤说，她比别人唯一幸运的就是遇上政府兴办的“女童班”，当年“女童班”在全乡小学二年级学生中选拔，她最终以优异成绩考取。“女童班”配备一流的师资，部分办学经费由政府拨款。学校还积极寻求各方资助，帮助女童解决部分生活费。如果没有政府的“女童班”，小凤就不可能顺利地小学毕业，并为继续升学打下基础。

小陈，26岁，瑶族，本科，龙胜各族自治县泗水乡人。读高二时，妈妈突然查出脑血栓，这让她原本艰难的求学路更加雪上加霜，她说：“如果没有学校及亲友们的鼎力资助，我真的无法完成学业。”以她当年的优秀成绩本来可以考上更好的大学，但听老师说，读师范大学可获得国家资助，只要毕业后按协议回到家乡任教，愿意支援西部教育事业，在大学期间免交学费。为了省钱给妈妈治病，也为了能上大学，小陈选择了读师范大学。大学毕业后，小陈自觉听从国家安排回到广西工作。由于英语成绩很好，现被南宁一所重点高中聘用为高中英语教师。

（三）社会资助

国务院从2008年秋季学期起，全面免除城市义务教育阶段学生学杂费，意味着义务教育走向普遍免费，“两免一补”资助政策不再专门针对农村贫困学生。但问题是，新的一轮全国城乡统一的教育公平后，又衍生出另一个不公平：原来专门为农村贫困学生设立的资助政策没能及时补充而缺失。目前，我国社会财富积累水平已经很高，但社会对农村贫困学生资助的积极性和资助力度并不高。一项针对民族地区贫困学生的调查表明，没有一项资助来自非政府教育基金会组织，[2]令人遗憾的是，富裕起来的中国还未建立起健全的社会资助体系，尚未树立良好的慈善救济的社会风尚。

在调查的对象中，所受到的资助来自个人或团队。这种资助方式一般由学校老师联系所得，资助主体与资助对象建立一对一的联系，虽然资助面并不广，力度也有限，但对有幸获得资助的贫困学生却如渴时的一滴甘露。受资助的贫困生绝大多数都很珍惜获得的资助机会，加倍发愤学习，顺利完成学业，甚至考上大学找到理想工作，并心怀感恩以实际工作回报社会。一对一的资助除了资金能够及时到位外，资助者还能给予资助对象更多心理关怀与学习辅导，而这三方面的物质与人文资助，恰好是贫困生在成长过程中最需要的。

小凤读小学五年级时，学校帮她所在的女童班联系到一个资助团队——复旦大学外语系学生李素花等七位同学，她们将募集而来的资金全部寄给女童班，老师再发给个人。复旦大学李素花团队从初中开始资助小凤一直到大学毕业。正是有李素花团队的资助，小凤才能顺利完成学业。小凤常怀感恩之心，加倍努力学习，以优异成绩报答恩人。大学毕业后回到家乡政府工作，并考上了公务员。

[2] 金东海，玉爱兰，路宏．民族地区义务教育阶段贫困学生就学资助问题研究[J]. 教育与经济，2011（2）：22-26.

小花读书时学校还收教育附加费、课本费、水电费、生活费等。姐妹俩同时都要上学，父母都是本分农民，家里有时困难得无法形容，每周十元的生活费都不容易帮姐妹俩筹到。上初二那年，就在小花因为贫困面临辍学的时候，老师爱怜她的优秀成绩和表现，帮她联系到广东一个资助团队。在该团队的资助下，小花得以完成初中三年的学习，顺利考上师范，并继续接受资助直至师范毕业。小花就是因为幸运地接受了资助才避免了辍学的命运，她的妹妹也因为家中减轻了负担而得以继续读完高中。师范毕业后，小花回到了自己的家乡工作，成了初中母校一名教师。小花说："当年我没有辍学，全因有资助我的团队，我将终生铭记并感谢资助我上学的恩人！"

二、在学校场域中建立起平等的社会性别意识

在农村学校，由于教师集体的性别无意识，由于学校所体现的社会性别理念与该学校所在地和学生家庭的社会性别文化高度相关，它们相互作用、相互强化，让男女学生朝着传统社会文化所期待的"男性"和"女性"的心理差异和行为方式方向发展。那么如何才能在学校场域中建立起平等的社会性别意识，促进真正的教育性别平等？

（一）建立学校教育的性别公平监测指标体系

由北京师范大学郑新蓉团队所创建的性别公平教育监测指标，是以性别平等为标准，在适当级别设立机制，监测有关各部门的改革和措施的实施情况，并酌情建立技术援助方案，以解决在监测中所提出的各项问题。性别公平化教育监测体系既可以保证男女儿童平等的教育环境和平等地获取教育资源，又促进性别公平的改革。[3] 因此，建立适合农村中学的教育性别公平的监测指标体系，并把其付诸实践来指导教师的教育教学行动，将会更好地确保男女学生树立起平等的社会性别意识，促进教育的性别公平发展。

借鉴郑新蓉团队的教育性别监测，笔者认为农村中学的教育性别公平监测指标设计，可以从以下几个维度进行：

[3] 郑新蓉．性别与教育 [M]．北京：教育科学出版社，2005.

表 1　农村中学教育性别公平监测表

基本维度	一级指标	二级指标
学校的教育教学活动	学校的教育环境	校园文化宣传的男女生差异
		有无使用、检查和反思有关性别歧视的图书、教科书
		男女生隔离活动的差异：座位、分组、互动、交流
		男女生各种不同生活和角色的体验差异：游戏、班级任务分配
	师生的教学互动	教师言语交流时的男女生差异：语调、语气、语言、职业、爱好、名称、词汇
		教师期待和要求的男女生差异：提供的学习活动和任务、关注课堂中男女生的活动和表现
		教师评价和反馈的男女生差异
学生的学业成绩	理科学科的成绩	男女生理科成绩的差异
		男女生理科的兴趣差异
		男女生参加科技活动机会的差异
		男女成功科学家的榜样差异
学校的性别公平培训	教师参与性别公平培训	参与性别公平培训的时间和人员
		熟悉性别平等的法律和政策
		性别公平的教学策略：建立公平的课程、平等的体育运动和锻炼

（二）培养教师社会性别意识的敏感性

“课堂是成人‘权力’运作的场所。如果说家长的权力是‘不准……’之类的禁忌权力，那么教师的权力是‘做……’的命令权力。”[4]由于在师生关系中教师是权力的主导者，“教师的性别平等意识和行为是促进性别公平的关键因素。”[5]培养教师的社会性别敏感意识是当前农村中小学教师培训的重要任务之一，也是促进学校教育公平的重要举措之一。

当前，涉及社会性别教育的课程仅开设在部分高等院校，很多培养教师教育的师范类高等学校也极少涉及社会性别教育，而在教师的职前、职后培训中也没有涉及教育的性别公平问题。从笔者所调研的学校看，无论是工作多年的中年教师，还是刚入职的青年教师，几乎没有人听说过社会性别。当笔者问到是否觉得有必要进行社会性别培训时，有部分教师认为，社会性别培训与教学没有关系，是否参加培训无所谓；有部分教师则认为，作为老师多了解点知识也没有坏处。这些说明农村学校的教师社会性别意识淡薄。因此，要改变农村学校教育的性别不公平现象，减弱或抑制学校教育中传统的社会性别再生产，就必须对教师进行社

[4]（日）佐藤学著．课程与教师 [M]．钟启泉译．北京：教育科学出版社，2003.

[5] 郑新蓉．营造无性别歧视的学校教育 [J]．中小学校长，2009（1）：24-26.

会性别意识培训，提高教师的社会性别敏感性，让学校教育关注到有性别的“具体个人”的存在。所谓培养教师的社会性别意识是指：培养教师从社会性别的角度，以实现教育的社会性别公平为目的，对教育制度、学校管理、教学过程、课程教材以及师生关系等进行观察、分析和规划的观念和方法。[6]

培养教师社会性别意识可以定期用性别公平教育监测指标体系来监督和测量学校教育教学活动中的性别事实现象，收集性别平等或不平等的量化资料，促进教师的社会性别敏锐感，改进教育教学活动中的性别歧视主义，进行正确的性别价值判断，进而达到改善男女两性的教育环境，确保男女学生在平等的学校环境中生活和成长。

三、以女性主义教育观建构农村女性化教育模式

（一）实行性别平等的教育，消除教育性别歧视

农村是封建传统文化影响最为根深蒂固的地区，重男轻女的观念至今阴魂不散。应当从政府、家庭和学校三个不同层面建立性别平等的农村教育体制，彻底消除农村教育的性别差异。

在政府层面，一方面要加强义务教育法的刚性，借助法律的力量惩治侵害农村女童受教育权利的行为；另一方面要加强国家财政对农村基础教育特别是女童教育专项的财政转移支付。为了避免农村女童过早辍学，设立女童教育专项经费为家庭困难的农村女童减免杂费及学习生活费。考虑到农村地区普遍存在受教育程度的性别差距，将农村女童免费享受义务教育的年限从九年延长至十二年，以确保农村女童能够接受国家免费义务教育一直到高中毕业，这样一来，农村贫困家庭就不必因为贫困而让女儿辍学了。延长农村女童义务教育年限虽然会增加财政支出，但是如果考虑到农村妇女不仅是农村经济发展的主力军，而且是农村地区最大的相对贫困群体，那么，提高农村妇女的受教育程度对于促进新时代农村经济发展水平、缩小城乡经济发展差距、减缓扶贫工作中的“相对贫困”问题都具有非常重要的作用。

在家庭层面，加强对农村家长开展性别平等的宣传与教育，改变重男轻女的落后观念，打破“只有儿子才能传宗接代，女儿迟早是别人家的人”这种封建宗法观念。让农村家长明白在法律上父母对儿女具有同样的抚育责任，而无论儿女都有赡养父母的义务。在现实生活中，对于父母晚年生活的照顾，女儿普遍比儿子更为贴心也更加孝顺，出嫁女儿对于娘家的回馈并不会比儿子少。因此，父母对于儿女的教育投资应该一视同仁，不应该因为男尊女卑的错误观念而剥夺女儿的受教育权力，而应该为了女儿的人生幸福创造平等的成长环境与发

[6] 周小李．论教师社会性别意识教育的必要性及途径 [J]. 现代教育科学，2007（3）：67-69.

展空间。

在学校层面，应当大力提倡有教无类、性别平等的教育理念，增强教师的社会性别意识，改变教师在教育教学工作中潜意识的性别差异行为。改变教师对女生的期望值过低，认为“女子无才便是德”等错误思想导向，消除教师心目中认为女生天生智力不如男生，女生不擅长数理化等偏见。改变以男生为教育中心和评价标准的落后模式，引导教师反思学校日常教学和生活中存在性别不平等的环节，努力为男女学生创造教育性别平等的环境。

（二）加强女性化教育，尊重学校教育中的女性特点

在以往的学校教育中，即使主张性别中立的教育，实际上也是把女生当作男生来教育，这并非是性别平等的教育，而是屏蔽女性只以男性为中心的教育，是男性主义的教育。这种男性化的教育对女性来说无疑是不公平的。一是无视女性的存在价值；二是将女性作为男性的陪读生而剥离了女性的教育主体性；三是用男性的特点和标准去教育女性，徒然增加女性的学习困难；四是删除了女性独特经验、知识和思想的传授，不利于女性文化的交流、发展与传承，使女性失去对女性文化的自信心。应该改变传统学校教育中默认以男性为中心的男性主义教育，提高学校教育中的社会性别意识，改变教育中对男女性别的刻板期待和要求，按照男生、女生的自然天性去因材施教，让他们的天然性别属性得到真正自由健康的发展。值得注意的是，教师不要将部分消极的人格和气质毫无根据地划归女性，例如，某位政协委员在提案中无意识地将“柔弱、自卑、胆怯”理所当然地视为“女性气质”，并强烈呼吁要加以纠正。这种一味推崇男性气质而抵制女性气质的教育主张就是非常典型的“男性化教育”。这种极端的“男性化教育”无论对男生还是对女生都是一种严重的伤害，对于男生而言，它将用单一的标准去衡量所有气质类型的男生，使部分中性及个性温和的男性心理倍受打击，甚至对自己正常天性中的“女性化”感到焦虑与自卑，从而使这些自带“女性气质”的正常男生变得更加“柔弱、自卑、胆怯”。对于女生而言，其实如果“柔弱、自卑、胆怯”是属于女性应有气质，那也应该拜父权制度所赐，因为正是这个父权制度长期压迫和奴役女性才使得她们变成病态的“柔弱、自卑、胆怯”，我们的教育就是要批判并改变这种性别的扭曲，而不是将被压迫、被伤害后产生的病态当作教育的标准来进行再生产。这是一种非常隐蔽的但伤害力极强的教育性别不平等观念，即使已进入到21世纪，这种僵化的社会性别结构仍然在教育领域中挥之不去，不得不引起我们的反思与警醒。

加强女性化教育，就是在学校教育中打破以男性为中心的教育模式，提倡男女性别平等的教育，尊重女性的独立人格、受教育权利和发展需求，遵循女性生理与心理的特点以及成长规律，根据女性的认知模式、学习特点和生活习惯开展女性特色教育，让女生摆脱传统父权制度下所谓“女性气质”和“女性道德”的束缚，重新定义新时代“女人”，培养自信、自强和自尊的精神，成为集智慧、理性、美丽与健康于一身的“独立自主的现代女性”。

（三）关注农村女性特殊需求，构建农村女性教材体系

1. 改进农村妇女扫盲教材

目前我国的文盲 90% 分布在农村，其中 70% 是女性，它表明农村文盲妇女已经成为扫盲教育的主体。因而编写针对农村妇女的扫盲教材，是构建农村女性教材体系的重要内容。农村扫盲教育的目标是使受教育对象摆脱文盲的状态并掌握作为一名现代农民所应当掌握的基本知识与技能。

据不完全统计，新中国成立以来各地共编写扫盲教材 100 余种，扫盲后继续教育教材与读物 1 000 余种，其中不乏科学性与实用性结合、图文并茂、通俗易懂的优秀扫盲教材，但也存在一些有待改进的地方。

（1）扫盲教材存在有待改进的问题

一是扫盲教材的质量良莠不齐。第一，教材内容陈旧。有些教材的内容还停留在二十世纪七八十年代，没有体现二十一世纪中国社会政治、经济、文化与科技快速发展的时代风貌。扫盲教材所体现的政治思想、价值观念、政策法规与生产技术等跟不上时代发展的步伐。第二，扫盲教材重知识的传授而轻素质的培养。现代社会对农村妇女的要求不仅仅是识几个字的问题，它还应该包括培养社会主义核心价值观，培养独立自主、男女平等的精神，掌握法律常识和生活知识，学习现代农业生产技术和科学育儿知识，提高处理人际关系和家庭关系的情商，创造财富及参与乡村振兴等内容。第三，部分教材未达到国家脱盲标准的要求。原国家教委 1992 年颁布的《扫除文盲教育教学大纲》中对扫盲教材课文的数量、教材的生字量、作业练习都做了明确规定，要求每套扫盲教材的课文在 80 课以上，生字量达到 2 000 个常用字以上，以确保学员掌握 1 500 个汉字，每一课要有一定的作业练习，以加强字、词、句的基本训练和复习巩固以及综合运用所学知识的能力。但是一部分扫盲教材生字量只有 1 200 个左右，课文也没有达到 80 课，课后的练习少，形式单一。第四，缺乏针对性与实用性。部分扫盲教材直接搬用小学教材，没有考虑到成年文盲的心理特点、生活经验与认知规律。抽象机械的理论太多，贴近生活的形象生动的事例太少，未能围绕农村妇女的生活环境与生产实践，也没能遵循农村妇女的心理特点、认知规律和实际需求。第五，扫盲教材编写层次太低，影响教材的质量。由于我国扫盲教材一直以各省、自治区、直辖市自编、自审、自用为主，地、市、县根据地方传统文化与区域经济发展情况，编写乡土教材为辅。部分扫盲教材的编写主要下放到地方一级，难以在教育专家、学者的理论指导下，组织专业水平较高的人士进行扫盲教材的编写，因而扫盲教材尤其是乡土教材的编写质量难免不尽人意。

二是农村妇女专用扫盲教材太少。目前，供男女通用的扫盲教材绰绰有余，而专门为农村妇女编写的教材却寥寥无几。资料显示，只有河南、吉林、江苏、湖南等省编写了妇女扫盲教材。目前我国的文盲 90% 分布在农村，其中 70% 是女性，农村女性文盲已成为我国扫盲教育的重点群体。通用教材虽然也适用于农村妇女扫盲学习，但它毕竟不是专门为农村妇女编写的，未能针对农村女性文盲的生活经验、认知规律和特殊需求，也不符合因材施教的规律。

因此，应当根据农村妇女的实际情况和特殊需求编写扫盲教材，大力完善农村妇女扫盲专门教材是文化扶贫工作中的核心任务。

三是妇女扫盲教材缺乏社会性别意识。目前妇女扫盲教材只满足于传播基本的文化知识和生活常识，例如“每套扫盲教材的课文在80课以上，生字量达到2 000个常用字以上”，要求掌握简单的加减乘除，而忽略了妇女文盲人数如此庞大所产生的社会根源——传统男尊女卑的社会性别结构剥夺了妇女接受平等教育的权力。因此，在开展农村妇女扫盲教育过程中，首要任务是帮助农村妇女建立社会性别意识，认识到男女不平等的性别结构正是造成妇女在社会与家庭中处于劣势地位的主要根源。只有她们在妇女解放上有了觉醒，才能在人格、心理与思想上真正达到扫盲。否则，这些妇女文盲即使能够认得字，但是也不能明白人生而平等、男女平等是社会进步的标志等道理。

四是妇女扫盲教材缺乏教育专家的理论指导。新中国成立以来，我国十分重视扫盲工作并且取得了有目共睹的成绩。但是扫盲工作并未真正被视为有规律的教育活动而被纳入整个教育系统，只是作为一种政府由上至下组织开展的“群众运动”，具有狂风暴雨一般的特点，难以持之以恒。运动开始时如火如荼、铺天盖地，运动结束后迅速消失得无影无踪。扫盲工作缺少教育理论基础和教育专家的专业指导，特别是妇女扫盲专门教材的编写与理论研究更是匮乏。由于普遍认为扫盲不算正式教育，只要能认字、能简单算数掌握基本的常识就行，扫盲教材的编写难度低。因此，多数扫盲教材的选编显得比较随意、缺乏专业水平，甚至有直接借用小学教材或随意拼凑的现象。部分教材在内容的安排上缺乏思想性、科学性、实用性、严谨性、多样性的统一。农村妇女文盲是文盲的主体部分，教材编写者只有熟悉农村妇女的成长环境、心理特点、认知规律、生产生活经验以及特殊需求等，才能编写出适合农村妇女的优秀扫盲教材。

（2）农村妇女扫盲专用教材改革的措施

一是转变扫盲工作观念，提高对扫盲教育目标的认识。以往我们把扫盲当作一项工作而非一种教育活动，是因为我们低估了扫盲的难度与专业性。现代科技与社会文明的进步要求我们必须将扫盲观念升级换代：从以识字计数为主的传统扫盲工作观念转变到帮助文盲掌握成为现代人应当具备的基本的价值观、基本知识、生活常识和日常科技的教育活动。从传授知识为主的扫盲模式转变为传授知识与培养学习能力并重的扫盲模式，纠正扫盲教育中重“授之以鱼”而轻“授之以渔”的偏颇。扫盲教育的内容虽然浅显，但是并不意味着扫盲教材编写可以失去专业水准，也不意味着扫盲教育活动本身没有技术含量。相反，在短期内使基础几乎为零的人掌握一个现代人所应具备的基本知识和素养其实难度很大，它与其他类型的教育活动一样是专业性很强的技术，同样要求遵循教育理论与教育规律，同样要求讲究教育艺术和教育方法。我们只有转变扫盲工作观念，统一对扫盲教育重要作用的认识，才能在编写妇女扫盲教材时，自觉运用相关的教育理论，使扫盲教材的科目设置、内容选择、组织形式等更加符合教育对象的特点和需求。

二是遵循教材编写原则。国家教委在 1992 年 10 月颁布的《扫除文盲教育教学大纲》中，对编写教材的基本原则做了四点明确的规定，即思想性原则、科学性原则、实用性原则和多样性原则，成为我们编写扫盲教材的四项原则。思想性原则是指教材的内容要健康，体现社会主义和共产主义思想与道德精神，激励学生拥护中国共产党，热爱社会主义，追求社会新风尚，促进两个文明建设，培养有理想、有道德、有纪律的公民；科学性原则是指教材涉及的知识要准确，事实要可靠，编排教材要符合汉字的规律和学习者的认知规律；实用性原则是指根据文盲学员生活与生产的实际需要选择教材内容，力求教材的基础性与实用性、实效性与可操作性相结合，使学员能学以致用；多样性原则是指教材的形式、编排体例、课文体裁、内容、插图的多样性以及知识、语言的新颖性、生动性和趣味性。

三是加强农村妇女扫盲专用教材的实用性和多样性。以往的扫盲教材普遍内容空洞、形式单一，重理论而轻实践。根据现代农村妇女的实际需要，扫盲教材的内容要能够满足农村妇女发展与日常生活所要的知识、技能，包括基本的语言文字知识、思想政治、法律常识、计算和理财知识、农业生产技术、生活常识、家庭伦理与人际交往、科学育儿与家庭教育、健康医疗常识、社会保险、交通工具、网络技术与智能手机等。教材的多样性体现为除了有传统的纸质课本，还可以有音像教材、电子教材等多媒体教材，使扫盲教育生动活泼、形象有趣。

四是加强农村妇女扫盲教育理论研究。由于长期将扫盲视为阶段性的运动而非持之以恒的教育活动，农村妇女扫盲教育理论积累比较薄弱。因此，加强农村妇女扫盲教育理论研究是一个非常重要的课题。应当将扫盲纳入整个教育系统而不仅仅是一种政府的阶段性工作，在全国各省、自治区、直辖市建设专职的扫盲教育师资队伍，确立扫盲教育的专业化地位。提升扫盲工作的组织管理与理论研究承担者的层次，从原来由各级政府和基层单位承担开展扫盲工作并编写扫盲教材，提升为由国家教育部门统一组织专家学者编写扫盲教材并开展扫盲教育理论研究，以确保有效提高扫盲教材的编写水平和扫盲教育理论研究水平。

2. 构建农村基础教育女性专用教材，增强农村女生的社会性别教育

教科书作为人类知识和文化的载体对于年轻学生的理想、心理、知识结构与智力发育等方面都起到决定性的影响。学者研究发现学校用的教科书普遍存在着性别不平等内容，如对女性的忽略、轻视、丑化和性别刻板定型等。特别对于生长在重男轻女封建思想依然存在的农村地区的女性，教科书中传统的社会性别结构对于她们今后的人生理想、独立自主人格的养成、主观能动性、职业规划、家庭关系以及婚姻幸福等都会产生负面的影响。

（1）改变现行教材中男性文学作品占绝对多数的现象，增加优秀女性文学作品。

在高中语文教材中，入选教材的绝大多数为男性作品，女性作家的作品极少，并且很少以单独篇章出现，这无疑会对学生产生误导，即只有男性才能写出优秀的文学作品，而女性不擅长于写作，即使女性能写也不及男性作品优秀。所以，在笔者所调查的女性中，很多被调查的女生对自己的性别感到自卑，甚至女生们在潜意识中滋生出一种对男性的尊崇以及对女性群体的自轻自贱。其实，中外文学史上的优秀的女性作品也一样数不胜数。

中国的女诗人及作品：

①“许穆夫人”，代表作《载驰》；
② 班婕妤，代表作《自悼赋》《怨歌行》；
③ 蔡琰，代表作《胡笳十八拍》《悲愤诗》；
④ 苏蕙，代表作《璇玑图诗》；
⑤ 鱼玄机，代表作《寄国香》；
⑥ 谢道韫，代表作《泰山吟》；
⑦ 左棻，代表作《离思赋》；
⑧ 薛涛，代表作《送友人》《十离诗》《吟梧桐诗》；
⑨ 李冶，代表作《寄朱放》《送阎二十六赴剡县》；
⑩ 李清照，代表作《声声慢》《如梦令》《醉花阴》《鹧鸪天》《武陵春》《凤凰台上忆吹箫》等；
⑪ 唐婉，代表作《钗头凤》。

中国女作家及其作品：

① 陈端生（1751—约 1796），弹词女作家，代表作《再生缘》；
② 萧红，代表作《呼兰河传》《小城三月》《生死场》；
③ 张爱玲，代表作《金锁记》《红玫瑰与白玫瑰》《倾城之恋》；
④ 丁玲，代表作《梦珂》《太阳照在桑干河上》《莎菲女士的日记》《在黑暗中》；
⑤ 铁凝，代表作《玫瑰门》《大浴女》；
⑥ 王安忆，代表作《长恨歌》；
⑦ 冰心，代表作《寄小读者》《冰心三部曲》；
⑧ 残雪，代表作《黄泥街》《天堂里的对话》《苍老的浮云》《赤脚医生》；
⑨ 张洁，代表作《我的四季》；
⑩ 宗璞，代表作《铁箫人语》《南渡记》《我是谁》《蜗居》《不沉的湖》《野葫芦引》等。

外国女作家及其作品：

① 夏洛蒂·勃朗特，代表作《简·爱》；
② 艾米莉·勃朗特，代表作《呼啸山庄》；
③ 简·奥斯汀，代表作《理智与情感》《傲慢与偏见》；
④ 玛格丽特·米歇尔，代表作《飘》（后被拍成电影，更名为《乱世佳人》）；
⑤ 伏尼契，代表作《牛虻》；
⑥ 塞尔玛·拉格洛夫，代表作《尼尔斯骑鹅旅行记》；
⑦ 比彻·斯托夫人，代表作《汤姆叔叔的小屋》；
⑧ 紫式部，代表作《源氏物语》；

⑨J.K. 罗琳，代表作《哈利 · 波特》系列；
⑩ 安妮 · 勃朗特，代表作《艾格尼丝 · 格雷》；
⑪ 考琳 · 麦卡洛，代表作《荆棘鸟》；
⑫ 海伦 · 凯勒，代表作《假如给我三天光明》；
⑬ 赛珍珠，代表作《大地三部曲》。

（2）改变教材人物男女比例失衡现象，增加教材中优秀女性的形象

现行教材的人物形象存在比较明显的性别失衡现象，这是一个普遍存在的现象，不仅限于某个出版社某个版本的问题。例如在某版本的中学语文教材中，以女性为主要形象的课本不过 30 篇，在数量上远远比以男性为主要形象的少得多。而且，入选教材的女性形象大多数为负面形象和配角，不能唤醒女性的自豪感和自信心，也不能成为女生学习的典范。相反，这些入选的女性形象，或逆来顺受、柔弱胆怯而受尽欺凌；或性格刚烈而命运多舛；或碌碌无为、地位卑微成为男人的附属品和家庭妇女；或荒淫奢侈成为祸国殃民的红颜祸水……无不强化了“男尊女卑”“男主女从”“女子无才便是德”的性别歧视与性别刻板印象——严重污染了女生的心理，对女生的精神造成极大的冲击。

文学作品及人物传记中不乏可入选教材的优秀女性形象。

① 独立自主的女性形象

古今中外文学作品中有很多个性鲜明、人格独立的女性形象，她们或是美丽可爱、温柔贤淑，或是大胆泼辣、勇于抗争、敢爱敢恨，或是命运多舛、令人痛惜，我们都可以看到许多有血有肉、勇敢追求平等和自我价值的优秀女性形象。其中以勃朗特为代表的女性作家，通过《简 · 爱》，用在追求爱情中保持平等与独立的形象将女性主义思想推到了巅峰。

《简 · 爱》，这部由夏洛蒂 · 勃朗特创作的文学作品具有突出的真实性与艺术性特征，更为重要的是该部作品塑造了简 · 爱这位独立自主、积极向上、敢于追求自我并挑战世俗的女性形象，故事中的男主人公罗切斯特与简 · 爱的最初关系是雇主与被雇佣的关系，这种关系使得罗切斯特在同简 · 爱说话过程中，经常会表现出无礼、傲慢的姿态，简 · 爱虽然出身卑微，但是她没有像普通开花佣人那样卑躬屈膝、刻意讨好，却凭借聪慧，让男主人公感受自己不卑不亢、追求平等的精神，并因此征服了罗切斯特。即使是在与罗彻斯特热恋中，简 · 爱也一直保持着独立与平等，因为她向往男女平等，不想成为依附男人生存的菟丝花。在她得知罗彻斯特有家庭之后，不愿意委屈自己，毅然选择了离开。而当男主人公因火灾失明落难之后，简 · 爱又不顾一切地回到男主人身边。

简 · 爱在整个故事情节中，始终保持着理智和尊严，努力克制着自己的感情冲动，其根本原因在于简 · 爱认为作为女性，人格应是独立的，爱情必须建立在男女平等的关系上。简 · 爱用她独立平等、开朗乐观、善良克俭、知性优雅的女性魅力，获得了男性对她的尊敬，而她追求独立自主，特别是在爱情关系中强调平等和尊严的精神更值得现代女性学习。

② 执着追求梦想、活出自己想要样子的女性。

和比尔盖茨的离婚，让一向低调的梅琳达走到了舆论的风口浪尖，她也不得不接受着全球人民的审视。然而随着人们开始追溯她成长的步伐，人们也愈发察觉，即使没有比尔盖茨，梅琳达同样也是一位了不起的女性。1964 年，在美国达拉斯一个普通家庭里，梅琳达降临于人世，父母对梅琳达精心呵护，悉心教育，梅琳达也不负众望，天资聪颖，从小到大，在班里都是学霸级的存在，想上什么学校都可以被高分录取。22 岁那年，她获得杜克大学计算机学士、经济学学士、MBA 学位！她的才华和天赋，众人有目共睹。所以，她也顺理成章接到各大名企的 offer。少女时期的她，对科技行业有着无限的向往，所以她拒绝了前途无量的 IBM，去了尚在起步阶段的微软，那一年，微软同期录取了 10 个 MBA，她是唯一的女生。在微软，她凭借着出色的才能和傲人的业绩，一步步从基层到总经理，是一名妥妥的事业女强人。在微软，美丽优秀的梅琳达同时赢得了年轻总裁比尔·盖茨的爱情。在恋爱中，与总裁男友相比，她对事业更上心，她不想当依附男友的菟丝花，所以反而更加卖力工作。她还主动划出交往的底线，恋爱时绝对不谈工作，1995 年，比尔·盖茨登顶世界首富，两人也迎来了爱情的结晶，婚后六年共诞生下三个孩子。

三个孩子都出生于世界上最富裕的家庭，梅琳达却教导孩子们不要有奢靡的习惯。她培养孩子的方式就和普通家庭一样，给有限度的零花钱，回到家也要做家务，要到 13 岁才能拥有自己的手机。她一直觉得，潜移默化的价值观，是父母留给孩子最重要的东西。在日常生活中，她和丈夫都特别注重陪伴和引导，在饭桌上，大家会交流大事小事，空闲时间也会聊孩子们对生活的看法，对世界的态度，对自己的认知。周末的午后，一家人会惬意地窝在家庭图书馆中，一起享受温馨的亲子共读时光，虽然一直是她在家照顾孩子，但她绝不允许父亲的缺席。孩子们在小学之前，每天上学都是爸爸接送，这也让比尔·盖茨成了爸爸们的榜样，大忙人 CEO 都有时间开车送孩子，其他爸爸肯定也行。平日里，她还会让比尔·盖茨洗碗，她认为母亲的身份并不代表她必须在所有人走后独自留在厨房。她说："我教育女儿，要在这个世界上发出声音，后来发现，我更要为她做出榜样。"她这么说，也确实这么做了。在第一个女儿出生后，她就选择离开工作，回归家庭，但她并没有停下自己前进的脚步，而是开始把精力放在慈善工作上。她走遍非洲贫困地区，关注当地女性的健康和发展，她登上 TEDx，提出公益宣传，要学习可口可乐的生意思维，奔走呼吁"勤洗手，防痢疾"。她出身于虔诚的天主教家庭，却勇敢公开谈性、节育等问题。渐渐地，在全世界关注妇女和儿童的人群中，她成为一名最具权势的领导者。"比尔·盖茨太太"不再是她唯一的身份，世界的女性影响力排行榜上，也有了她的位置。《福布斯》把她列入了全球最有影响力的女性之一，她还被评为全球商界女性 50 强的第一名。除了出力，她还出钱，比尔·盖茨被认为是世上最会挣钱的男人，她也曾被笑称为世界上最会花钱的女人。原因在于，她作为合伙人管理的慈善基金会，每年的慈善支出超过 40 亿美元。在 2006 年，比尔·盖茨还给基金会捐出了 100 万股票，市值超过 300 亿美金，在接受采访时，他说了这么一句话："如果没有我的太太，我不确定自己会捐出这笔钱。”而这些钱，都花在了贫穷国家儿童疫苗的研发上，她管理的基金会，用大笔资金挽救了近 1.22 亿孩子的生命，直接拉近了贫、富国家的疫苗覆盖率。后来，盖茨夫妇又和巴菲特共同发起“捐赠誓言”活动，号召亿万富翁生前或去世后，至少用自己一半的财富来做慈善。她和丈夫则表示：“要捐出自己的所有家产！”在全球新型冠状病毒感染大流行期间，她管理的基金会为抗击新冠疫情，至少捐助 17.5 亿美元，主要用于生产、采购抗疫用品。该基金会也曾向中国捐款 500 万，用以援助中国抗疫人员。此外，梅琳达认为性别平等能为女性注入力量，并且非常关注女性赋能事业，她在自己所书写的《女性的时刻》一书中提出“女性必须从边缘走到中心，占据属于我们的位置——并非高于或低于男性，而是与他们并肩——同时发出我们自己的声音，做出我们应该也有权去做的决定”。在 2021 年，梅琳达在发现夫妻俩没法共同成长的情况下，她选择走出婚姻，与比尔盖茨正式离婚。她没有再做比尔 · 盖茨背后的女人，并且开始更彻底地用自己的方法支持和鼓励所有女性追求知识和力量，让更多女性有能力打破“婚姻不幸却不敢终结”的历史循环。她用自己丰满、真实的一生，告诉全世界的女性一个道理：你要活出你想要的样子！[7]

③ 勇于与命运抗争的女性形象。

19 世纪 80 年代之后，女性不再被禁锢在家里，她们渐渐走向社会，从事一系列工作，作为女性发展的开端。随着女性的社会地位不断提高，独立自主的女性形象逐渐出现在英美文学中，她们勇敢地与世俗和命运抗争，执着地寻求自我价值，表现出女权主义思想。电影《乱世佳人》，它是根据美国作家玛格丽特 · 米切尔的作品《飘》改编而成的，郝思嘉成为女性争取独立与解放的一个经典形象。

1861 年南北战争爆发的前夕，塔拉庄园的千金小姐郝思嘉爱上了另一庄园主的儿子艾希利，但艾希利却选择了郝思嘉的表妹——温柔善良的韩媚兰为终身伴侣。郝思嘉出于妒恨，抢先嫁给了韩媚兰的弟弟查尔斯。不久，美国南北战争爆发了。艾希利和查尔斯作为征兵上了前线。查尔斯很快就在战争中死去了。郝思嘉成了寡妇，但她内心却一直热恋着艾希利。

一天，在一次举行义卖的舞会上，郝思嘉和风度翩翩的商人白瑞德相识。白瑞德开始追求郝思嘉，但遭到她的拒绝。郝思嘉一心只想着去追求艾希利，结果也遭到拒绝。

在战争中，美国南方军遭到失败，亚特兰大城里挤满了伤兵。郝思嘉和表妹韩媚兰自愿加入护士行列照顾伤兵。目睹战乱带来的惨状，任性的郝思嘉成熟了不少。这时，从前线传来消息，北方军快打过来了，不少人家惊惶地开始逃离家园。不巧韩媚兰要生孩子了，郝思嘉只好留下来照顾她。

在北方军大军压境之日，郝思嘉哀求白瑞德帮忙护送她和刚生下孩子的韩媚兰回塔拉庄园。白瑞德告诉郝思嘉他不能目睹南方军溃败而不去助一臂之力，他要参加南方军作战，他留下一把手枪并和郝思嘉拥吻告别。郝思嘉只好独自勇敢地驾驶马车回到塔拉庄园，这时家

[7] 腾讯网 . 太突然！比尔盖茨的妻子主动提离婚了，理由你肯定想不到 [EB/OL].https://new.qq.com/rain/a/20210505A00YCW00,2021-05-05.

里已被北方军士兵抢先洗劫一空，母亲在惊吓中死去。

不久，战争结束了，生活依然困苦。北方来的统治者要庄园主缴纳重税，郝思嘉在绝望中去亚特兰大城找白瑞德借钱，但得知他已被关进监狱。归来的途中，郝思嘉遇上了本来要迎娶她妹妹的暴发户弗兰克，为了重振家业，她骗取弗兰克和自己结了婚。

郝思嘉在弗兰克经营的木材厂非法雇用囚犯，并和北方来的商人大做生意。此时，白瑞德因用钱贿赂而恢复了自由。两人偶然碰面，再次展开爱恨交织的关系。

弗兰克和艾希利因加入了反政府的秘密组织，在一次集会时遭到北方军包围，弗兰克中弹死亡，艾希利负伤逃亡，在白瑞德帮助下回到韩媚兰身边，郝思嘉再次成为寡妇。此时，白瑞德前来向她求婚，她终于与一直爱她的搞私运军火和粮食致富的白瑞德结了婚。婚后，夫妻二人住在亚特兰大的豪华大宅。一年后，女儿邦妮出生，白瑞德把全部感情投注到邦妮身上。郝思嘉偶然翻阅艾希利的照片被白瑞德发现，终于导致了二人感情的破裂。其后，在艾希利的生日会前夕，郝思嘉与艾希利相见时热情的拥抱引起旁人非议，但韩媚兰不相信他们之间有暧昧关系。白瑞德可不这样想。

当郝思嘉告诉白瑞德她已经再次怀孕时，白瑞德怀疑地问那是谁的孩子？郝思嘉在羞怒之下欲打白瑞德，却不慎滚下楼梯引起流产。白瑞德感到内疚，决心同郝思嘉言归于好，不料就在他俩谈话时，小女儿邦妮意外坠马摔死了。与此同时不幸的事也在另一个家庭里发生，韩媚兰终因操劳过度卧病不起。临终前，她把自己的丈夫艾希利和儿子托付给郝思嘉，但要求她保守这个秘密，郝思嘉不顾一切扑向艾希利的怀中，紧紧拥抱住他，站在一旁的白瑞德无法再忍受下去，而转身离去。面对伤心欲绝毫无反应的艾希利，郝思嘉终于明白，她爱的艾希利其实是不存在的，她真正需要的是白瑞德。

当郝思嘉赶回家里告诉白瑞德，她是真正爱他的时候，白瑞德已不再相信她。他决心离开郝思嘉，返回老家去寻找美好的事物，被遗弃的郝思嘉站在浓雾迷漫的院中，想起了父亲曾经对她说过的一句话："世界上唯有土地与明天同在。"她决定守在她的土地上重新创造新的生活，她期盼着美好明天的到来。

郝思嘉是一个坚强地同命运抗争的女性，虽然她一生命运多舛，但无论什么艰难险阻都不能浇灭她对美好明天的希望。

④ 杰出的女性政治家形象。

窦太后名为窦猗房，是西汉杰出的政治家和战略家，是道家治国理念的积极倡导者和大汉帝国四百年风云江山的奠基者。在她的影响下，西汉政权能延续由刘邦时期定下的"以民生息""无为而治"的精神，开创了"文景之治"的盛世。

窦猗房是清河郡观津（今河北武邑县）人，出身贫寒，她的父亲为了逃避秦乱，隐居于观津钓鱼，却不幸坠河而死，遗下三个孤儿，汉初，朝廷到清河招募宫女，窦氏年幼应召入宫。吕皇后挑选一些宫女出宫赏赐给诸侯王，每个诸侯王五名，窦氏也在选中之列。窦氏因家在清河，离赵国近，请求宦官把她分赵国去。但这个宦官在分派宫女时却把这件事忘了，把她的名字误放到去代国的花名册里了。她于是去了代国。虽然这不是她的心愿，但抵代国后，深得代王刘恒的喜欢、宠爱并封为美人。

初入代国，代王刘恒已有王后，等代国王后病死后，代王独幸的窦美人被封为王后，窦氏先与代王刘恒生长女刘嫖，后来又生了两个儿子：长子刘启、次子刘武。公元前 180 年吕皇后病逝，代王刘恒被拥为皇帝即位，窦美人以代国王后身份再入汉宫，文帝元年即公元前 179 年窦美人被册封为皇后。

窦猗房出身贫寒，在治理国家的政策上，能体察民间疾苦，主张休养生息、无为而治，她眼光独到、深谋远虑，富有政治家的宏才谋略。窦猗房曾经历过贫穷生活，知道老百姓要什么。她崇尚节约，生活并不奢华，《汉书·文帝纪》中就记载文帝“即位二十三年，宫室苑囿车骑服御无所增益。”在个人的政治思想上，窦猗房一直偏爱黄老之术，于是景帝及窦氏兄弟也不得不读《老子》而尊黄老之术。黄老之术的核心部分就是“无为而治”。对于汉初刚刚经历秦朝严苛剥削以及秦末农民战争的社会而言，这种“无为而治”的思想有利于民间生产力的恢复。到了武帝时期，国家经济实力空前强大，具备了和北方匈奴政权相抗衡的实力，但此时，窦太后做出了一个判断：如果这一时刻开战，不但无法取得胜利，反而可能将文景以来积累下来的成果毁于一旦。

有大臣不解，窦猗房接着进行了分析：此时的汉朝，虽然国力大增，但根基尚浅，很容易被大规模战争所动摇，而且当时的军队也有所懈怠，训练和将领的选拔有所松弛；况且此时匈奴其军队战斗力非常强悍。北击匈奴，需要强大的骑兵部队，但此时的西汉养马业却甚为松弛，更为重要的是，当时西汉尚未和西域取得联系，一旦发兵必然是孤军深入，而且对于匈奴内部的情报掌握也不稳定，综合这些因素，尽管汉朝已经非常强悍，但仍未具备剿灭匈奴的条件。

汉武帝几次要求出兵，均遭窦太后否决，直到后来张骞出使西域，掌握了匈奴的具体情况，这才一举发兵，将匈奴远远驱逐，成就了后世基业。由此看来，窦猗房确有政治远见与治国才能。无怪乎会在几代帝王之中，拥有这样大的影响力。公元前 135 年（汉武帝建元六年），经历了三代帝王的太皇太后窦猗房在宫中病逝，死时年约 71 岁。她去世后，与汉文帝合葬霸陵。这个出身贫寒的女子，以她超越男人的宏才韬略辅助三代帝王，开创了“文景之治”的辉煌历史，也为女性打破“男主女从”，与男性在政治领域并驾齐驱树立了一个光辉灿烂的典范。

⑤ 闻名世界的女科学家形象。

中国在清朝时期已经诞生过一位闻名世界的女科学家，她叫王贞仪。

乾隆三十三年（1768 年），江宁上元（今南京）的一户人家里，一个女婴呱呱落地，那就是王贞仪。虽然江宁王家不是什么富庶之家，但也是非常具有文化气息的士大夫家庭，祖父在朝当官，虽然只是一个小小官吏，却十分喜欢研究星象和算术。父亲亦是如此，对文学和医学颇有涉猎。祖母和母亲也是文化造诣极深的名门闺秀，诗书棋画样样精通。正是家庭环境如此开明，注定了王贞仪不必当个三步不出闺门的娇小姐。王贞仪很小的时候就开始在家人身边学习基础的数学、医学、诗词歌赋，还有天文地理知识。不仅涉猎广泛，还“成绩”优异，哪门科目都没落下。

在她11岁时，祖父被贬到北方为官，不久后却突然去世，举家奔丧迁到塞北，一住就是5年。祖父留下了很多藏书，在那五年里，王贞仪竟将近75柜藏书一览而尽。16岁时，王贞仪和家人回到南京定居，但是安稳日子没过多久，父亲就带上她到处游学行医。

从小就跟着祖父学习数学，王贞仪认为，数学是一门非常有用的科目，应该普及大众。王贞仪看过不少数学家的理论著作，但觉得过于繁杂，不适合直接给大众科普。于是，王贞仪就将这些复杂深奥的数学原理，用浅显易懂的语言描述出来，让普通的老百姓也能轻松看懂。她做了《术算简存》《筹算易知》等著作，将勾股定理、三角函数等理论都归纳其中，为老百姓们打开了数学世界的大门。

康乾盛世，西学东渐之风甚盛，王贞仪除了学习中国的学术，对西方学术也兼容并包。例如天文学，王贞仪便有很深的造诣。王贞仪经常夜观天象，画下了行星轨迹图，准确推导出五大行星的运行方向。她还写了《地圆论》，指出前人“天圆地方”理论的错误，并证明了地球的确是个球体。

当然，研究天文需要有精密的设备，但王贞仪却连基础设备也没有，于是她自己动手做了一套简陋的设备。她曾经用模拟实验的方法，在屋梁上悬挂一盏灯以作太阳，以圆桌为地球，再拿一面镜子模拟月亮，通过不断改变三者之间的距离和位置，为其他人解释了日食和月食形成的原理。在天文学上，王贞仪也有不少成就，除了《地圆论》，还有《岁差日至辩疑》《月食解》等著作。凭着学习过的天文知识，王贞仪还当起了邻居的天气预测员。

王贞仪曾用一句话形容自己：“足行万里书万卷，尝拟雄心胜丈夫。”她认为，男人和女人，除了性别不同以外，不存在其他差异，并不是男人就比女人优越，男人也不比女人聪明。关键是在于女人没有接受教育，如果女人可以和男人一样上学、读书、汲取知识，男人能做到的事，女人也可以。

在25岁那年，她还是遇到了自己的知己爱人，王贞仪嫁给了宣城一位叫詹枚的男子，虽然家境不是特别殷实，但也颇有才华，最重要的一点是，他非常理解和包容王贞仪的抱负，以及对学术科研的执着。成亲四年后，王贞仪就不幸身染重疾，王贞仪在病中也不忘自己的毕生所成，她和丈夫一起整理自己的手稿，取名为《德风亭初集》。詹枚将王贞仪的手稿好好保管，将其中一部分出版刊行，还有一部分交给了王贞仪的好友蒯[8]夫人。

可惜的是，王贞仪的学术著作、诗文手稿都未能在国内广泛传播。然而，在机缘巧合之下，却传到了国外，在西方世界大放异彩，王贞仪的大名才逐渐为人所知。

⑥ 超级英雄电影中的女性形象。

1978年上映的《超人》是一部成熟、完全由漫画改编的超级英雄电影。超级英雄电影发展至今，几乎清一色的以男性英雄为主角，女性在电影中只是作为一个被拯救、被保护的陪

[8] 蒯读音作kuǎi，姓氏。

衬角色出现。从 2008 年至 2018 年，DC 和漫威创造了 20 部超级英雄电影，在这些电影中，女性穿着性感的衣服，将妖娆的身体展现在观众面前，以花瓶的形象满足男性观念的凝视需求，并不断以英雄救美的情节突出男性无所不能的高大形象。这是传统超级英雄电影里对女性的偏见和不公。她们要么成为装饰性的花瓶，要么作为性感的形象增加视觉的冲击感，唯独不能作为独自应对挑战与困境的“战士”。2017 年由 DC 电影公司制作的《神奇女侠》，第一次以独立女性英雄形象为主角打破了女性只能等待男性拯救的魔咒。“神奇女侠”戴安娜以独特的女性力量、智慧、勇敢和毅力赢得了观众的喜爱，同时也作为一个激励年轻女性成长的超级英雄女性形象而入选中小学教材，从而打通了性别歧视的障碍。

影片讲述了亚马逊女王之女戴安娜如何克服重重困难和挑战，在男主的帮助下领悟了正义，最终消灭敌人成了一个独立强悍的超级女英雄的故事。影片除具有革命性的开创意义之外，更在于它第一次让女性摆脱了对男人的依附以及被拯救的弱者角色，让女性以一个保护者的角色出现在观众面前，她与男性的超级英雄一样充满力量和能力，她面对危机和重大的生死挑战毫不退缩与胆怯。从电影情节来看，戴安娜的出现只是为了把人类从战争灾难中拯救出来，而并非为了满足个人的贪婪欲望或立功建业的野心。与其他超级男性英雄形象不同，戴安娜拯救世界并不通过暴力手段，而是凭借她天真无邪的想法、坚定不移的信念以及卓越超众的智慧与力量，最终战胜邪恶的力量和性别歧视。因此，戴安娜作为充满女性主义色彩的超级女英雄不但否定了男权社会对女性的偏见，也为她在中小学教材中作为英雄女性形象赢得了一席地位。

事实证明，不是缺乏可以入编教材的正面女性形象，而是由于传统社会性别观念有意屏蔽和丑化了女性形象。

（3）构建农村女性“职高教材”，培养农村女性的职业技能

长期以来，我国城乡的经济和教育发展水平存在较大的差距，农村学生与城市学生无论从成长环境、家庭经济、父母文化素质还是文化设施、学校教育水平等都存在显著的差异，已经输在起跑线上的农村学生，却要和遥遥领先的城市学生一起，使用同一套教材，共用应试教育这一条跑道，整个基础教育阶段都围绕着“高考”这一共同的教育目标冲刺。基础教育城乡大一统这样的教育体制，表面看来好像体现出教育公平，其实对农村学生来说是不利的。据 2009 年 1 月 23 日《广州日报》报道，城乡大学生的比例分别是 82.3% 和 17.7%，即农村学生能上大学的比例大约只有城市学生能上大学的五分之一，而农村的女大学生比例就更少了。可见绝大部分农村学生尤其是农村女生完成基础教育后并没有上大学的机会，但是她们却要在客观上与那些有机会上大学的城市学生一起接受着以高考为目标的应试教育，这样对于农村学生来说是极不公平也不现实的。

因为普通高考选拔的是“学霸”，但不可能每个孩子都是“学霸”，特别是对于教育资源比较贫瘠、家庭经济不宽裕以及学习比较困难的农村学生，接受职业教育可能更能体现因材施教的教育理念。正如安徽省政协原副主席李修松主张构建“职教高考”和“普通高考”的“双轨制格局”，“普通教育和职业教育是两种截然不同的教育类型，两者是平等的。职业高校应

当有其特定的入学标准和人才选拔方式。”“职教高考制度的建立可以在‘唯分数’的应试教育之外为招生评价增加了一个客观标准，也就是技术技能标准。”因为对于大部分无缘上大学的农村女生而言，与其让她们成为一个高考落榜的陪读生，还不如让她们学习成为一个身心健康、充满信心与活力、掌握现代农村生产技术、善于经营家庭生活的幸福女子。

如果把农村学生的应试教育模式换成“职教高考”和“普通高考”的“双轨制格局”，或许会对大多数农村女生的自主发展更有利。建构农村女性职业教育教材，是改变农村女生学习困难的关键。据调查，农村寄宿制学校的厌学现象比较普遍，而对学习感到困难的农村学生比较多，被调查的农村学生感到有学习困难的比例竟然高达59.8%。主要原因是以“普通高考”为目的的应试教育使农村学生产生一种疏离感和挫败感，使他们感到“枯燥的学习生活让我们提不起对学习的兴趣，总是觉得很困倦”。如果将单轨的“普通高考”变为“职教高考”和“普通高考”的“双轨制格局”，让农村孩子自由选择，那么部分对“应试教育”感到困难或对职业技能感兴趣的学生就会选择上“职业高中”，这样一来，农村学生普遍性的学习困难以及中学毕业后高不成低不就的窘迫就会迎刃而解，而且对于他们今后无论是就业还是留在农村从事农业生产都是非常有帮助的。

（4）加强农村女生青春期性安全教育和心理健康教育

受传统文化的影响，中国人历来视性为羞耻与禁忌，学校和家长对性的教育问题采取回避和遮掩的态度，担心坦然谈性反而会导致学生过早偷吃禁果。虽然随着时代的进步，人们对性的观念逐渐变得开明，越来越多的专家和教育工作者意识到对中小学生开展性教育的重要性，学校也开始敢于谈性。但是目前，中小学性安全教育仍然存在许多不足之处，尤其是关于生命的产生过程、青春期生理变化、性器官的清洁卫生、怀孕、避孕、预防性侵等教育是薄弱环节。特别是在封建思想依然浓厚的农村地区，留守女孩的青春期性安全教育几近为零，成为一个不敢涉足的盲区。

由于农村性教育的严重缺失，给未涉世事的农村女孩身心健康带来难以预料的伤害。近年来，农村留守女童性侵案时有发生，农村女青年的性罪错[9]率也有所增高。由于家庭和学校缺乏必要的性安全教育，许多农村女孩子不知道为什么到一定年龄会来月经，当月经初潮来临时她们感到惊慌失措，甚至视月经为倒霉 。特别是一些早熟少女，为身体的发育感到羞愧，极力想压抑青春的骚动和身体上的发育特征。她们不知道为什么突然会对异性产生兴趣，甚至萌发了性的欲求。她们不知道在这个时期发生性行为，会导致怀孕后果。她们也没有防范性侵的意识。她们无知地受性本能的驱使，过早地追求肉体的快乐，导致未婚先孕、滥交甚至误入歧途。近年来犯性罪错的女青年，来自农村的比例已经超过60%。很多留守女童缺乏怀孕、避孕和生育等女性生理知识，她们不知道存在性侵害的潜在风险，也不知道怎么防范性侵害，更不知道一旦遭受性侵应当如何应对。因此，导致部分农村女童在花季年华惨遭摧残，给她们的身心健康留下难以治愈的伤痕。

[9] 性罪错是性犯罪与性错误行为的统称，指青少年因为缺乏性知识以及法律、道德对性行为的规范，在性本能与错误价值观的诱导下产生违背伦理道德或法律法规的性行为。如婚前性行为、卖淫、嫖娼、强奸等。

在农村中小学校增设青春期性安全教育课程刻不容缓，根据农村女生成长环境与生理成长规律，编写科学、实用的性生理与性安全教育教材，填补目前农村中小学校性教育的空白，能够有效地避免农村女童的身心健康因为无知而受到恶势力的摧残。

农村女生青春期性安全教育教材应当包括几个要项：

① 撕下性的神秘面纱，树立科学的性观念。

改变传统观念中谈性色变、视性为洪水猛兽以及性是肮脏羞耻的观念，将性视为人类身体结构的客观存在以及生命繁殖的重要功能。既然每个人都从性中获得宝贵的生命，性就具有创造生命的伟大意义。因此，我们应该以敬畏的心看待性。既然我们每个人都赤条条地来，都不可避免地具有男性或女性的身体结构，如果连自己身体的一部分都不敢直视，那还要怎么做一个独立自主的人？那么我们就应该将性视为一门生物课，用科学的态度去学习和研究它。既然孩子总要长大的，进入青春期都会遇到令人惊慌失措的生理变化，那么及时对他们进行性教育可以减少他们的心理焦虑并引导他们正确地处理这些问题。

目前家长和学校在性知识方面普遍持隐瞒或无视的态度，以为这样对孩子最安全，因为他们不想让天真无邪的孩子过早懂得性知识而学坏。其实家长和学校的担心是多余的，在网络科技普及的时代中，活色生香的色情资讯铺天盖地，给无知的孩子产生极大的误导与诱惑，不给小孩进行性安全教育无异于让一个毫无防护戒备的羊羔独自走向丛林。

② 性安全教育应从小学开始，作为整个基础教育阶段的必修课。

过去我们的小孩上了初中才开始发育，现在多项调查均表明，我国青少年性成熟出现提前的倾向，部分女生在小学高年级就开始出现月经初潮。身体性成熟的前置带来了性心理的提前出现。认知心理学认为，现代媒体带来性的信息猛烈剧增，人们的性观念变得越来越开放，这一切都给少女们的大脑和生殖腺体带来强烈的刺激，使她们身体提早进入性成熟阶段，继而也相应地催动了性心理的萌动。因此，我们的性安全教育应该与学生的性成熟期同步而不应该滞后。

性安全教育应当贯穿整个小学的性安全教育内容。据日本性教育协会编著的《性教育指导要项解说书》的解说，小学六个年级的性教育内容不尽相同，且“不受引诱”“当别人向自己打听道路的时候”“欲望与行为”“性伤害的防止”等性安全教育一直贯穿整个小学，只是不同年龄阶段，内容有所不同而已。

小学时间纵跨六年，低年级和高年级学生性生理和性心理的发育差异很大，因此要探讨各年级学生性安全教育知识内容的选择和分配，以便满足不同年级学生的年龄特点和不同的心理需求，体现出循序渐进的教学规律。在小学阶段应该开始性安全教育最初级的知识，例如生命的诞生、身体结构、性自我保护和预防性侵的教育。既要教会学生保护身体的隐私，有效应对性侵害，又要教给学生怀孕、避孕的科学知识。

小学低年级性安全教育内容：生命的诞生、性器官的清洁卫生、预防性侵；

小学中年级性安全教育内容：青春期生理变化、预防性侵；

小学高年级性安全教育内容：月经初潮、经期卫生、勃起、怀孕、避孕；

初中性安全教育内容：关于早恋、性的欲望、艾滋病传染途径；

高中性安全教育内容：性的伦理道德、性对婚姻的意义、健康的性行为、优生优育等。

③ 加强农村留守女孩性保护和防范性侵害的教育。

由于家庭和学校性安全教育的缺失，多数农村留守女孩对于性接近无知。她们不了解怀孕、避孕、生育等知识，缺乏防范性侵害的意识，不知道性侵害的范围和应付措施。必要的性知识是防范性伤害的主要知识手段，农村留守女孩的性安全意识薄弱和性知识的缺乏，成了她们遭受性侵害的潜在风险。加强农村留守女孩性安全教育是预防性侵害的重要措施。

开展留守女童性安全教育主要有几点困难：第一点，师生对性教育产生排斥心理，在我国传统文化中性是一个禁忌与负面的话题；第二点，学校不够重视留守女童性安全教育；第三点，学校没有性安全教育专职教师和教材；第四点，缺乏家庭监护人。为了保护农村留守女童的健康成长，“防范性侵害”务必成为农村学校的必修课。

应当根据农村留守女孩的成长环境和特殊需要编写《农村留守女孩防范性侵害读本》，包括以下几个方面的内容：

■关于性观念——建立科学健康的性观念

性是身体自然的器官和人体的本能；性是创造生命的神圣功能，性是生命的源泉；性是青春期萌动的标志；性是爱情、婚姻和生育的重要基础，性是爱人之间表示爱情的形式。因此，性是生命、青春和爱情的象征。视性为洪水猛兽，视性为罪恶和下流，是禁欲主义的借口；或视性为肆意放纵的游戏，是纵欲主义和道德败坏的错误观点。

■关于怀孕、避孕的知识

怀孕：怀孕的基本条件是有正常的精子和正常的卵子结合，并能够在子宫上固定（着床）。换句话说，就是要有正常的性交行为，即男性的阴茎进入女性阴道并在内部射精。对于平时月经周期有规律的健康育龄妇女，在没有采取有效的避孕措施的情况下，有过性生活，如果这次月经没有按时来，月经过期十日或以上，就很有可能是怀孕了。若停经已达八周，妊娠的可能性更大。月经停止是怀孕最显著也是最早的信号，应到医院化验确认。

避孕：避孕套是一种男性避孕工具。它的原理主要是阻止精子和卵子相遇，除宫颈严重糜烂外，对乳胶不过敏的人都适用，个别对象使用有过敏反应。口服避孕药分为短效避孕药、长效避孕药和紧急避孕药三种，短效口服避孕药有四种：1 号口服避孕片（复方炔诺酮片）、2 号口服避孕药（复方醋酸甲地孕酮片）、0 号口服避孕药、复方 18—甲基炔诺酮片。外用避孕药的避孕原理主要是杀死精子或使精子失去活动能力，影响精子和卵子相结合。常用的外用避孕药有四种类型：外用避孕片、避孕药膜、避孕栓、避孕膏。紧急避孕是在没有防护的性生活后或者避孕失败（套破、漏服药等）后采用的一种补救紧急措施，预防意外妊娠，减少流产。带铜节育器在房事后五天内放置，也能达到紧急避孕的目的。方法分两大类：药物和放置带铜避孕环。药物常用的是安婷、惠婷、毓婷等，房事后 72 小时内服一片，隔 12 小时后再服一片。

■关于防范性侵

保护身体隐私部位，不能在别人面前裸露身体，不允许别人触摸身体隐私部位。放学后不要一个人独处，如放学后的教室、操场等偏僻幽静处所，与同学结伴上学、放学。避免与男教师、男性亲戚等男性独处一室；避免单独与男性亲友同住；不接受别人的小恩小惠；不跟陌生人说话或去任何地方；不擅自离家离校出走；外出要报告家长和老师并保持联系。不能涉足色情娱乐场所。

■关于性侵后的应对

沉着机智，勇敢反抗；不要害怕威胁，及时报告家长、学校并报警；及时去医院就诊；接受心理医生或心理指导教师的辅导。

④ 编写针对农村家长的性安全教育读本。

近年来，随着农村剩余劳动力不断向城镇迁移，农村地区产生了大批留守儿童，进城务工的父母长年在外缺乏对孩子的监管，加上自身文化水平有限无法给留在家中的孩子进行性安全教育，留守儿童的性安全存在隐患。因此，编写针对农村家长的性安全教育读本就显得尤其重要。

应当加强进城务工的父母对孩子进行性安全教育的意识，回避性安全的问题等于给不法分子制造机会。消除农村父母认为教孩子性知识等于鼓励孩子尝试性行为的保守意识，建立性安全教育是保护孩子身心健康的重要措施的理念。特别是母亲，对留守在家的女儿从小就要进行性安全防范教育，提高孩子对性侵害的防范意识。一定要为女儿选择安全可靠的监护人，不要轻易把女儿托付给男性亲戚监护。及早向女儿传授保持性器官清洁的方法、生理期的防护方法与身体保养的方法等。特别提醒女儿不要跟陌生人说话、不跟陌生人走、不随便进别人家里、不独自走偏僻地方，与异性保持一定的社交距离，遇到性骚扰要勇敢呼喊与反抗等。

调查显示，大部分学生在遇到性困扰时，他们更愿意与父母交谈而不愿去找老师，因为他们觉得在感情上与父母更亲近一些，交谈与性相关的问题会更放得开，也显得更自然一点。所以性安全教育不仅是学校的责任，也是父母不可推卸的重任。要建立性安全教育的家校联盟，学校要对父母进行指导和培训，家长要与学校进行交流和探讨。只有家长和学校共同努力，才能筑建起学生性安全教育的坚固防护林。

（四）增加农村继续教育教材中的女性化特点

我国农村妇女继续教育教材除了要克服内容陈旧、跟不上农村生活与新科技发展的脚步外，更应关注农村妇女的特点和需求。随着农村剩余劳动力的迁移，当代农村妇女已经成为今天农业生产的主力军，她们的社会角色已从生产的辅助角色演变成为主要角色，在家庭生活中的地位也有很大的提升。农村妇女的需求也从传统单一的相夫教子、生儿育女逐渐向性别平等、经济独立和自主发展呈多样性的需求转变。因此，农村妇女继续教育教材要及时满足教育对象这种社会性别的觉醒和发展变化的新需求。

1. 从传统的农业生产知识向智慧农业高新科技和农业产业等内容转变

智慧农业高新科技包括：农业物联网、传感网络、机器人等现代信息技术与设备；智能农机装备；智能灌溉设备；水肥一体化技术与设备；全球定位系统、农田信息采集系统、农田遥感监测系统、农田地理信息系统、智能化农机具系统、环境监测系统、精准灌溉系统、系统集成、网络化管理系统和培训系统等。现代农业产业技术包括：植物工厂技术及设备、植物照明、温室工程及成套温室、温室材料、温室配套系统等设施农业；光伏、太阳能农业一体化技术与设备；植保机械、园林机械、农产品加工等小型机械；现代种业、循环农业、新型农药、肥料等农资企业。美丽乡村建设包括：乡村规划设计、管理服务的新理念、新成果、新装备，道路、排水、路灯、绿化、围墙围栏等乡村基础设施建设管理相关设备和产品；乡村旅游、数字乡村、休闲农业、观光农业、美丽乡村规划、建设与管理、公共服务等成果等。农业环保技术与设备包括：畜禽养殖废弃物处理、资源化利用技术设备；病死畜禽无害化处理技术设备；生物质能发电技术与设备；农作物秸秆综合利用技术与设备；环境监测、土壤修复等领域的技术设备等。农村环保技术与设备包括：农村供水、污水、垃圾等的处理技术与设备、河流河道治理设备、农村厕所改造及粪污处理技术与设备等。

2. 农村继续教育教材应当满足当代农村妇女需求的多样化发展

满足农村妇女再生产需求，增加婚姻家庭生活、科学育儿、子女教育、膳食搭配、医疗保健、社会保险等内容。满足农村妇女经济独立需求，增加电商微店、直播销售、网络技术、财会知识、法律知识、微型创业等内容。满足农村妇女精神生活需求，增加民俗文化艺术、文学作品欣赏、电影欣赏、诗歌朗读、歌曲欣赏与演唱、健身操等内容。

3. 编写“性别平等与农村妇女发展”教材

正是几千年男尊女卑的封建思想和社会性别结构使农村妇女处于不平等的弱势地位，只有妇女挣脱性别不平等的思想禁锢，才有可能获得真正的解放和发展。因此，构建社会性别意识和男女平等理念是农村妇女继续教育的核心内容。编撰“性别平等与农村妇女发展”的专门教材，弥补目前农村妇女继续教育在社会性别教育方面的空白。用通俗易懂、深入浅出的语言，阐述女性不平等的社会地位，解释社会性别概念，介绍女性主义理论流派，用实际生活中的事例探讨女性受压迫的根源是什么，妇女为什么始终在社会上受压迫。

在继续教育材料中，注重吸收传统文化和现实生活中打破性别歧视、彰显优秀女性事迹的内容，帮助农村妇女树立性别自豪感与自信心。例如，在广西壮族自治区柳州市三江侗族自治县程阳八寨的万寿桥设有一个“萨坛”，侗族人信仰多种神灵，其中“萨”的神威最大，是一个能主宰一切的女人，侗语“萨”是最受尊崇的祖母意识，她是侗族古代的女英雄领袖，带领侗族人击退外族的入侵，这个虽然在当地村落中被视为神明来顶礼膜拜，从女性主义的角度来看，她就是一位打破性别歧视、用生命捍卫民族的生存与繁荣的女性英雄。如果把这个古代女性英雄的事迹编入教材，农村妇女自然而然会从这位杰出女英雄身上感受到“巾帼不让须眉”并非只是一句空话。

传统的农村妇女习惯了“男主女从”的性别分工，但是，新时代涌现了一批独立自主、开拓创新并带领大家共同脱贫致富的优秀妇女。她们的先进事迹值得编入农村妇女继续教育教材，激励农村妇女挣脱性别歧视的桎梏、追求独立自主的发展。脱贫攻坚战役打响以来，全国各地都涌现出一批“脱贫致富带头人”，如果把她们的优秀事迹编入农村妇女继续教育教材，就会成为激励农村妇女独立自主、发奋图强的学习榜样。例如“脱贫致富带头人”花秀艳的事迹。花秀艳，1963年出生在辽宁省本溪市张其寨街道办事处下沟村，从小生活困难，结婚生子后依然贫困。2005年，花秀艳经过调查了解后，决定利用荒山野岭发展榛子种植产业。然而，重重困难摆在面前，花秀艳便四处求助找资金，走访名师学技术。在酷暑中培土、割草、剪枝、栽苗，各个环节都亲自动手。利用三年的时间，榛园已基本成型，年底获利高达万元，这更加坚定了花秀艳脱贫致富、过好日子的决心。随着榛园的发展，她将榛子种植经验传授给亲属、邻居，带领大家共同脱贫致富。为扩大规模，在办事处的支持下，自发组建了“青山榛宝榛子种植农民专业合作社”，花秀艳成为合作社理事长。随后，经过花秀艳多方寻找和咨询，将种植榛子的各地专家、技术人员请到现场进行培训，提高社员的技术水平。经过大家共同努力，合作社的管理更加规范化，建立了相对系统和科学的经营模式，也取得了一个又一个骄人的业绩。如统一为榛农购药和购买机械设备；定期举办学习班，到各地参观学习；成立了党组织，2018年建立了“妇委会”；注册了《青山泉秀》榛子品牌；产品被农业农村部认证为“无公害”产品，合作社升级为省级示范合作社。[10]

帮助农村妇女提高在家庭生活中争取男女平等的地位的意识，例如争取合法的财产继承权与夫妻婚后财产平等分配权等；鼓励农村妇女积极参与社区生活和村民管理委员会的活动，帮助农村妇女学习和提高参政议政的意识与能力，帮助她们树立自尊自强自信的精神。通过学习劳动法、劳动合同法以及社会保险法律法规和政策，帮助农村妇女提高就业水平和维护劳动权益的能力。

4. 构建批判落后的村规民约和封建习俗的教材

如果“性别平等与农村妇女发展”教材是正面的教材，那么批判落后的村规民约和封建习俗的教材就是“反面的教材”。由于农村地区男尊女卑的思想和陈规陋习特别严重，某种程度上阻碍了美丽乡村建设的步伐。因此，编写批判落后的村规民约和封建习俗的教材，引导农村妇女打破封建文化传统显得尤其重要。

一是批判“男尊女卑”的思想，树立“男女平等”的观念。引导农村妇女认识到乡村日常生活中种种男权制现象，正如李银河所说：“由观念习俗所主宰的乡村日常生活仍带有强烈的男权制色彩，而这种男权制体现在农村女性生命周期中的各个阶段：作为女儿，她们在营养、教育、医疗、继承权等方面拥有的机会和资源较少；作为妻子和母亲，她们在性、生育、家

[10] 澎湃新闻. 巾帼脱贫行动－“最美脱贫致富带头人”[EB/OL].https://www.thepaper.cn/newsDetail_forward_10219171，2020-12-01.

事的决定、外遇与离婚、家庭暴力、丧偶与改嫁等方面，也都与男性有不同的境遇，处于较为不利的一方；作为劳动者，她们无论是在劳动分工、收入还是在村庄的政治参与方面也都在与男性的对比中处于劣势。”通过反思现实生活中各种性别不平等的思想与现象，帮助农村妇女唤醒社会性别意识，改变长期被错误社会性别结构扭曲的心灵，树立性别平等观念，增强她们的性别自信心与自尊心，培养她们自立自强、自主发展和自我奋斗的现代女性精神。

二是批判“嫁鸡随鸡、嫁狗随狗”的封建婚姻关系，树立独立人格和婚姻关系平等的观念。反思在农村地区依然盛行一些封建婚姻观念，很多农村地区要求女性“从一而终”，对未婚女性怀有“处女情结”，对离婚妇女怀有歧视态度。农村人比城里人更加认同“男主外，女主内”的观念，女人在家庭事务、生产经营、投资理财、财产分配、生育、教育等方面的决策权都不如男人。即使这个女人精明强干而她的男人很窝囊，她也要学会照顾男人的面子，自觉伏低做小甘愿做好男人的配角。在“嫁鸡随鸡、嫁狗随狗”婚姻观念支配下，农村妇女对于不平等的家庭关系麻木不仁；大事不作主凡事听丈夫；对于“女人吃饭不上桌”“女人不能进祠堂”的习俗习以为常；通过引导农村妇女反思性别不平等的婚姻关系，帮助农村妇女打破封建婚姻伦理道德对妇女的毒害与禁锢，打破刻板的性别分工，建立男女平等的婚姻关系，鼓励妇女大胆当家作主，敢于追求独立人格，敢于追求自主发展和经济独立，敢于表达自己的诉求，维护合法权益。

三是批判外嫁女和离婚妇女不能享有财产权的村规，保护妇女合法财产权。继续教育教材应当引导农村妇女反思当地村规民约侵害农村妇女土地权益的现象，对剥夺、限制出嫁女合法权益的村规民约进行质疑、批评和纠错。帮助农村妇女认识到村规民约不能违反法律法规和国家政策，学习保护妇女权益的相关法律法规，用法律武器维护自己在土地承包中的各项权利。

虽然我国宪法明确规定“妇女在政治的、经济的、文化的、社会的和家庭生活等各方面享有同男子平等的权利”，但是农村妇女的权益受侵害的案例时有发生，特别是农村妇女土地权益受侵害问题普遍存在，在我国很多偏远地区、农村地区也存有否定女性继承权的情况。

农村妇女土地权益受侵害的主要原因是部分农村地区存在对村民自治的模糊认识，滥用村民自治制度所赋予的权力，制订的村规民约违背了相关法律的规定。《中华人民共和国村民委员会组织法》颁布后，农村强调“村民自己的事情自己管理”，什么事情都用村规民约来规范，但部分村规民约与法律法规相抵触。如：“已出嫁女青年户口未迁者（包括已生孩子者）不参加分田”“因离婚将户籍迁回本村的，不享受本村一切福利待遇”“农村土地征收费按照本村人头分配，但20岁以上及已婚妇女不在分配之列”“大龄女青年、户口仍在本村的农嫁女、离婚妇女无权单独立户批房”“家庭财产传男不传女”等。因为不合法的村规民约，一些地方的妇女享受不到与男子平等的土地承包权；许多妇女出嫁、离婚或者丧偶之后，失去了原有土地，又得不到新土地，成了失地妇女。

以上“村规民约”违反《中华人民共和国宪法》《中华人民共和国妇女权益保障法》《中华人民共和国婚姻法》和《中华人民共和国继承法》对保障妇女合法权益和地位的规定：

《中华人民共和国妇女权益保障法》第三十条：国家保障妇女享有与男子平等的财产权利。第五十四条：在夫妻共有财产、家庭共有财产关系中，不得侵害妇女依法享有的权益。第五十五条：妇女在农村集体经济组织成员身份确认、土地承包经营、集体经济组织收益分配、土地征收或者征用补偿费使用以及宅基地使用等方面，享有与男子平等的权利。第五十六条：村民自治章程、村规民约、村民会议、村民代表会议的决定以及其他涉及村民利益事项的决定，不得以妇女未婚、结婚、离婚、丧偶、户无男性等为由，侵害妇女在农村集体经济组织中的各项权益。因结婚男方到女方住所落户的，男方和子女享有与所在地农村集体经济组织成员平等的权益。第五十八条：妇女享有与男子平等的继承权。丧偶妇女有权依法处分继承的财产，任何组织和个人不得干涉。第三十五条：丧偶儿媳对公婆尽了主要赡养义务的，作为第一顺序继承人，其继承权不受子女代位继承的影响。

《中华人民共和国婚姻法》第三十九条：离婚时，夫妻的共同财产由双方协议处理；协议不成时，由人民法院根据财产的具体情况，照顾子女和女方权益的原则判决。 夫或妻在家庭土地承包经营中享有的权益等，应当依法予以保护。

《中华人民共和国继承法》第九条明确规定：“继承权男女平等。”凡在行使继承权时歧视妇女，不尊重妇女的继承权的继承活动，妇女均有权提出异议，必要时可以诉诸法律，以保护自己的合法权益。《中华人民共和国继承法》规定所有继承人无论男女均有平等地享有继承遗产的权利：所有的继承人不分男女，一律平等地处于其应在的继承顺序之中，所有的继承人不分男女，一律平等地享有继承权，代位继承的转继承男女平等。

但是部分农村仍以贯彻《中华人民共和国村民委员会组织法》为由，以村民大会或村民代表会决议、村委会决定或村规民约的形式，公然侵害作为少数人的农嫁女、离婚妇女、大龄女的土地权益。其实《中华人民共和国村民委员会组织法》明确规定村规民约必须符合法律规定。《中华人民共和国村民委员会组织法》第二十七条规定：“村民会议可以制定和修改村民自治章程、村规民约，并报乡、民族乡、镇的人民政府备案。村民自治章程、村规民约以及村民会议或者村民代表会议的决定不得与宪法、法律、法规和国家的政策相抵触，不得有侵犯村民的人身权利、民主权利和合法财产权利的内容。村民自治章程、村规民约以及村民会议或者村民代表会议的决定违反前款规定的，由乡、民族乡、镇的人民政府责令改正。”

农村妇女继续教育教材，应当引导农村妇女学习《中华人民共和国宪法》《中华人民共和国妇女权益保障法》《中华人民共和国婚姻法》和《中华人民共和国继续法》对保障妇女合法权益和地位的相关规定，通过学习《中华人民共和国村民委员会组织法》，知道“村规民约”不得与宪法、法律、法规和国家的政策相抵触，否则无效。帮助农村妇女增强法律意识，与侵害妇女权益的村规民约抗争，掌握法律武器勇敢地维护自己的合法财产权。

四是批判买卖婚姻和天价彩礼，树立婚姻自由和婚姻平等观念。随着经济的发展，农村的彩礼一路飙升。20 世纪 50 年代的聘礼是“四个一工程”，暖壶、脸盆、水桶、痰盂，还有一套床上用品。60 年代的聘礼是“36 条腿”,也就是一套家具。70 年代的聘礼是“三转一响”,包括转的有缝纫机、手表、自行车，一个响的是收音机。到了 80 年代聘礼变成了“四大件儿”,就是电视机、洗衣机、冰箱等电器。到了经济飞速发展的今天，农村的彩礼也是水涨船高，要穿金带银不说，还有一动不动、三斤三两、万紫千红一点绿。一动就是一台车，不动就是一栋房子。三斤三两，称的是百元大钞，折合成人民币有 10 多万元。万紫就是一万张 5 块的，千红就是一千张 100 的。一片绿就是一张 50 的。在山东省西南地区，彩礼是用秤称的。三斤三两的百元大钞，共十六万，对于山东省西部的农村家庭来说，绝对是一个天文数字，但也仅仅是彩礼的标配，除了彩礼，四金、汽车、房子一样都不能少。因此，现在很多农村地区娶媳妇怎么也得借个十几万二十万才行。

聘礼在古代是订婚时所备的财礼，表示订婚的诚意和敬意，还寓含了对未来婚姻的美好祝福。但是如果聘礼成了数额巨大的明码标价，远远超出了男方的经济承受能力，就成了一种变相的婚姻买卖了。结婚不单纯是一个男人和一个女人的结合，而是两个家庭的结合，通过“新娘”进行的一场赤裸裸的交易：男方家庭支付一笔高额彩礼，购买一个媳妇；女方家庭收到天价彩礼，将自己的女儿卖给别人家做媳妇。在这场婚姻交易中，女人被物化沦为了一件待价而沽的“商品”。

既然娶妻是高价买回一个“商品”，而非一个有独立人格的女人，那么这个“商品”来到夫家就注定是受到不平等待遇的，甚至是带上了悲剧命运的。这么昂贵买回来的商品，当然要最大限度地享用其使用价值了。由此可见，天价彩礼的本质就是一场变相的买卖婚姻，它造成了妇女在婚姻家庭中的低下地位和不平等的待遇。为了农村妇女能够获得性别平等的家庭关系，并且拥有一个自由、幸福的婚姻，无论是女方本人还是她的父母，都应当杜绝天价彩礼。

5. 从单一的纸质教材向纸质教材和数字教材结合转变

模拟教材包括传统的“纸质教材”(图书教材)和“视听教材”“广播教材”,是以纸类、胶片、幻灯片、磁带、广播等作为媒体而制作的教材，在教材学统称为基于媒体的“模拟教材”。[11]“数字教材”指的是“集合了教科书、音声、静物画、动画和影片等多种表达方式(多媒体)的信息形态的教材”。[12]比如，磁盘、光盘、存储器、光纤等通信设备和互联网等。

受教育程度的影响，农村妇女普遍还没有养成自觉阅读书籍，通过文字学习抽象理论和知识的习惯。她们更喜欢通过形象生动的感性方法进行学习。随着电视、智能手机、电脑等新型通信技术逐渐普及农村，农村继续教育教材从传统纸质教材向数字教材的改革成为可能，人人都能借助庞大的网络，随时随地上网进行灵活机动的学习。数字教材的产生给农村妇女继续教育学习带来了技术性的革命，它打破了传统纸质教材时代继续教育在时间、空间、内容与授课方式上的种种限制。学习者可以自由选择学习的时间和地点，解决农村妇女因农活和家务而耽误定时定点的学习；学习者可以自由选择学习内容，满足了农村妇女不同的学习

[11] 日本教材学会 . 教材学概论 [M]. 东京：图书文化股份公司，2016.

[12] [日] 山内祐平 . 数字教材教育学 [M]. 东京：东京大学出版会，2010.

需求和爱好；学习者可以借助声音、图像、动画、影片等多媒体的形态进行学习，真正做到寓教于乐，满足了农村妇女不爱读书爱看音像视频、学习能力和接受能力比较弱的特点；数字教材可以聘请名师、专家进行授课，极大地保证了农村继续教育的质量；数字教材只要具备电视、智能手机、电脑等设施就可以无限量链接或下载教材，省去教学场地、教学差旅等费用，极大地节省了农村妇女的继续教育成本，避免了农村妇女“因贫弃学”的现象，极大地提高了农村妇女继续教育参与率。

研究表明，“数字教材”也存在不容忽视的问题，知识的简洁性、准确性和存储密度明显不如纸质教材；长期使用对视力与精力会造成不良影响；另外，数字教材存在教学不足而娱乐有余的缺陷，使学习者思考、观察、记录、运算、练习与实验操作的活动大大缩减，从而影响继续学习的效果。反观“纸质教材”，由于拥有简洁性、精确性、直观性，学习者可以在一目了然、边阅读边思考、边阅读边用笔做标记等状态中获得“有效理解”和“高效学习”的效果。因此，数字教材和纸质教材可以同时采用，使两种形式的教材相得益彰、扬长避短。

四、拓宽农村女性职业发展空间的路径

（一）切实缩小城乡差距

城乡差距是农村女性发展的最主要障碍，拓宽农村女性的职业发展空间，首先就要努力缩小巨大的城乡差距，真正消除城乡二元化壁垒。加大对农村的财政投入，改善农村的基础设施和公共服务，全面提高农民的经济收入、文化教育、医疗卫生和社会保障水平。借鉴国外先进经验，一是通过财政均等化来逐步实现城乡公共服务均等化的目标，公共投入向农村倾斜。如学习加拿大在省级政府建立财政支出（城乡）均等化体系，对农村实行财政补贴；学习德国建立城乡均等化项目，富裕城镇居民通过累进税向均等化项目提供资金，农民则从均等化项目获得补贴。二是改善农村的公共服务供给，改善农村生产生活条件；实施有效的均等化转移支付制度；推行收入再分配政策，缩小农户与非农户的收入差距。[13] 新农村只有富裕起来，才能成为农村女性职业发展的广阔天地。

（二）大力提高农村义务教育水平

一方面，国家财政要继续加大对义务教育的投入，使义务教育真正做到全部免费，降低教育在农村家庭支出的比重。另一方面，应明确各级政府对义务教育的财政投入比例，并建立省级和县级政府对义务教育的转移支付机制和监督机制，严格保证省级县级政府落实义务教育资金。着力提升农村学校和薄弱学校办学水平，加大对农村教育的财政投入和扶持。按城乡统一的标准落实农村中小学校的基础设施及配备师资，大幅度提高农村教师的工资与待

[13] 高亚春，付韵军．国内外推进城乡公共服务均等化的实践及启示 [J]. 商业时代，2012（36）：14-15.

遇水平，实行城乡教师轮岗制，以保证农村中小学生能享受与城市学校同等的教育质量。进一步推行“农村义务教育阶段学校教师特设岗位计划”，改善农村教师队伍的年龄结构、学历结构和学科结构，提高教师队伍的整体素质，补充农村匮乏的教育资源。加强农村贫困生资助体系，对贫困家庭女生提供课本、文具、就餐、住宿、交通、医疗等方面的资助，切实解决农村经济困难女生的就学问题，不断提高农村女性的升学率及教育程度。

（三）在农村女童教育中注入现代女性新思想

应将现代女性新思想注入农村女童教育中，将农村女童教育与女性的生存发展、独立自主相结合。在帮助女童们提高文化素质、培养学习能力的同时，增强男女平等的性别意识，帮助女童从封建道德规范和男尊女卑的村规民俗中解放出来，开展“四自教育”以增强农村女童“自尊、自信、自强、自立”的平等意识和独立自主精神。同时也应关注女童的性别保护意识，包括营养保健、心理卫生、青春期教育、性知识、婚恋观念、就业保障、法律知识等。同时，还应该加强农村女童的生活技能、生产技能与生存能力的培养，使她们既有操持家务的手艺，又有劳作田头的技能，更有进城务工和自主创业的能力。注重培养农村女童作为现代女性所必备的知识、素质与技能，使她们能够独立生存、自由发展、创造美好生活和幸福婚姻，成为一个独立、健康、快乐的现代女性。

（四）完善义务教育资助体系，健全农村贫困生资助体制

义务教育是公共事业性质，国家财政应当承担起义务教育主要费用，避免因县级财政困难造成农村义务教育经费短缺现象。国家统计局公布的数据显示，中国 2021 年全年国内生产总值 1 143 670 亿元，比上年增长 8.1%，两年平均增长 5.1%，[14] 国民经济持续恢复发展，改革开放创新深入推进，民生保障有力有效，构建新发展格局迈出新步伐，高质量发展取得新成效，已具备充足财力承担起义务教育费用。要建立均衡化的中央财政转移支付制度，明确每一级财政的分担责任，将地方财政对义务教育的投入力度纳入政绩考核，而非单以地方 GDP 增长论。建议国家尽快制定统一的《教育捐赠及教育税收法》，按企业及个人的收入水平规定捐赠及交税的比率，建立捐资助学慈善救济的社会风尚，保证农村贫困地区义务教育的融资渠道。在“两免一补”普遍实施外，仍需要维持、建立一个针对农村地区贫困学生的多层资助体系，设立“农村女生”及“农村高中贫困生”专项，以保护农村贫困女生的受教育权利，加大农村女贫困生的资助力度，并将该资助延伸至高中阶段。

（五）激活农村女性职业教育

政府应将重视农村教育的发展上升到乡村振兴的战略地位，用法律的形式确保农村职业教育的发展规划，将义务教育与各级职业学校联合起来。在发展农村职业教育过程中照顾女性化的特点，改变现有男女不平等的社会结构以及僵化的两性劳动分工，缓解农村女性繁重

[14] 国家统计局 .2021 年国民经济持续恢复 发展预期目标较好完成 [EB/OL].http://www.stats.gov.cn/tjsj/zxfb/202201/t20220117_1826404.html.

的劳动负担，为她们参加职业技能培训创造条件；更新农村职业教育的课程结构，改革农村职业教育的教学与实习方法，注重培养农村女性的创业精神和创新能力，将文化知识的教育与以提高女性科学种植、手工艺、自主经营、务工技能、以实现发家致富为目的的专业教育相结合。

（六）打破城乡流动壁垒，加强务工女性社会保障

改革城乡二元户籍制度，消除城乡流动的制度壁垒以及农民工的就业歧视，为农村女性创造更多进城就业机会。加强用人单位遵守《劳动合同法》的法律责任，严格监督惩治用人单位不与劳动者签订劳动合同的行为，保障妇女在怀孕生育哺乳期的就业权。消除女性农民工在就业、获得报酬和福利待遇等方面的性别歧视，真正实现男女平等、同工同酬的企业文化。建立城乡一体化的社会保障制度，充分照顾到农村妇女的性别因素，保证农村女性享受平等的养老保险、医疗保险、失业保险及生育保险待遇。建立进城务工妇女维权组织，提供法律咨询与援助，帮助农村女性利用法律维护自身合法权益，并在遭受性侵害、婚姻家庭危机时提供心理咨询与应对措施。

希望政府与社会各界给农村女性的成长创造更公平更良好的环境，使她们不必重复母亲的旧辙，与城市女性一样接受优质教育，拥有更多公平的就业机会与自由健康发展的空间。

五、农村女性职业培训之路：“订单式职业培训”

（一）“订单式职业培训”的基本内涵

“订单式职业培训”是指职业培训机构根据用人需求，与用人单位共同制定培训方案并签订培训合同，借助企业的资金、设备、师资等，学员在订单企业进行工学结合和顶岗实习，培训结束后直接到用人单位就业的一种职业培训模式。

1. 理论基础

“订单式职业培训”是以就业为导向的一种职业培养模式，是实现职业培训与就业上岗有机结合的最佳契合点。其理论基础主要来自：

①“教学做合一”的职业教育思想。

我国著名教育家陶行知在20世纪30年代提出了“教学做合一”的教育思想。在论及教学做的关系时，他提出：“教的法子根据学的法子，学的法子根据做的法子；事怎样做就怎样学，怎样学就怎样教。比如种田这件事要在田里做，就要在田里学，也就要在田里教。教学做有一个共同的中心，这个中心就是‘事’，就是实际生活，教学做都要在‘必有事焉’上用功。”

② 合作教育理论。

合作教育（cooperative education）是将学习与工作有机结合的一种教育模式。合作教育

思想形成于20世纪初，来源于学习和实际工作锻炼相结合的思想。世界合作教育协会对合作教育的解释是：“合作教育将课堂上的学习与工作中的学习结合起来，学生将理论知识应用于与之相关的、为真实雇主效力且通常能获取报酬的工作实际中，然后将工作中遇到的挑战和增长的见识带回课堂，帮助学生在学习中进一步分析与思考。”

2. 政策导向

“订单式职业培训”是当前国家实施特别职业培训政策指导下的实践探索。《国务院关于加强职业培训促进就业的意见》强调：“大力推行就业导向的培训模式。根据就业需要和职业技能标准要求，深化职业培训模式改革，大力推行与就业紧密联系的培训模式，增强培训针对性和有效性……”

全面实行校企合作，改革培训课程，创新培训方法，引导职业院校、企业和职业培训机构大力开展订单式培训、定向培训、定岗培训。另外，《关于进一步实施特别职业培训计划的通知》也特别要求“结合失业人员和高校毕业生特点以及就业需求，充分发挥基层劳动保障工作平台的组织作用，依托定点培训机构开展订单式培训，突出培训的针对性和有效性”。该政策核心在于建立培训与就业紧密衔接的机制，而订单式职业培训模式则是文件精神的重要实现载体。

3.“订单式职业培训”的优势

与传统的“菜单式职业培训”相比，“订单式职业培训”具有很多优势。一是培训针对性更强。培训学校依照用人需求实施个性化的职业培训，在根本上解决职业培训中理论与实践、模拟训练与实际操作、岗前培训与就业上岗等矛盾，从而使职业培训更具针对性。二是职业培训资源整合更好。“订单”的产生促成学校和用人单位建立教育资源整合内在双赢驱动。培训学校能够充分利用企业的设施与技术，而企业也能有效利用学校的师资力量，从而极大地降低培训成本。三是培训成效和就业机会更高。“订单式职业培训”能根据学员的特点进行因材施教，节省培训周期与教育成本；同时解决了职业培训的供需矛盾，实现了“产销连接”，从而使“培训一人、就业一人”成为可能，有效解决了就业再就业职工的上岗出路难题。四是促进区域经济发展。“订单式职业培训”强调根据市场需求与企业发展趋势培养适用型人才，既通过促进区域性产业结构调整提高了企业自主创新能力和竞争力，又为企业发展提供了适用的人力资源，解决农村富余劳动力转移的难题，从而有力地促进了区域经济的发展。

（二）“订单式职业培训”的困境

1. 产业结构低端，抑制订单培训的市场需求

中国目前仍处于较低的产业链，劳动力市场对从业者的学历、职业技能的要求不高，职业培训对就业上岗的作用不大。从就业服务中心张贴的招聘启事来看，市场用工需求量较大的职业有中小企业的技工，运输业的司机，餐饮旅游业的服务员、会计、收银员、厨师、勤杂工等，服务业的家政、育婴师、保洁员、老年陪护、保安、美容师、美发师、按摩师等，市场营销业的促销员、超市的销售员、收银员、仓储管理员、个体商店的售货员等。多数对应聘者的职业技术资格和工作经验没有明确规定，但是对其年龄、性别、健康等体力硬件却有严格限定，普遍要求在18~35岁之间，男性优先。

中小城市往往以规模小、技术含量低的中小企业居多，用工需求量少而工种分散，招聘后对新员工进行几天简单的培训即可上岗。笔者曾向几家企业的人事经理调查订单培训的需求，一位说："我们是手工活，不需要培训。"而另一位则说："要的人不多，难以定量培训。"而技术和设备水准都较高的企业，内部就设有自己的员工培训系统。

2. 心态急功近利，影响订单培训的积极性

由于就业再就业培训对学员实行免费，培训学校向政府申请定额资助，效益低，许多学校受经济利益驱动，热衷进行有利可图的传统学历教育。许多地方的基层领导，不仅看不到或者故意不承认农村成人教育的重大社会效益，还否认成人教育对地方经济的推动作用。[15]与传统职业培训相比，"订单式职业培训"要求更特殊，涉及的工种更多，而每个类别学员又较少，这就造成了两难局面：培训规模变小了，但培训成本变大了。与此同时，信息技术与设备的迅速更新也使培训成本剧增。

受劳动力密集型产业结构的影响，"读书无用论"再次重现，没文化没技术的农民只要身强体壮就能进城务工，缺乏参加职业培训的主动性。下岗职工在社会角色转变后容易产生消极心理，计划经济也使他们产生依赖性，不能适应新工作的挑战，更难以主动寻求就业创业的机会。此外，受传统观念的影响，大多数人认为从事家政、护理等服务行业地位卑微，从而限制了择业空间和培训积极性。

3. 职业培训资金投入不足

目前，政府对职业培训的投入明显不足，资金筹集方式单一，对参加职业培训的农民工补贴或减免费用力度不大。由于投入不足，使得大多数培训机构没有足够的资金购置实习实训设备、建立实训基地，实训场地条件落后，实训设备简陋、陈旧，难以培养出高素质的技能型人才。缺乏培训成本严重剥夺了学员参加培训学习的机会与可能性，38.8% 的新生代农民工感觉学习中最大的困难是经济紧张，无力承担学费。有 22.8% 的新生代农民工不计较培训成本，44% 的人只参加有组织的免费培训，另外有 23.8% 的人表示如果只承担部分成本的话，愿意参加培训。[16]

4. "双师型"教师匮乏，培训资源零散

"双师型"教师是指同时拥有教师资格证书和专业技术资格证书的老师，是教育教学能力和工作经验兼备的复合型人才，对提高职业教育教学水平具有重要意义。由于职业培训机构

[15] 张宝敏，张玉文．天津蓟县三级网络办农村成教 [N]. 中国教育，2003-12-07.

[16] 赵蒙成．新生代农民工在城市立足，现有培训还远远不够 [EB/OL].http://edu.sdchina.com/show/3574327.html,2015-11-05.

教师，尤其是高职院校的专业教师主要来自高等院校应届毕业生，大多缺乏专业实践经验和必需的专业技能，导致培训机构师资普遍存在理论教师有余而实操教师严重不足的现象。由于缺乏双师型教师，职业培训被迫沿袭应试教育的老路，教学内容滞后，教学方法陈旧，重理论而轻实践，难以保证订单培训的针对性和上岗率。

据调查，目前各地各种职业培训学校多如牛毛，运作如小手工作坊，没能结成统筹兼顾而分工合作的职业培训体系。整体而言，资源重复配置与闲置的情况时有发生，教育投资效率难免低下。部分职业培训缺乏实际操作的场地与设备，即使是创业培训，也只是停留在理论学习、案例分析与模拟创业游戏，没有条件开展实战演习。

5. 培训质量监管体系欠规范，培训质量有待提高

与正规学历教育相比，职业培训的教育质量监管则稍显松散。首先在政策措施方面缺乏相关立法和规划的实施细则；在管理上尚未形成政府统筹、社会各方面参与、各部门分工合作的职业培训管理机制。其次是政出多门，责任不明确，相关部门缺少沟通与配合，缺乏管理、培训、指导、服务等功能协调的专门机构。最后是在培训质量监管上缺乏严格的考核与评估措施；在农民工培训与管理方面缺乏完善的指导、监督和服务机制，培训规划、培训指导、用工信息、就业指导与服务意识等方面的工作都有待提高。部分学员经过培训后，离掌握一门足以谋生计的过硬技术还有一定差距。

（三）“订单式职业培训”的经验与策略

1. 加快产业结构升级步伐，实现人才技能与产业转型同步发展

近年来，政府加快产业结构升级步伐，实现经济转型，带动了对技术型人力资源需求的扩大。与此同时，职业培训机构也要主动适应经济结构调整和企业岗位需求，密切与企业和用工单位的联系与合作，及时调整培训目标和内容，增强职业培训针对性，建立培训与就业紧密衔接的机制。在佛山市南海区，随着传统照明行业向新光源方向转型，企业对科技型和技术型的人才需求也更为迫切。仅南海新光源产业基地，今后五年内就至少需要 1 万名新光源产业的中高端技能人才。原南海区区长区邦敏说：“新型产业对普工的需求逐渐降低，对更高层次的技能人才需求则日益加大。”[17]职业培训必须积极适应产业升级换代对高技能人才需要增大的变化，不断推动职业培训向高端发展，让学员技能与产业升级同步，在满足新型产业用工需求的同时，促进产业的升级与效益增长。

2. 重新重视职业教育，加大政府对职业培训的资金投入

职业培训能够为企业和国家经济发展提供充实适用的人力资源，高效而完善的职业培训体系甚至被认为是国家经济迅速发展的“秘密武器”。德国 90% 的从业人员在上岗前都接受过职业培训。青年中约 70% 接受过“双轨制”学徒培训，而这正是德国 25 岁以下的失业人口比

[17] 刘茜 . 珠三角转型结构性缺工严重 [EB/OL].https://news.sina.com.cn/c/p/2011-02-22/104721994088.shtml，2011-02-22.

例在欧洲国家里处于最低水平的重要原因。而德国企业之所以愿意从事培训并承担职业培训中的巨大费用，原因在于他们认为要长久维持企业效率和经营成功，在培养专门人才方面的投资是十分值得的。[18]

完善政府和用人单位共同分担的多元化的培训投资体系。第一，加大职业培训资金投入。各级财政要加大投入，调整就业专项资金支出结构，逐步提高职业培训支出比重。第二，各级政府要加大投资力度，整合职业培训的各项补贴资金，提高统筹使用的效益。各级政府要按规定从就业专项资金中安排培训资金，合理确定职业培训补贴标准，切实做到专款专用，提高使用效益。第三，政府应完善职业培训补贴政策。只要劳动者积极参加就业技能培训或创业培训，培训合格并通过技能鉴定取得初级以上职业资格证书，按规定给予培训费补贴；对于新入职的员工，由企业依托所属培训机构或政府认定培训机构开展岗前培训的，按规定给予企业一定的培训费补贴。对于参加职业技能鉴定并取得职业资格证书的，按规定发放职业技能鉴定补贴。第四，督促企业预留职工教育经费。要求企业按规定从利润中提取企业职工教育培训经费，并对提取比例及使用情况进行审核。第五，企业还应通过提高待遇和职业发展潜力、加强人文关怀与凝聚力，减少人员流动，以降低培训投资风险。

3. 加强双师型师资培养，强化职业应用技能实训

双师型师资缺乏的主要原因是：会做的不会教，会教的不会做。要解决这个问题，可采取“双向融会”的师资培养办法，一方面，聘请企事业单位的技术骨干担任兼职教师，并对其进行教师教学技能培训，在给学校带来生产、科研第一线的新技术、新工艺及社会对从业人员素质的新要求的同时，提高订单式培训的针对性与实践操作水平。另一方面，建立教师定期到企业挂职培训制度，了解自己所从事专业目前在生产、技术、工艺、设备的现状、发展趋势和最新科技等方面的动态，并及时将新技术、新工艺融入教学之中。鼓励教师参加各级各类技能竞赛，促进教师专业化成长。

在培训教学上打破传统的应试教育模式，大力强化实践教学。通过校企合作，在实践教学中做到“四落实”，一是基地落实。依托规模大、技术强、管理先进的大型企业，建立稳定的校外实习、实训基地。二是师傅配备落实。定期由联办企业派高级工程师和高级讲师到校为学员进行专业理论教学和实习指导。三是管理措施落实。学生在企业实习期间完全纳入企业规范化管理。四是实践操作落实。按照与企业联合制定的教学计划开展培训，采用实践操作的方式在实习现场对学生进行技能考核，实现了实习教学的规范化。

更进一步，为了将学员培养成实用型人才，可采取“全真项目实训”的培训方式。由培训学校组织真正的项目让学员参加，在师傅的指导下开展项目；同时选拔优秀学员到企业参加实际项目开发。“全真项目实训”完全按照公司化的项目开发规范来要求，经过实战锻炼，学员的项目经验、执行规范、责任意识等方面都得到显著的提高。

[18] 傅麟. 德国的职业培训 [J]. 工会理论与实践. 中国工运学院学报 .1997（4）：66-68.

4. 加强职业培训资源整合，实现培训资源共享

整合职业培训教育资源是加强职业技能训练、降低职业培训成本的关键。主要措施有三，一是加强培训学校与定点实习企业的联系。在订单式职业培训中，培训学校与企业本来就签订联合培训协议，在协议中如明确企业提供培训实习所需的场地、设备及技术员，培训学校就可充分利用企业的资源进行培训教育。二是加强社会各类职业培训机构之间的分工与联合办学。在社会上众多的培训机构中，如果由培训协调部门根据市场需求与各学校的资质特长统筹安排，使各培训机构向行业化发展，就可在很大程度上避免培训资源重复设置所造成的教育资源浪费，从而实现培训教育资源的有效整合。三是加强培训机构与各普通高等院校的合作。全国各普通高等院校都有丰富的教育资源，并且具有很强的专业性，有些院校自身就有职业培训的职能，加强培训机构与高等院校的联系，就能在较大的程度上实现职业教育与普通高等教育的资源共享。

5. 完善职业培训的管理与监督机制，提高职业培训质量

建立政府统筹、各部门分工合作、社会各方面参与的职业培训的统筹管理体制，加强集中管理，责任明确落实，加强相关部门的沟通与配合。改变管理上各自为政、相互脱节的现状，建立负责管理、培训、指导、服务等功能协调的专门机构。提高服务意识，加强培训组织、培训指导与就业推荐等服务质量。

制订就业再就业培训质量评估指标体系，规范培训标准、考核指标、考核程序和考核办法，严格培训结业考核和发证制度。有关部门要制定就业再就业培训学校资质统一规范，明确培训学校在资金、师资、设备、场地等方面的必备条件。按照公开、公平、公正的原则，根据规定的条件和程序，通过招投标方式，面向全社会选择城镇失业职工与农民工培训学校，确定其承担的培训项目和工种，并向社会公开发布。严格职业培训机构资质考核机制，对不合格的职业培训机构定期进行清理整顿。加强对职业培训考核过程、考核结果和证书发放的监督检查。学员在接受培训后，除了有劳动部门的结业证外，还应按照国家规定，对其实行职业资格认定制度。在实际操作中，需克服因为工种数目繁多、程序复杂而存在的资格认定技术困难，建立科学精简的职业资格认定方法，对参加就业再就业培训的学员进行职业资格认定，并将此职业资格认定作为上岗就业的准入条件之一。

六、构建农村女性脱贫机制

习近平总书记在中央农村工作会议、中央党的群团工作会议、减贫与发展高层论坛、全球妇女峰会、联合国大会纪念北京世界妇女大会25周年高级别会议等一系列国内国际重要场合的讲话中，在同全国妇联领导班子成员集体谈话时，就妇女扶贫减贫作出了系统阐释和全面部署。一是把妇女作为脱贫攻坚的重点对象，强调我国农村贫困人口、城市困难群众、进城务工人员，农村留守妇女、儿童、老年人，残疾人，都是特别需要关爱的群体，全党全社会都要关心他们、帮助他们、爱护他们。二是将促进妇女发展作为中国特色减贫之路的重要经验，指出“坚持政府主导，把扶贫开发纳入国家总体发展战略，开展大规模专项扶贫行动，针对特定人群组织实施妇女儿童、残疾人、少数民族发展规划”。三是把妇女作为脱贫攻坚的主体力量，强调打好精准脱贫攻坚战是当前全党全国的重要任务，广大妇女应该在其中激扬巾帼之志、凝聚巾帼之力、彰显巾帼之美。四是明确妇联组织在打赢脱贫攻坚战中的职责任务，要求妇联组织大有作为，抓实做实“巾帼脱贫行动”，格外关心贫困妇女、残疾妇女、留守妇女等困难妇女，为她们做好事、解难事、办实事。五是揭示消除贫困对于实现男女平等、促进全球妇女事业发展的深远意义，呼吁各国关心贫困妇女、老龄妇女、残疾妇女等困难群体，制定更加科学合理的发展战略，确保妇女平等分享发展成果，推动广大妇女参与经济社会发展。这些新观点新论断新要求体现了以人民为中心的发展思想，蕴含着对反贫困实践经验的深刻总结和对彻底解决贫困问题的战略思考，彰显了大国领袖擘画脱贫攻坚蓝图的性别视角，为妇女实现脱贫发展、与全体人民一道追求幸福美好新生活提供了科学指导和行动指南。[19]

妇女贫困表面看是经济问题，实际上妇女贫困的根源与传统文化、社会制度、宗教、政治、法律、教育等密切相关。或者说，由于长期受父权制男尊女卑意识形态的影响，使得女性无论在社会生活还是家庭生活领域，从宗教、政治、法律、文化、教育到经济，女性都处于比男性劣势的地位，正是女性处于这个劣势的地位决定了她们只能获得较少的资源财力，获得较少的资源财力就导致了贫困的命运。因此，贫困女性化的根源是性别不平等和对女性歧视在经济领域的体现。消除贫困女性化现象不能只从经济入手，而应该从改变产生贫困女性化根源的社会性别结构入手，构建性别平等的社会文化与制度，进而增加女性各方面的资源财力与参与性。

人们普遍以为造成妇女贫困的因素是单一的，实际上妇女贫困的因素往往是叠加的。因病致贫和因学致贫是农村两大重要的贫困影响因素，但是，难以脱贫的农村妇女及其家庭，通常是由于其陷于多重困境，或面临两种以上的贫困因素威胁——子女教育费用居高不下、家庭成员患病（尤其是患慢性病）、家庭劳动力缺乏尤其是可以外出务工的劳动力缺乏等问题常常是交叉并存。[20]因此，我们也应该从多角度、全方位去思考妇女扶贫机制。

（一）把“社会性别”纳入扶贫主流，聚焦妇女相对贫困问题

习近平精准扶贫思想充分体现出我国的政治优势和制度优势，是精准扶贫顶层设计和具体实践的根本遵循，是扶贫理论创新指导思想和脱贫攻坚实践创新的行动指南，是全球贫困治理的中国智慧。我国脱贫攻坚战取得巨大成效。据报道，截至 2019 年底，95% 以上的贫困人口可以脱贫，90% 以上的贫困县可以摘帽。2020 年的贫困人口尽管人数很少，但任务仍然

[19] 中共全国妇联党组 · 新时代妇女扶贫减贫的中国经验 [EB/OL] · http://www.china.com.cn/opinion2020/2020-12/18/content_77025222.shtml?f=pad

[20] 吴惠芳 . 农村妇女扶贫面临的新挑战 [J]. 妇女研究论丛 ,2016（6）:12-14.

很艰巨。即使2020年我国人口全部进入小康社会，绝对贫困消除，但相对贫困问题逐渐凸显并长期存在，成为我国面临贫困问题的主要特点。

贫困妇女群体是最突出的相对贫困群体。“相对贫困”是与其他群体相比较，经济收入和社会地位较低的群体。作为一种结构性的问题，相对贫困比绝对贫困更难以消除。因为产生结构性差异的社会原因非常复杂，而消除相对贫困需要涉及传统文化、政治体制、社会结构、经济结构和教育体制等系统工程。一般来说，相对贫困主要是由于区域经济或城乡经济发展不平衡而导致的，或者是部分人群由于经济结构的转换而陷入的贫困。“贫困女性化”产生的根源则是社会性别结构的差异，这种差异导致妇女在资源财力上处于比男性更劣势地位，从而比男性更容易陷入贫困。据国家贫困监测抽样调查，2010年国家扶贫开发工作重点县女性人口贫困发生率为9.8%，比男性高0.4个百分点。由于中国是妇女人数最多的国家，贫困妇女的总体人数也相对较多。因此，在消除绝对贫困之后，妇女相对贫困将成为中国政府在继续挑战相对贫困阶段中即将面临的重点和难点。

我们应当转变思路，高瞻远瞩地认识到女性贫困问题在消除相对贫困现象中的重要意义。将社会性别意识纳入新阶段的扶贫主流，注意避免扶贫工作中妇女边缘化的盲区。如统计贫困人数时以户为单位而屏蔽了隐藏在非贫困户里的贫困妇女；在本来面对贫困妇女发放的小额贷款扩大到无性别限定贷款；明明实际上是妇女承担农业生产，却在农业科技推广活动中让男户主参加；在村民委员会中几乎没有妇女的话语权等。应当从调整社会性别结构入手建立妇女减贫的长效机制，转变性别歧视意识，保障妇女的合法权益，增加妇女发展机会，提高妇女的经济能力和社会地位。在解决相对贫困的工作中聚焦贫困妇女人群，引入贫困女性化的问题意识，加强妇女在扶贫工作中主体地位和主观能动性，了解农村妇女的日常生活和疾苦，倾听她们的心声与诉求，大力促进性别平等发展，激发农村妇女在生产活动和社区管理中的参与性，在继续推进精准扶贫的同时有效消除妇女相对贫困的问题。

（二）加强农村妇女卫生健康教育，提高农村妇女身心健康水平

人类的健康状况不仅存在性别差异还存在经济差异，贫困妇女比富裕妇女更多地受到慢性疾病的纠缠。农村低收入女性患慢性病的比例是27.3%，大概是高收入女性的3倍。农村女性患妇科疾病的比例高于城镇女性患妇科疾病的比例。西部农村女性患有妇科病的比例为29.9%，接近西部城镇女性的2倍；报告中患妇科病的妇女比较多地集中在30—49岁年龄组的育龄妇女中，农村情况更为突出。弱势女性心理健康状况较差，中低收入组有心理健康问题的性别差异更大。43.6%的西部地区女性存在心理健康问题，比京津沪妇女高10.1个百分点；老年妇女特别是农村年龄偏长妇女的心理健康问题突出。研究还发现，弱势女性心理健康状况较差，中低收入组有心理健康问题的性别差异更大。[21]可见，“因贫致病”与“因病致贫”相伴相生，摆脱贫困的基本前提是提高贫困人群的身心健康水平与医疗待遇。

[21]姜秀花．逐步消除差异　全面改善中国妇女健康状况—基于第三期中国妇女社会地位调查数据分析[J]．中国妇运，2014，（9）：29-32.

1. 加强健康教育，提高妇女的保健意识，养成良好的卫生与生活习惯

由于受文化水平的影响以及生活环境的限制，农村妇女普遍缺乏良好的卫生习惯和基本保健知识。应当教育农村妇女掌握基本的卫生和保健知识。例如，不能饮用受污染的水，不能吃生冷的食物；食用农药残余超标的食物会使人体中毒；饭前便后要洗手；每天按时进餐，饭菜不过夜；保持食材纯净新鲜；每天保持良好的个人卫生，定期换洗内衣裤；碗筷注意消毒，家人生病期间注意隔离。注意女性生理期保健卫生，选用安全卫生的生理防护用品，定期清洗身体，加强个人用品的消毒。人兽分离，避免人群聚集，自觉佩戴口罩，定期对家居进行卫生消毒。采取安全有效的避孕措施，养成科学卫生的婚姻生活习惯。掌握科学的营养搭配方法，能够根据老人、小孩与妇女不同的身体需求进行适当的饮食与食疗。

2. 加强政府干预和财政支持力度，完善农村医疗福利和监管体系

建立完善的由政府主导的新型农村医疗卫生服务体系，考虑到农村地区经济发展相对落后，存在一定数量的贫困人口特别是贫困妇女群体，充分发挥医疗卫生工作在扶贫中的重要功能，进一步提高农村医疗保险待遇与医疗服务质量。财政部门建立农村医疗补助金并实行专款专用，对农村定点医院进行政府监管、财政支持、经费补偿与采购配送等综合配套改革。把农村妇幼保健卫生纳入新型农村医疗合作范畴，将农村妇女常见病所需药品和器材纳入可报销项目，提高报销比例，简化医疗报销程序。对于贫困妇女实行减免医疗费和贷款医疗的方法，提高农村妇女医疗保险待遇，避免因病致贫困的现象发生。

加强政府对医疗机构的监督力度，完善医疗监管体系。制定医疗监管法律法规，以法律的形式明确医疗责任、医疗纠纷以及规范医疗监管。严格按照国家标准收取医疗费用，坚决惩治乱收费现象，并对出现违规收费的相关负责人实行问责制。把医疗扶贫作为考察各级政府扶贫工作的业绩；让各级政府、扶贫机构及其医疗卫生部门每年对各地区的医疗卫生支持与援助进行不定期的检查、验收或评估。

提高卫生健康政府部门领导、专业人员、管理人员以及卫生保健服务人员的性别敏感性，使其在医疗政策的制定、检验、监测及医疗卫生保健服务中能关注妇女的特点和诉求，特别是能够满足农村妇女的特殊需求。

3. 完善医疗保障制度和提高医疗服务质量

让贫困人口摆脱贫困迈向小康生活的基本前提是保障其身心健康。医疗卫生保障是人们身体健康和生活质量的最基本保障。精准扶贫战略的实施对乡村医疗卫生服务工作提出新挑战和新要求。当前我国建档立卡贫困人口中超过40%是因病致贫，防止因病致贫、因病返贫，如何进一步完善医疗保障制度和提高医疗服务质量，更好地建设乡村医疗卫生服务体系，是2020年后减贫工作的重点，也是2020年后乡村人口对高品质健康生活的追求方向。对于高比例因病致贫的人口，应该建立乡村医疗服务精准治贫扶贫的机制，加大对农村贫困人口实行免费医疗的优惠政策，并通过普及农村卫生健康知识教育，提高农村贫困人口防治疾病的能力。

4. 加强对农村妇女常见病、多发病的预防与治疗

据调查，农村妇女居于前五位的常见疾病依次是急性鼻咽炎、流行性感冒、急慢性肠胃炎、女性生殖器官疾病、上呼吸道感染；农村妇女居于前五位的慢性病依次是高血压病、慢性肠胃炎、类风湿性关节炎、女性生殖器官疾病、椎间盘疾病。这些农村妇女的常见疾病和慢性病与患者长期的生活环境、生活习惯、生产方式密切相关，具有广泛性与多发性的特点。因此，应加强对农村妇女常见病、多发病的防治工作，防微杜渐，提高就诊率与治愈率，精准有效地提高农村妇女的身体素质与健康水平。县级医院与乡镇卫生所应针对农村妇女的常见病、多发病进行专项学术研究、专家会诊与临床检验，提高对此类疾病的治疗水平；县级医院与乡镇卫生所还应当加强针对农村妇女的常见病、多发病的医疗器材与药物配置。此外，还应当对农村医务人员开展农村妇女常见病、多发病的治疗技术培训，从各方面提高农村妇女的医疗服务质量。

5. 提高农村妇幼保健服务的质量和效率

加强产前保健服务、提高产前检查率可以有效地降低孕产妇死亡率和婴儿死亡率，产前检查率是衡量产前保健服务利用的主要指标。据调查，农村地区仍有部分孕妇未做产前检查，而医务人员对孕产妇术后随访比例也非常低，农村孕产妇和婴儿的健康存在较大的潜在风险，我们应该进一步加强农村孕产妇保健管理工作，产前保证所有农村孕妇都能做产前检查；术后，妇幼保健人员应对产妇进行随访，并及时提供避孕、哺乳及卫生保健指导服务，以保证母婴的安全和健康。同时要特别关注农村流动妇女及贫困妇女群体的医疗卫生需求，保障她们也能平等享受到医疗保障服务，对于农村贫困妇女则应当提供免费医疗服务。

（三）完善妇女权益保护法，用法律捍卫妇女的生产性资产

2022 年 10 月 30 日中华人民共和国第十三届全国人民代表大会常务委员会第三十七次会议修订通过的《中华人民共和国妇女权益保障法》（以下简称妇女法）第五十六条规定：“村民自治章程、村规民约、村民会议、村民代表会议的决定以及其他涉及村民利益事项的决定，不得以妇女未婚、结婚、离婚、丧偶、户无男性等为由，侵害妇女在农村集体经济组织中的各项权益。”第六十九条规定：“离婚时，分割夫妻共有的房屋或者处理夫妻共同租住的房屋，由双方协议解决；协议不成的，可以向人民法院提起诉讼。”从法律的层面为农村妇女因结婚、离婚、丧偶而失去集体成员资格及相关的土地权益和股权利益设立一道坚实的屏障。但由于受几千年封建思想和男尊女卑习俗的影响，农村妇女在宅基地使用权和房屋所有权的权益保障方面依然经常受到侵害。部分村集体经济组织改革方案公然将户籍在本村的外嫁女不分情形要求限期迁出户口，不承认外嫁女为本村集体成员，以此剥夺外嫁女在集体经济组织中的分配权。

立法部门应制订法律，明确农村集体经济组织成员认定标准，避免村民集体决策利用法律漏洞侵犯农村妇女的合法财产所有权。农业农村部应明确要求各级集体产权制度改革领导

小组在制订相关政策、采取措施的过程中，对中央文件“注重保护外嫁女等特殊人群的合法权利”的精神要细化成具体落实措施和方法，并明确要求各乡镇党委政府对村组集体制订的集体经济分配方案和执行情况加强指导、监督和查改。

民政部应大力度推动《关于做好村规民约和居民公约工作的指导意见》的落实，监督整改“村规民约”中违反男女平等基本国策和《中华人民共和国妇女权益保障法》的内容，加强村民委员会治理的法治化和规范化，对侵犯出嫁、离婚、丧偶女性合法权益的规定和行为建立追责机制。将集体产权制度改革纳入法治轨道，对现实出现的对农村妇女的侵权行为，提供法律援助和律师咨询服务，并开通农村妇女侵权案件的专线通道，提高办案的效率；强化司法救济，建议最高人民法院出台司法解释作为处理农村妇女的合法财产所有权纠纷问题的操作细则。

（四）建立性别平等的婚姻关系，增强男人分担再生产劳动的责任

到了21世纪的今天，虽然我国农村地区的婚姻不再受制于“父母之命，媒妁之言”，但是，由于受几千年封建社会男尊女卑思想影响，农村家庭普遍存在性别不平等的现象。农村妇女除了要和男人一样参加农业生产外，还要比男性承担更沉重的家务劳动和家庭责任。即使农村妇女的经济收入不比男人低，也不能改变她们在家中的从属地位，她们在家中依然没有平等的话语权和合法的财产所有权。换言之，正是男女不平等的婚姻关系，使农村妇女既要为家庭付出繁重的劳动，又在财产分配与合法权益上处于劣势地位。因此，农村妇女摆脱贫困的重要途径之一是建立性别平等的婚姻关系。

1. 反对父母之命，建立自由恋爱婚姻

调查表明，除长年外出打工的男女青年以外，仍在农村中的或没有远离家乡的男女青年，完全建立在爱情基础上的自由恋爱还不能构成农村婚姻的主流，大部分农村特别是偏远地区的农村青年（尤其是女青年）的婚姻还是按照“媒人介绍、亲朋参谋、父母同意”的模式在进行。[22]这种建立在“媒妁之言，父母之命”之上的传统婚姻模式普遍缺乏爱情基础，更多从经济基础与家庭利益等世俗的角度出发，婚姻生活的和谐度和幸福感难以保证。更由于传统的婚姻模式比自由恋爱婚姻继续了更多性别不平等的旧观念，妇女在旧的婚姻模式中更难以获得性别平等的地位。因此，在偏远的农村地区，更应该破除“媒妁之言，父母之命”落后婚配模式，鼓励农村女青年勇敢地追求自由的爱情和婚姻，并把自由恋爱婚配当作妇女的一项合法权益加以保护。

2. 消除买卖婚姻，制止婚恋索要巨额礼金的风气

虽然我国一直反对买卖婚姻，但是近些年来，受市场经济的影响，在某些贫困落后的农村地区，出现了女孩出嫁索要巨额礼金的现象，并且礼金的数额有竞相攀比提升的趋势。巨额礼金实际上是买卖婚姻的变相重现。女方向男方索要超过男方及其家庭经济能力的巨额礼金，

[22] 单艺斌. 关于我国农村家庭中性别不平等的评价体系研究 [J]. 中华女子学院山东分院学报，2007（3）：1-7.

使得男方家庭不得不背负沉重的聘金债务和精神压力。婚恋的巨额礼金使女方实际上成为婚姻买卖中的商品，为女方今后的婚姻性别不平等埋下了祸根。在男方看来，通过天价彩礼娶回来的媳妇，等同于用高价买回来的婚姻商品，女方从进门起就沦落替男方还债的奴隶与生育工具，一旦离婚，男方还会追讨彩礼，让女方深受其害甚至酿成悲剧。妇女婚姻平等与家庭地位又从何谈起？ 2021 年 4 月 20 日，有网友发布消息称，“一名 17 岁的女孩被家人以 20 多万的彩礼‘卖给男方’。之后，女方回到娘家，男方要求退还彩礼，女方一家表示拒绝，女孩就被殴打，之后喝下农药去世。”[23] 因此，要教育农村家长为了女儿今后婚姻幸福着想，不能将女儿视为索要彩礼的商品。政府部门应当禁止婚恋中索要巨额礼金的陋习。

3. 抑制农村家庭暴力，加强对农村妇女心理健康的干预

家庭暴力是世界各国普遍存在的现象，中国农村妇女普遍不同程度遭受过家庭暴力。家庭暴力对农村妇女的精神和肉体都造成严重的伤害，少数还存在人身安全的威胁。对农村妇女遭受家庭暴力的调查显示，只有 29% 的农村妇女明确表示没有遭受过丈夫殴打，其他人都不同程度地遭受过家庭暴力。据调查，引发农村家庭暴力排在前三位的原因是：夫妻性格不合占 77%、打牌赌博占 50%、婚外情占 40%。[24] 受“家丑不可外扬”思想的影响以及为了顾及孩子的健康成长，多数农村妇女在遭受家庭暴力后都采取忍气吞声的态度，不敢追究施暴的丈夫。她们之所以选择沉默，是因为觉得遭受家庭暴力很“丢脸”，如果“外扬”可能还会使家庭矛盾更加激化。家庭暴力在农村地区如此地司空见惯以致使部分妇女对此感到“无所谓”，对家暴普遍宽容的乡村文化无疑助长了家庭暴力再次发生与变本加厉。虽然农村妇女宁愿以沉默忍受换取现世安稳，但是家庭暴力对农村妇女的身心健康构成严重威胁。部分自尊心强的妇女在遭受家庭暴力后会产生“不能忍受”“想离婚”甚至是自杀的念头。

《中国自杀率报告：2002—2011》称，1995 年至 1999 年，15 岁至 34 岁的中国女性公民之中，每 10 万人里年均约有 35.2 名农村女性自杀。而 2011 年，这一数字减少为每 10 万人之中只有 3 例，降幅超过了 90%。该报告发表于德国《社会精神病学与精神流行病学》杂志。报告撰稿人香港大学香港赛马会防止自杀研究中心主任叶兆辉认为：“中国的城市化发展，在很大程度上抑制了农村妇女自杀的可能。”清华大学公共健康研究中心主任、社会学系教授景军认为，个人的抗争是中国农村女青年自杀率高的最佳解释。这种抗争往往发生于家庭内部，同妇女地位、婚姻关系、婆媳关系、财产分配、育儿养老等问题交织。[25] 可见，家庭、婚姻生活严重的性别不平等令农村妇女处于恶劣的生存环境，对年轻农村妇女的心理健康造成严重的压抑和危害，必须引起社会各界的高度关注与重视。

应当制定“反家庭暴力法”，明确将家庭暴力视为故意伤害罪，情节严重者要给予相应的

[23] https://mini.eastday.com/nsa/n210421141520610.html.

[24] 陈本建 . 在生活中为什么大多数人都选择非法律方式解决家庭暴力——农村家庭暴力情况读者调查分析 [N]. 法制日报 ,2000-12-07.

[25] http://news.sohu.com/20140723/n402595355.shtml，中国自杀率跌至世界最低 农村妇女自杀率减少 90%.

法律制裁；应当在农村建立“家庭暴力救助机构”“心理危机干预中心”为遭受家庭暴力以及面临心理危机的农村妇女免费提供法律援助、纠纷调解、人文关怀与医疗救助；应当教育妇女要勇敢反抗家庭暴力，一旦遭受家庭暴力要第一时间告诉自己的亲人和妇女维权组织；应当建立性别平等、保护妇女合法权益的新型乡村文化。

4. 增加男人的离婚成本，保护农村妇女的离婚权益

离婚在某种程度上反映了人们婚姻自由的选择、婚姻观念的进步。但是，离婚又给家庭和社会的稳定与谐带来极大的破坏，给夫妻双方和孩子留下非常严重的心灵创伤。鉴于大部分农村婚姻濒临危机的主要原因是男方出现懒惰、赌博、家暴和婚内出轨的现象，应当加强农村男子的社会性别意识的教育，改变他们歧视女性的观念和大男子主义的作风，增强男人的家庭责任感以及与妻子共同分担家务劳动的意识，并以法律的形式增加男人过失离婚的成本。对于实在不可挽救的婚姻，要尊重并保护妇女的离婚选择，并依据婚姻法保护妇女在离婚中应当获得的夫妻共同财产和农村集体经济组织的合法分配，尽量满足有经济能力的母亲对于子女的抚养权，保障农村妇女的离婚自主权以及她们在离婚中的财产分配。

（五）加强文化扶贫，改变农村妇女落后的观念和习俗

在经济、文化和教育发展相对滞后的偏远山村，一些封建思想和陈旧观念依然禁锢着当地村民迈向现代文明的步伐。特别是那些缺乏受教育机会的农村妇女，更加容易受到传统社会糟粕文化和落后风俗的捆绑，文化贫困成为她们脱贫的重要制约因素。因此，解决妇女相对贫困首先要“扶观念”。一是改变依附男人的观念。“干得好不如嫁得好”这句话在描述婚姻对于妇女社会流动所起的重要作用的同时，也深刻地反映了中国女性对于男人的从属思想。值得注意的是，农村妇女认同这种说法的比例高于城镇妇女，说明农村妇女对于男人的依附程度比城镇妇女更高。应当改变农村妇女长期被男尊女卑错误思想扭曲的心灵，改变她们不出门、不管事、不当家、凡事顺从、依靠丈夫的观念。改变她们赚钱靠男人、大事靠亲戚的惰性。唤醒农村妇女的社会性别意识，增强她们的性别自信心与自尊心，培养她们自立自强、自主发展和自我奋斗的现代女性精神。二是打破“男主外，女主内”的传统准则和封建道德礼教。据调查，超过半数受访对象认同“男主外，女主内”的做法，并且农村人的认同率远高于城里人的认同率。虽然我们一直努力移风易俗推进乡村文化的建设并且也取得了显著成绩，但是在偏远落后的农村地区，相当多的农村妇女仍受封建传统思想、野蛮风俗习惯的影响。应当向农村妇女宣传男女平等的思想，打破刻板的性别分工，无论男女都可当家作主，只要有需求有能力，妇女与男子一样都可以撑起一片天地。通过寻找“农村女强人”“脱贫女标兵”等活动为农村妇女树立自强自立的学习榜样。三是改变小富即安的观念。受小农意识的影响，部分农村妇女缺乏远大的理想与人生追求，容易安于现状、与世无争、不思进取。只要旱涝保收年年有余粮、衣食无忧有田有房、有工打有书读就会产生富足的感觉。这种观念不利于乡村战略的实施，也不适应市场经济的发展。应当改变农村妇女容易满足现状、习惯“等要

靠”的思想，激发她们锐意进取、开拓创新、艰苦奋斗的精神。使她们明白幸福是奋斗出来的，只有坚持不懈地艰苦奋斗才能获得长久的幸福生活。四是改变目光短浅、心胸狭窄和缺乏规划的局限。由于农村妇女文化水平较低、生活阅历浅、信息闭塞，难免头脑简单甚至偏执愚昧，容易感情用事，缺乏长远打算和深思熟虑。应当通过加强农村妇女的继续教育、成立农村读书会、开设科学思维培训班等形式提高农村妇女的文化修养、提高她们的逻辑思维与生活智慧；帮助她们养成理性思考问题、解决问题和处理问题的方法；通过提供法律援助和咨询服务等形式，为农村妇女应对各种困难和挑战提供社会支持。五是改变听天由命的宿命论和逆来顺受的怯懦。受“在家从父，出嫁从夫，夫死从子”封建传统的毒害，农村妇女习惯了等待命运的安排、顺从别人的安排，即使受到欺负和委屈也不敢反抗，特别是当她们受到婆家的虐待或丈夫的家庭暴力时也忍气吞声、不敢申诉，她们的怯懦没有换来现世安稳，反而使别人对她们的伤害变本加厉。应当帮助农村妇女树立性别平等、人身权利神圣不可侵犯的理念，面对家庭暴力绝对不能沉默忍受，要敢于向亲人求助，向当地妇女组织申诉维权。面对不可挽救的婚姻要勇敢提出离婚，并大胆争取自己的合法权益。六是改变陈规陋习。一方水土养一方人，农村地区普遍存在一些落后的风俗习惯潜移默化地影响着生活其间的人们，农村妇女自然也不能幸免。比如互相吃请、赌博成风、盲目从众、借贷无度、没有理财观念、没有养成良好的卫生和生活习惯等。应当加强社会主义核心价值观的宣传力度，培养良好的乡村文化和社会风气。对当地的陈规陋习进行批判与反思，让大家认识到这些落后习俗给人们带来的严重危害。消除农村妇女的从众心理，让她们有勇气拒绝受陈规陋习的同化。教育她们远离攀比、远离黄赌毒、远离高利贷，养成勤俭节约、科学理财的习惯；加强健康教育，帮助她们掌握正确的卫生与保健知识，注意个人卫生和预防疾病，学会科学的养生与保健方法，提高身体素质与健康水平。

（六）加强农村妇女的政治赋权，鼓励农村妇女自我组织和自我参与

20世纪90年代国际妇女发展与实践的主流思想——性别与发展理论（Gender and Development）可总结为以下六个方面：⑴关注性别关系，即在不同条件下的男性与女性之间的关系；⑵把妇女看作积极的参与者而非被动的发展的接受者；⑶从社会组织、经济、政治生活的整体性去理解社会某一特定方面的构成；⑷发展被看作是个人与社会的经济、政治与文化进步的复杂过程，进步是社会及其成员在一定历史背景下满足其物质、情感与创造需求的能力；⑸认为福利、反贫困方式往往是平等的必要前提；⑹战略选择：关注妇女的自我组织，以提高妇女在经济体系的政治权利。[26] 20世纪90年代以来，国内外的妇女发展机构、妇联、妇女研究所等多领域的合作，在中国多个农村地区开展融入性别意识的农村妇女参与式发展项目，使“性别与发展理论”在中国农村进行了非常有价值的实践与探索。参与式发展的核心是赋权，赋权的核心是打破公共决策领域中的性别歧视，即改变在社区管理和发展活动中

[26] 王政，杜芳琴. 社会性别与选择 [C]. 北京：生活·读书·新知三联书店，1998.

排斥妇女参与和意见的传统，赋予妇女在社区管理与公共决策中平等的话语权，通过给予她们发表意见的机会来实现妇女对发展活动的自主参与。

增加农村建设过程中的社会性别意识，改变农村经济发展与扶贫工作中忽略妇女特点与意见的做法。在制订农村建设发展改革的相关法律法规与政策过程中，应当自觉纳入社会性别意识，开展广泛的调查研究，了解农村妇女的实际情况与真实诉求，力求使乡村振兴战略的各项工作能够满足农村妇女对幸福生活的追求。提高农村妇女在村民自治委员会中的比例，改变把妇女视为发展活动中被动接受者的做法，维护妇女在公共决策中的话语权，鼓励妇女积极参与社区管理，提高她们参政议政的觉悟与能力。在以往的实践中，人们之所以普遍把农村妇女看作是扶贫工作中的被动接受者，主要是认为农村妇女受教育程度低，缺乏作为发展活动中主动参与者所必须具备的基本能力，只能由那些受过良好教育、见多识广和具备决策能力的外人（男人）给她们出谋献策。问题是，既然“进步是社会及其成员在一定历史背景下满足其物质、情感与创造需求的能力”，那么，旁人或男人又如何能够替代这些妇女去提高满足自身发展需求的各种能力呢？因为发展是社会成员实现自我进步的一个过程，只有依靠自我的参与才能完成。所以，我们应该允许并鼓励妇女成为发展活动的主动参与者。可能妇女发展的起点较低，只要她们自主参与就启动了进步的开端。相反，即使外人（男人）为她们设计的方案再完美，也不能实现妇女自身的发展与进步。换言之，只有农村妇女实现了自觉的扶志——具有强烈摆脱贫困的决心、主动参与到经济发展活动中，才能真正消除贫困女性化。

扶持妇女发展的自发组织，培养农村妇女的积极分子。2001 年，奈拉将赋权定义为“一个改变的过程，在其中那些被否认有选择能力的人获得了这一能力”。[27]

作为贫困中的相对贫困者，农村妇女想要摆脱贫困境遇首先需要赋权，即打破现有的性别不平等的社会秩序，努力夺回那些被性别不平等机制否认的权益和选择能力。因此，妇女扶贫的核心是“性别赋权”，即通过重新建构性别平等的社会秩序获取应有的资源财力从而实现摆脱贫困女性化。“性别赋权”是一场关于性别意识的转变革命，是一种关于打破男尊女卑思想意识形态的抗争，它不可能是自天而降，也不可能等男人们把这分性别的特权拱手相让，它首先需要妇女对于性别平等与妇女解放意识的自我觉醒，需要妇女自发组织才能帮助她们通过自主参与发展摆脱贫穷的陷阱。现实情况是，农村地区妇女发展的自发组织普遍发育不足，一方面是来自男权社会的非议与打压；另一方面是由于农村妇女的性别意识没有觉醒，缺乏积极的倡导者和引领者。我们应当在全社会范围内加强男女平等思想的宣传，转变男尊女卑的落后乡村文化。从政策的层面科学评估妇女发展自发组织存在的重要意义，积极扶持农村妇女发展自发组织，鼓励妇女发展研究专家开展“妇女赋权”项目，引导与帮助农村妇女的自发组织。借助现代网络技术在全国各地内建立农村妇女自发组织联合网络，促进农村妇女

[27] 瓦知迪娜·M·莫甘达姆，鲁西·桑福特娃，毕小青．测量妇女赋权——妇女的参与以及她们在公民、政治、社会、经济和文化领域内的权利 [J]. 国际社会科学杂志（中文版），2006，(2)：203-226+7.

的自我赋权与良性团体互助发展模式。培养农村妇女中的积极分子，通过举办农村妇女参与性发展积极分子培训班等形式，提高农村妇女积极分子的文化素质、社会性别意识以及组织活动能力，充分发挥她们在妇女自发组织中的领导能力与先锋模范带头作用，使农村妇女发展的自发组织获得蓬勃发展的内在驱动力。

“贫困女性化”是全世界普遍存在的现象，也是我国在取得消除绝对贫困的伟大胜利后，进入消除相对贫困阶段将面临的主要问题。“贫困女性化”产生的主要根源是“社会性别差距”，“社会性别差距”（gender gap）是男女在参与度、获得资源的机会、权利、能力和影响力以及工资报酬和福利等方面存在于男性和女性之间的差距。由于“社会性别差距”使女性的经济收入、家庭地位以及政治地位等方面均处于比男性更劣势地位，从而使妇女更容易陷入一种性别之间的“相对贫困”境地。正因为“社会性别差距”是造成“贫困女性化”的根本原因，所以解决“贫困女性化”的策略是消除女性与男性之间的“社会性别差距”。

从社会性别需求的角度看，消除“社会性别差距”包括经济地位和政治地位两方面的差距。经济地位差距，即妇女在就业机会、收入、财产、社会保障、医疗和保健等生活条件与男性的差距；政治地位的差距包括参政议政、合法权利和控制权等方面与男性的差距。妇女贫困现象表面看是一个经济问题，实际上妇女贫困是一个社会文化或者说是一个社会结构问题，正是由于男尊女卑封建思想和重男轻女的社会结构的影响，使得女性无论在经济收入抑或是社会政治地位上均比男性低劣，只能获得较少的资源财力从而导致了“贫困女性化”命运。

消除贫困女性化现象不能只从经济入手，而应该从改变产生贫困女性化根源的社会性别结构入手，构建性别平等的社会文化与制度，进而增加女性各方面的资源财力与参与性。其中，大力提高农村女性的受教育程度和文化素养，并唤醒她们被封建思想禁锢的“男女平等”的性别意识，是通过提高农村女性的人力资本和资源财力从而缩小与男性之间“社会性别差距”的重要途径。

参考文献

一、专著类

[1] 缪建东．教育社会学 [M]．北京：高等教育出版社，2009.

[2] 金一鸣．教育社会学 [M]．南京：江苏教育出版社，2000.

[3] 吴康宁．教育社会学 [M]．北京：人民出版社，1998.

[4] 鲁洁．教育社会学 [M]．北京：人民出版社，1990.

[5] 马和民，高旭平．教育社会学研究 [M]．上海：上海教育出版社，1998.

[6] 钱民辉，田玉荣．教育社会学 [M]．北京：社会科学文献出版社，2009.

[7] 罗斯玛丽 · 帕特南 · 童．女性主义思潮导论 [M]. 上海：华中师范大学出版社，2002.

[8]（美）丹尼尔 · U · 莱文，瑞依娜 F · 莱文著．教育社会学 [M]．黄雯译．北京：中国人民大学出版社，2010.

[9]（澳）萨哈主编．教育社会学 [M]．刘慧珍译．重庆：西南师范大学出版社，2011.

[10] 任宝祥．教育社会学 [M]．重庆：西南大学出版社，1993.

[11]（美）佰顿 · 克拉克著．高等教育新论—多学科的研究 [M]．王承绪译．杭州：浙江教育出版社，1988.

[12] 杜芳琴．中国社会性别的历史文化寻踪 [M]. 天津：天津社会科学院出版社，1998.

[13] 佟新．社会性别研究导论 [M]．北京：北京大学出版社，1997.

[14]（英）安东尼 · 吉登斯著．社会学（第 4 版）[M]．赵东旭，齐心，王兵，等译．北京：北京大学出版社，2003.

[15] 王凤华，贺江平，等著．社会性别文化的历史与未来 [M]．北京：中国社会科学出版社，2006.

[16] 沈奕斐．被建构的女性 [M]．上海：上海人民出版社，2005.

[17] 吴康宁．课堂社会学 [M]．南京：南京师范大学出版社，1999.

[18] 麦克 · F · D · 扬主编．谢维和，朱旭东译．知识与控制 [M]．上海：华东师范大学出版社，2002.

[19] 刘慧英．走出男权传统的樊篱—文学中男权意识的批判 [M]．北京：生活 · 读书 · 新知三联书店，1995.

[20]（法）西蒙娜·德·波伏娃著．第二性 [M]．陶铁柱译．北京：中国书籍出版社，1998.
[21]（美）凯特·米丽特著．性的政治 [M]．宋文伟译．南京：江苏人民出版社，2000.
[22] 郑新蓉．性别与教育 [M]．北京：教育科学出版社，2005.
[23]（美）艾森卓著．性别与欲望 [M]．杨广学译．北京：中国社会科学出版社，2003.
[24] 郑新蓉，史静寰，强海燕．赋教育以社会性别 [M]．北京：教育科学出版社，2005.
[25] 丁钢，岳龙．学校环境中的教育平等 [M]．北京：教育科学出版社，2004.
[26] 史静寰．走进教材与教学的性别世界 [M]．北京：教育科学出版社，2004.
[27] 强海燕．性别差异与教育 [M]．西安：陕西人民教育出版社，2004.
[28]（澳）G·拉可姆斯基主编．教育大百科全书：女性与教育 [M]．张莉莉译．重庆：西南师范大学出版社，2011.
[29]（美）戴维·斯沃茨著．文化与权利 [M]．陶东风译．上海：上海译文出版社，2006.
[30]（法）布迪厄，J·C 帕斯隆合著．再生产 [M]．邢克超译 . 北京：商务印书馆，2004.
[31]（法）皮埃尔·布迪厄著．国家精英 [M]．杨亚平译．北京：商务印书馆，2004.
[32]（法）皮埃尔·布迪厄著 . 继承人—大学生与文化 [M]．邢克超译．北京：商务印书馆，2002.
[33]（澳）马尔科姆·沃特斯著 . 现代社会学理论 [M]. 杨善华，李康等译 . 北京：华夏出版社，2000.
[34] 刘德华．马克思主义思想政治教育著作导读 [M]．北京：高等教育出版社，2001.
[35]（法）米歇尔·福柯著 . 规训与惩罚—监狱的诞生 [M]. 刘北成，杨远缨译 . 北京：生活·读书·新知三联书店，2007.
[36]（美）玛格丽特·米德著．文化与承诺——一项有关代沟问题的研究 [M]. 周晓虹，周怡译．石家庄：河北人民出版社，1987.
[37]（法）皮埃尔·布迪厄著．男性统治 [M]．刘晖译．深圳：海天出版社，2002.
[38] 梁漱溟．中国文化要义 [M]．北京：中华书局，1983.
[39]（法）科尔库夫著．新社会学 [M]．钱翰译．北京：社会科学文献出版社，2000.
[40]（法）皮埃尔·布迪厄，（美）华康德著．实践与反思—反思社会学导引 [M]．李猛，李康译．北京：中央编译出版社，2004.
[41] 张人杰．国外教育社会学基本文选 [M]．上海：华东师范大学出版社，2008.
[42] 王政，杜芳琴 . 社会性别研究选译 [M]．北京：三联书店，1998.
[43]（英）戴维·布莱克莱吉等著．当代教育社会学流派 [M]．王波译．北京：春秋出版社，1989.
[44] 屈傲．赊店风云 [M]．北京：中国广播电视出版社，2003.
[45] 韩建国．社旗县中学校本教材 [M]．河南：南阳印刷厂，2012.

[47]G.4538．义务教育课程标准实验教科书（语文）[S]．南京：江苏教育出版社，2012.
[48]G.4537．义务教育课程标准实验教科书（语文）[S]．南京：江苏教育出版社，2012.
[49]（日）佐藤学著．课程与教师 [M]．钟启泉译．北京：教育科学出版社，2003.
[50] 郑新蓉．社会性别与妇女发展 [M]．西安：陕西某出版社，1999.
[51] 中国社会科学院语言研究所词典编辑室．现代汉语词典 [M]．北京：商务印书馆，2005.
[52] 陆学艺 . 当代中国社会阶层研究报告 [M]. 社会科学文献出版社，2002.
[53]（美）戴维 · 格伦斯基 . 社会分层（第二版）[M]. 华夏出版社，2005.
[54] 肖巍 . 女性主义教育观及其实践 [M]. 北京：中国人民大学出版社，2007.

二、学位论文类

[1] 肖蕾．从性别平等的视角看师生互动 [D]．南京师范大学，2007.
[2] 周小李．社会性别视角下的教育传统及其超越 [D]．华中师范大学，2008.
[3] 吕晓娟．性别视角下的东乡族中小学潜在课程研究 [D]．西北师范大学，2010.
[4] 李长娟．社会性别视角下乡村女教师生涯发展研究 [D]．东北师范大学，2011.
[5] 陈燕．当代我国性别差异教育的实践研究 [D]．福建师范大学，2011.
[6] 李云霞．新课程改革前后教材中性别问题的比较分析 [D]．首都师范大学，2006.

三、期刊论文类

[1]（瑞典）M · 埃弗森．社会性别的再生产：家务和瑞典儿童对家庭中性别平等的态度 [J]．国外社会科学，2007（3）.
[2] 苏珊 · 麦吉 · 见利．周鸿燕．教育男生和女生：对性别平等教育的启示 [J]．华南师范大学学报（社会科学版），2006（6）.
[3] 王政．“女性意识”“社会性别意识”辨异 [J]．妇女研究论丛，1997（1）.
[4] 张家军．论学生同辈群体的作用及其实现机制 [J]．当代教育科学，2009（11）.
[5] 查啸虎，陈玉梅．走向两性平等—教育公平视角的分析 [J]．安徽教育学院学报，2003（2）.
[6] 程福蒙．我国课程中的性别不平等的社会学分析 [J]．江西教育科研，2006（3）.
[7] 史静寰．教材与教学：影响学生性别观念及行为的重要媒介 [J]. 妇女研究论丛 2002(2).
[8] 强海燕 . 自信心的性别差异与女生的教育 [J]．教育评论，1999（2）.
[9] 程晓樵，吴康宁，吴永军等．教师课堂交往行为的对象差异研究 [J]．教育评论，1995（2）.
[10] 刘珍珍．女性新形象的塑造与传播—从“李宇春现象”看传媒影响下的女性形象 [J]．民族艺术，2006（2）.
[11] 强海燕，张旭．从社会性别角度探讨女大学生和女教师的发展 [J]．妇女研究论丛，2001（5）.

[12] 刘娟．当今社会性别观念现状与加强性别意识教育 [J]．湖南广播电视大学学报，2005（2）．
[13] 肖立青，伍新德．高等院校文化教育与大学生社会性别观念的形成 [J]．继续教育教育研究，2010（5）．
[14] 陈媛．女大学生社会性别自我歧视倾向的形成与教育 [J]. 广西青年干部学院学报，2002（3）．
[15] 牛利民．"择男舍女"：女大学生就业难的社会性别因素分析与应对 [J]．中州学刊，2008，167（5）．
[16] 吴康宁．学生同辈群体的功能：社会学的考察 [J]．上海教育科研，1997（8）．
[17] 敬少丽．家庭功能的变迁与教育机会的发展—从社会性别理论为视角 [J]．教育理论与实践，2012（16）．
[18] 杜芳琴．将社会性别纳入高等教育和学术主流—"发展中国的妇女与社会性别学"课题介绍 [J]．妇女研究论丛，2003（5）．
[19] 刘继南．教育发展、性别平等与社会进步 [J]．现代传播，2012（11）．
[20] 严月娟．教育性别公平与和谐社会的构建—从高等教育中的男性性别弱势谈起 [J]．理论月刊，2012（6）．
[21] 刘文菊．论社会性别意识与大学语文教育 [J]．长春师范学院学报(人文社会科学版)，2009（5）．
[22] 杨斌．从社会性别视角审视农村女学生参与学校体育的影响因素 [J]．成都体育学院学报，2011（4）．
[23] 韩璐．关注弱势群体中的"弱势女童" [J]．经济与科技，2006（4）．
[24] 杨洁，吕改莲．社会性别刻板印象的直接映射—对小学语文教材人物的性别分析 [J]．陕西师范大学学报（哲学社会科学版），2002（4）．
[25] 高丽娟．社会性别视角下中小学教育的性别歧视 [J]．当代教育科学，2010（18）．
[26] 黎君．社会性别意识与中学女校长成长的策略 [J]．教育探索，2009（8）．
[27] 李长娟．乡村女教师发展的障碍及对策探析：从社会性别视角考察 [J]．当代教育科学，2010（15）．
[28] 许艳丽．社会性别视角下的女性职业发展 [J]．中华女子学院学报，2011（3）．
[29] 臧娜．社会性别理论视域下的女性继续教育 [J]．河北大学成人教育学院学报，2011（2）．
[30] 徐大真．性别刻板印象之性别效应研究 [J]．心理科学，2003（4）．
[31] 曹迪．教育政策研究的社会性别视角的缺失 [J]．教育学术月刊，2010（1）．
[32] 胡桂香．略论社会性别意识教育的作用 [J]．当代教育论坛，2006（15）．
[33] 陈应心．社会性别理论及其对我国教育改革的启示 [J]．当代教育科学，2008（9）．

[34] 刘伯红，李亚民．中国高等教育中的社会性别现实 [J]．云南民族大学学报（哲学社会科学版），2011（1）．

[35] 乌尼日，赵秀娥．社会性别教育进入高校课堂的点滴思考 [J]．广西大学学报（哲学社会科学版），2005（2）．

[36] 陈丽琴，刘筱红．将社会性别意识纳入高等教育必修课的教育政策思考 [J]．湖北社会科学，2009（2）．

[37] 蒙燕杰．农村先进性别文化建设的现状、成因及对策思考 [J]．中共南宁市委党校学报 [J]．2012（4）．

[38] 史红．论教育的社会性别主流化 [J]．教育探索，2005（5）．

[39] 王有升．语文教科书的社会学阐释 [J]．教育科学，2000（3）．

[40] 李明欢．干得好不如嫁得好？—关于当代中国女大学生社会性的若干思考 [J]．妇女研究论丛，2004（4）．

[41] 周小李．论教师社会性别意识教育的必要性及途径 [J]. 现代教育科学，2007（2）．

[42] 李傲．性别歧视的界定 [J]．河北法学，2007（1）．

[43] 高亚春，付韵军．国内外推进城乡公共服务均等化的实践及启示 [J]. 商业时代，2012（36).

[44] 滕兴才．女性农民工平均月工资比男性低 200 元［J］. 共产党员，2008（12）

[45] 韦艳，蔡文祯．农村女性的社会流动：基于婚姻匹配的认识 [J]. 人口研究，2014（4).

[46] 龚继红，钟涨宝．教育背景对农村妇女家庭权力行为和家庭地位满意度的影响研究—从荆门市某村为样本的典型调查为例 [J]. 浙江学刊，2009（2).

[47] 李成华，靳小怡．夫妻相对资源和情感关系对农民工婚姻暴力的影响：基于性别视角的分析 [J] 社会，2012（1).

[48] 许玲丽．周亚虹．义务教育资源配置对初中升学机会的影响 [J]. 上海经济研究，2011（12).

[49] 金东海，安静．民族地区义务教育阶段贫困学生就学资助研究 [J]. 当代教育与文化，2009（2）：25.

[50] 舒华钰．龙胜“两基”：让山里娃娃上好学．桂林教育信息网 .2007-5-25.

图书在版编目（CIP）数据

性别与教育再生产 : 农村女性社会流动的教育因素研究 / 蒋文宁著. -- 湘潭 : 湘潭大学出版社, 2022.5
ISBN 978-7-5687-0830-2

Ⅰ. ①性… Ⅱ. ①蒋… Ⅲ. ①农村－女性－教育社会学－研究－中国 Ⅳ. ①G40-052

中国版本图书馆 CIP 数据核字（2022）第 132225 号

性别与教育再生产——农村女性社会流动的教育因素研究

XINGBIE YU JIAOYU ZAISHENGCHAN——NONGCUN NÜXING SHEHUI LIUDONG DE JIAOYU YINSU YANJIU

蒋文宁 著

责任编辑：丁立松
封面设计：文海宏远
出版发行：湘潭大学出版社
社　　址：湖南省湘潭大学工程训练大楼
电　　话：0731-58298960 0731-58298966（传真）
邮　　编：411105
网　　址：http://press.xtu.edu.cn/
印　　刷：长沙创峰印务有限公司
经　　销：湖南省新华书店
开　　本：787 mm×1092 mm 1/16
印　　张：12
字　　数：283 千字
版　　次：2022 年 5 月第 1 版
印　　次：2022 年 5 月第 1 次印刷
书　　号：ISBN 978-7-5687-0830-2
定　　价：58.00 元